Biblioteca Eina

71

www.einaudi.it

ISBN 978-88-06-15377-9

Carlo Ginzburg

Il formaggio e i vermi

Il cosmo di un mugnaio del '500

Einaudi

Indice

a Luisa

Prefazione

1.

In passato si potevano accusare gli storici di voler conoscere soltanto le «gesta dei re». Oggi, certo, non è piú cosí. Sempre piú essi si volgono verso ciò che i loro predecessori avevano taciuto, scartato o semplicemente ignorato. «Chi costruí Tebe dalle sette porte?» chiedeva già il «lettore operaio» di Brecht. Le fonti non ci dicono niente di quegli anonimi muratori: ma la domanda conserva tutto il suo peso.

2.

La scarsezza delle testimonianze sui comportamenti e gli atteggiamenti delle classi subalterne del passato è certo il primo – non l'unico – ostacolo in cui s'imbattono ricerche del genere. Ma è una regola che ammette eccezioni. Questo libro racconta la storia di un mugnaio friulano – Domenico Scandella detto Menocchio – morto bruciato per ordine del Sant'Uffizio dopo una vita trascorsa nella piú completa oscurità. Gli incartamenti dei due processi tenutisi contro di lui a quindici anni di distanza ci dànno un ricco quadro dei suoi pensieri e dei suoi sentimenti, delle sue fantasie e delle sue aspirazioni. Altri documenti ci dànno notizie sulle sue attività economiche, sulla vita dei suoi figli. Abbiamo perfino pagine scritte da lui, e un elenco parziale delle sue letture (sapeva infatti leggere e scrivere). Molte altre cose, certo, vorremmo sapere di Menocchio. Ma già quello che sappiamo consente di ricostruire un frammento di quella che si è soliti chiamare «cultura delle classi subalterne», o anche «cultura popolare».

3.

L'esistenza di dislivelli culturali all'interno delle cosiddette società civilizzate è il presupposto della disciplina che si è autodefinita via via folklore, demologia, storia delle tradizioni popolari, etnologia europea. Ma l'uso del termine «cultura» per definire il complesso di atteggiamenti, credenze, codici di comportamento e cosí via, propri delle classi subalterne in un dato periodo storico, è relativamente tardivo, e mutuato dall'antropologia culturale. Solo attraverso il concetto di «cultura primitiva» si è arrivati infatti a riconoscere il possesso di una *cultura* a quelli che una volta venivano definiti paternalisticamente «volghi dei popoli civilizzati». La cattiva coscienza del colonialismo si è saldata cosí con la cattiva coscienza dell'oppressione di classe. Con questo si è superata, almeno verbalmente, non solo la concezione antiquata del folklore come mera raccolta di curiosità, ma anche la posizione di chi vedeva nelle idee, credenze, visioni del mondo delle classi subalterne nient'altro che un coacervo disorganico di frammenti di idee, credenze, visioni del mondo elaborate dalle classi dominanti magari molti secoli prima. A questo punto si è aperta la discussione sul rapporto tra la cultura delle classi subalterne e quella delle classi dominanti. Fino a che punto la prima è, per l'appunto, subalterna alla seconda? In che misura esprime invece contenuti almeno parzialmente alternativi? È possibile parlare di una circolarità tra i due livelli di cultura?

Solo recentemente, e con una certa diffidenza, gli storici si sono accostati a questo tipo di problemi. Ciò è dovuto in parte, senza dubbio, alla diffusa persistenza di una concezione aristocratica di cultura. Troppo spesso idee o credenze originali vengono considerate un prodotto per definizione delle classi superiori, e la loro diffusione tra le classi subalterne un fatto meccanico di scarso o nullo interesse: tutt'al piú, si rilevano con sufficienza lo «scadimento», la «deformazione» subiti da quelle idee o credenze nel corso della loro trasmissione. Ma la diffidenza degli storici ha anche un altro motivo, piú apprezzabile, di ordine metodologico anziché ideologico. Rispetto agli antropologi e agli studiosi di tradizioni popolari, gli storici partono, com'è ovvio, clamorosamente svantaggiati. Ancora oggi la cultura delle classi subalterne è (e a maggior ragione era nei secoli passati) in grandissima parte una cultura *orale*. Ma purtroppo gli storici non possono mettersi a parlare con i contadini del Cinquecento (e del resto, non è detto che li capirebbero). Devono allora servirsi soprattutto di fonti scritte (oltre che, eventualmente, di reperti archeologici) doppiamente indirette: perché *scritte*, e perché scritte in genere da individui piú o meno apertamente legati alla cultura dominante. Ciò significa che i pensieri, le credenze, le speranze dei contadini e degli artigiani del passato ci giungono (quando ci giungono) quasi sempre attraverso filtri e intermediari deformanti. Ce n'è abbastanza per scoraggiare in anticipo i tentativi di ricerca in questa direzione.

Ma i termini del problema mutano radicalmente qualora ci si proponga di studiare non già la «cultura *prodotta dalle* classi popolari», bensí la «cultura *imposta alle* classi popolari». È quanto ha cercato di fare, un decennio fa, R. Mandrou sulla base di una fonte fin'allora poco sfruttata: la letteratura di *colportage*, cioè i libretti da pochi soldi, rozzamente stampati (almanacchi, cantari, ricette, racconti di prodigi o vite di santi) che venivano smerciati nelle fiere o venduti nelle campagne da merciai ambulanti. Un inventario dei principali temi ricorrenti ha indotto Mandrou a formulare una conclusione alquanto sbrigativa. Questa letteratura, da lui definita «d'evasione», avrebbe alimentato per secoli una visione del mondo intrisa di fatalismo e di determinismo, di meraviglioso e di occulto, impedendo di fatto ai suoi fruitori di prender coscienza della propria condizione sociale e politica – e svolgendo quindi, forse consapevolmente, una funzione reazionaria.

Ma Mandrou non si è limitato a considerare almanacchi e cantari come documenti di una letteratura deliberatamente popolareggiante. Con un brusco e immotivato passaggio li ha definiti, in quanto strumenti di un'acculturazione vittoriosa, il «riflesso... della visione del mondo» delle classi popolari dell'Ancien Régime, attribuendo tacitamente a queste ultime una completa passività culturale, e alla letteratura di *colportage* un'influenza sproporzionata. Anche se le tirature erano apparentemente molto alte, e ognuno di quei libretti veniva probabilmente letto ad alta voce raggiungendo larghi strati di analfabeti, i contadini in grado di leggere, in una società in cui gli analfabeti costituivano i tre quarti della popolazione, erano certo una piccolissima minoranza. Identificare la «cultura prodotta dalle classi popolari» con la «cultura imposta alle masse popolari», decifrare la fisionomia della cultura popolare esclusivamente attraverso le massime, i precetti, le novelline della *Bibliothèque bleue* è assurdo. La scorciatoia indicata da Mandrou per aggirare le difficoltà legate alla ricostruzione di una cultura orale, ci riporta in realtà al punto di partenza.

La stessa scorciatoia, anche se con presupposti molto diversi, è stata imboccata, con notevole ingenuità, da G. Bollème. Nella letteratura di *colportage* questa studiosa ha visto anziché lo strumento di un'(improbabile) acculturazione vittoriosa, l'espressione spontanea (ancora piú improbabile) di una cultura popolare originale e autonoma, permeata di valori religiosi. In questa religione popolare, imperniata sull'umanità e la povertà di Cristo, si sarebbero fusi armoniosamente natura e soprannaturale, paura della morte e slancio verso la vita, sopportazione delle ingiustizie e rivolta contro l'oppressione. In questo modo, è chiaro, si scambia per «letteratura popolare» una «letteratura destinata al popolo», rimanendo senza accorgersene nel cerchio della cultura prodotta dalle classi dominanti. È vero che, incidentalmente, la Bollème ha ipotizzato uno scarto tra questo opuscolame e il modo in cui esso veniva verosimilmente letto da parte delle classi popolari: ma anche questa indicazione, preziosa, rimane sterile, in quanto sfocia nel postulato di una «creatività popolare» imprecisata e apparentemente inattingibile, affidata a una tradizione orale che non ha lasciato tracce.

4.

L'immagine stereotipata o dolciastra di cultura popolare che costituisce il punto d'arrivo di queste ricerche, contrasta fortemente con quella, vivacissima, delineata da M. Bachtin in un libro fondamentale sui rapporti tra Rabelais e la cultura popolare del suo tempo. A quanto pare *Gargantua* o *Pantagruel*, che forse nessun contadino lesse mai, fanno capire piú cose sulla cultura contadina dell'*Almanach des ber-*

gers, che pure dovette circolare largamente nelle campagne francesi. Al centro della cultura raffigurata da Bachtin c'è il carnevale: mito e rito in cui confluiscono l'esaltazione della fertilità e dell'abbondanza, l'inversione giocosa di tutti i valori e le gerarchie costituiti, il senso cosmico del fluire distruttore e rigeneratore del tempo. Secondo Bachtin, questa visione del mondo, elaborata nel corso dei secoli dalla cultura popolare, si contrappose di fatto, soprattutto nel Medioevo, al dogmatismo e alla seriosità della cultura delle classi dominanti. Soltanto tenendo presente questa contrapposizione l'opera di Rabelais diventa comprensibile. La sua comicità si ricollega direttamente ai temi carnevaleschi della cultura popolare. Dicotomia culturale, quindi – ma anche circolarità, influsso reciproco, particolarmente intenso nella prima metà del Cinquecento, tra cultura subalterna e cultura egemonica.

Si tratta in parte di ipotesi, non tutte ugualmente documentate. Ma il limite del bellissimo libro di Bachtin è forse un altro: i protagonisti della cultura popolare che egli ha cercato di descrivere – i contadini, gli artigiani – ci parlano quasi esclusivamente attraverso le parole di Rabelais. Proprio la ricchezza delle prospettive di ricerca indicate da Bachtin fanno invece desiderare un'indagine diretta, priva d'intermediari, del mondo popolare. Ma, per i motivi che abbiamo già detto, sostituire a una strategia aggirante una strategia frontale è, in questo settore della ricerca, estremamente difficile.

5.

Certo, quando si parla di filtri e intermediari deformanti non bisogna esagerare. Il fatto che una fonte non sia «oggettiva» (ma nemmeno un inventario lo è) non significa che sia inutilizzabile. Una cronaca ostile può fornire testimonianze preziose sui comportamenti di una comunità contadina in rivolta. L'analisi del «carnevale di Romans» compiuta da E. Le Roy Ladurie rimane in questo senso esemplare. E in complesso, di fronte all'incertezza metodologica e alla povertà dei risultati della maggior parte degli studi dedicati esplicitamente alla definizione di quella che era la cultura popolare dell'Europa preindustriale, spicca il livello di ricerche, come per esempio quelle di N. Z. Davis e di E. P. Thompson sul «charivari», che illuminano aspetti particolari di quella cultura. Anche una documentazione esigua, dispersa e riluttante può insomma essere messa a frutto.

Ma la paura di cadere nel famigerato positivismo ingenuo, unita all'esasperata consapevolezza della violenza ideologica che si può nascondere dietro la piú normale e a prima vista innocente operazione conoscitiva, induce oggi molti storici a gettar via l'acqua con il bambino dentro – fuor di metafora, la cultura popolare insieme con la documentazione che ce ne dà un'immagine piú o meno deformata. Dopo aver criticato (non a torto) le indagini già ricordate sulla letteratura di *colportage*, un gruppo di studiosi è arrivato a chiedersi se «la cultura popolare esista al di fuori del gesto che la sopprime». La domanda è retorica, e la risposta ovviamente negativa. Questa specie di neopirronismo sembra a prima vista paradossale, visto che dietro ad esso ci sono gli studi di M. Foucault, e cioè di colui che piú autorevolmente, con la sua *Histoire de la folie*, ha attirato l'attenzione sulle esclusioni, i divieti, i limiti attraverso cui si è costituita storicamente la nostra cultura. Ma a guardar bene, il paradosso è soltanto apparente. Ciò che interessa soprattutto a Foucault sono il gesto e i criteri dell'esclusione: gli esclusi, un po' meno. Nell'*Histoire de la folie* era già almeno in parte implicita la traiettoria che ha portato Foucault a scrivere *Les mots et les choses* e *L'archéologie du savoir*. Essa è stata con ogni probabilità accelerata dalle obiezioni facilmente nichilistiche mosse da J. Derrida all'*Histoire de la folie*. Non si può parlare della follia in un linguaggio storicamente partecipe della ragione occidentale, e quindi del processo che ha portato alla repressione della follia stessa: il punto archimedico da cui Foucault ha intrapreso la sua ricerca – ha detto in sostanza Derrida – non esiste, non può esistere. A questo punto l'ambizioso progetto foucaultiano di un'«archéologie du silence» si è trasformato nel silenzio puro e semplice – eventualmente accompagnato da una muta contemplazione estetizzante.

Questa involuzione è testimoniata da un recente volumetto che raccoglie, insieme con documenti di vario tipo sul caso di un giovane contadino che al principio dell'Ottocento uccise la madre, la sorella e un fratello, un gruppo di saggi redatti da Foucault e da alcuni suoi collaboratori. L'analisi verte prevalentemente sull'intersecarsi di due linguaggi dell'esclusione, che tendono a negarsi a vicenda: quello giudiziario e quello psichiatrico. La figura dell'assassino, Pierre Rivière, finisce col passare in secondo piano – proprio nel momento in cui si pubblica una memoria ch'egli scrisse su richiesta dei giudici per spiegare com'era arrivato a commettere il triplice assassinio. La possibilità di interpretare questo testo viene esplicitamente esclusa, perché ciò equivarrebbe a forzarlo, riducendolo a una «ragione» estranea. Non rimangono che lo «stupore» e il «silenzio» – uniche reazioni legittime.

L'irrazionalismo estetizzante è dunque lo sbocco di questo filone di ricerche. Il rapporto, oscuro e contraddittorio, di Pierre Rivière con la cultura dominante, è appena accennato; le sue letture (almanacchi, libri di pietà, ma anche *Le bon sens du curé Meslier*) sono addirittura ignorate. Si preferisce descriverlo, vagante nei boschi dopo il delitto, come «un uomo senza cultura... un animale senza istinto... un essere mitico, un essere mostruoso che è impossibile definire perché estraneo a qualsiasi ordine enunciabile». Ci si estasia di fronte a un'estraneità assoluta che in realtà è frutto del rifiuto dell'analisi e dell'interpretazione. Le vittime dell'esclusione sociale diventano i depositari dell'unico *discorso* radicalmente alternativo alle menzogne della società costituita – un discorso che passa attraverso il delitto e l'antropofagia, che s'incarna indifferentemente nella memoria redatta da Pierre Rivière o nel suo matricidio. È un populismo di segno rovesciato, un populismo «nero» – ma pur sempre populismo.

6.

Quanto si è detto fin qui mostra a sufficienza l'ambiguità del concetto di «cultura popolare». Alle classi subalterne delle società preindustriali viene attribuito ora un passivo adeguamento ai sottoprodotti culturali elargiti dalle classi dominanti (Mandrou), ora una tacita proposta di valori almeno parzialmente autonomi rispetto alla cultura di queste ultime (Bollème), ora un'estraneità assoluta che si pone addirittura al di là, o meglio al di qua della *cultura* (Foucault).

Ben piú fruttuosa, certo, è l'ipotesi formulata da Bachtin di un influsso reciproco tra cultura delle classi subalterne e cultura dominante. Ma precisare i modi e i tempi di quest'influsso (ha cominciato a farlo, con ottimi risultati, J. Le Goff) significa affrontare il problema posto da una documentazione che, nel caso della cultura popolare è, come abbiamo detto, quasi sempre indiretta. Fino a che punto gli eventuali elementi di cultura egemonica riscontrabili nella cultura popolare sono frutto di una piú o meno deliberata acculturazione, o di una piú o meno spontanea convergenza – e non invece di un'inconsapevole deformazione della fonte, ovviamente incline a ricondurre l'ignoto al noto e al familiare?

Mi ero trovato ad affrontare un problema simile anni fa, nel corso di una ricerca sui processi di stregoneria tra Cinque e Seicento. Volevo capire che cosa fosse stata in realtà la stregoneria per i suoi protagonisti, le streghe e gli stregoni; ma la documentazione di cui disponevo (i processi, e a maggior ragione i trattati di demonologia) sembrava costituire uno schermo tale da precludere irrimediabilmente la conoscenza della stregoneria popolare. Dappertutto m'imbattevo negli schemi di origine colta della stregoneria inquisitoriale. Soltanto la scoperta di un filone di credenze fin'allora ignorate, imperniato sui benandanti, aprí una falla in quello schermo. Attraverso la discrepanza tra le domande dei giudici e le risposte degli accusati – una discrepanza che non poteva essere attribuita né agli interrogatori suggestivi né alla tortura – affiorava uno strato profondo di credenze popolari sostanzialmente autonome.

Le confessioni di Menocchio, il mugnaio friulano protagonista di questo libro, costituiscono per certi versi un caso analogo a quello dei benandanti. Anche qui, l'irriducibilità a schemi noti di una parte dei discorsi di Menocchio fa intravedere uno strato ancora non scandagliato di credenze popolari, di oscure mitologie contadine. Ma ciò che rende molto piú complicato il caso di Menocchio è il fatto che questi oscuri elementi popolari sono innestati in un complesso di idee estremamente chiaro e conseguente, che vanno dal radicalismo religioso, a un naturalismo tendenzialmente scientifico, ad aspirazioni utopistiche di rinnovamento sociale. L'impressionante convergenza tra le posizioni di un ignoto mugnaio friulano e quelle dei gruppi intellettuali piú raffinati e consapevoli del suo tempo ripropone con forza il problema della circolazione culturale formulato da Bachtin.

7.

Prima di vedere in che misura le confessioni di Menocchio ci aiutino a precisare questo problema, è giusto chiedersi che rilevanza possano avere, su un piano generale, le idee e le credenze di un individuo singolo del suo livello sociale. In un momento in cui intere équipes di studiosi si lanciano in imprese vastissime di storia *quantitativa* delle idee o di storia religiosa *seriale*, proporre un'indagine capillare su *un* mugnaio può sembrare paradossale o assurdo: quasi un ritorno al telaio a mano in un'età di telai automatici. È sintomatico che la possibilità stessa di un'indagine come questa sia stata esclusa in anticipo da chi, come F. Furet, ha sostenuto che la reintegrazione nella storia generale delle classi inferiori può avvenire soltanto sotto il segno del «numero e dell'anonimato», attraverso la demografia e la sociologia, «lo studio quantitativo delle società del passato». Per quanto non piú ignorate dagli storici, le classi inferiori sarebbero comunque condannate a rimanere «silenziose».

Ma se la documentazione ci offre la possibilità di ricostruire non solo masse indistinte ma personalità individuali, scartarla sarebbe assurdo. Ampliare verso il basso la nozione storica di «individuo» non è un obiettivo di poco conto. Certo, c'è il rischio di cadere nell'aneddoto, nella famigerata *histoire événementielle* (che non è soltanto, né necessariamente, storia politica). Non si tratta però di un rischio inevitabile. Alcuni studi biografici hanno mostrato che in un individuo mediocre, di per sé privo di rilievo e proprio per questo rappresentativo, si possono scrutare come in un microcosmo le caratteristiche di un intero strato sociale in un determinato periodo storico – la nobiltà austriaca o il basso clero inglese del Seicento.

È questo, allora, il caso di Menocchio? Nemmeno per sogno. Non possiamo considerarlo un contadino «tipico» (nel senso di «medio», «statisticamente piú frequente») del suo tempo: il suo relativo isolamento nel villaggio parla chiaro. Agli occhi dei compaesani Menocchio era un uomo almeno in parte diverso dagli altri. Ma questa singolarità aveva limiti ben precisi. Dalla cultura del proprio tempo e della propria classe non si esce, se non per entrare nel delirio e nell'assenza di comunicazione. Come la lingua, la cultura offre all'individuo un orizzonte di possibilità latenti – una gabbia flessibile e invisibile entro cui esercitare la propria libertà condizionata. Con rara chiarezza e lucidità Menocchio articolò il linguaggio che era storicamente a sua disposizione. Per questo nelle sue confessioni è possibile rintracciare in forma particolarmente netta, quasi esasperata, una serie di elementi convergenti che in una documentazione analoga, contemporanea o di poco posteriore, appaiono dispersi o appena accennati. Alcuni sondaggi confermano l'esistenza di tratti riconducibili a una cultura contadina comune. In conclusione, anche un caso limite (e Menocchio lo è certamente) può rivelarsi rappresentativo. Sia negativamente – perché aiuta a precisare che cosa si debba intendere, in una situazione data, per «statisticamente piú frequente». Sia positivamente – perché consente di circoscrivere le possibilità latenti di qualcosa (la cultura popolare) che ci è noto soltanto attraverso documenti frammentari e deformati provenienti quasi tutti dagli «archivi della repressione».

Con questo, non si vuole certo contrapporre indagini qualitative e quantitative. Semplicemente, si vuol sottolineare che, per quanto riguarda la storia delle classi subalterne, il rigore esibito dalle seconde non può fare a meno (se si vuole, non può *ancora* fare a meno) del famigerato impressionismo delle prime. La battuta di E. P. Thompson sul «grossolano impressionismo iterativo del computer, che ripete *ad nauseam* un singolo elemento ricorrente, trascurando tutti i dati documentari per i quali non è stato programmato» è letteralmente vera, nel senso che il computer, com'è ovvio, non pensa ma esegue. D'altra parte, solo una serie di indagini particolari approfondite può consentire l'elaborazione di un programma articolato da sottoporre al computer.

Facciamo un esempio concreto. Negli ultimi anni sono state compiute varie ricerche quantitative sulla produzione libraria francese del Settecento e la sua diffusione, nate dal proposito giustissimo di allargare il quadro della tradizionale storia delle idee attraverso il censimento di una gran massa di titoli (quasi quarantacinquemila) finora sistematicamente ignorati dagli studiosi. Solo in questo modo – si è detto – potremo valutare l'incidenza dell'elemento inerte, statico della produzione libraria, e nello stesso tempo intendere il significato di rottura delle opere veramente innovatrici. A questa impostazione uno studioso italiano, F. Diaz, ha obiettato che, da un lato, essa rischia quasi sempre di scoprire faticosamente l'ovvio, dall'altro, di soffermarsi su ciò che è storicamente fuorviante – esemplificando con una battuta: i contadini francesi della fine del Settecento non assaltavano certo i castelli dei nobili perché avevano letto *L'Ange conducteur*, ma perché le «nuove idee piú o meno implicite nelle notizie giunte da Parigi» si erano incontrate con «interessi e... vecchi rancori». È chiaro che questa seconda obiezione (l'altra è ben piú fondata) nega di fatto l'esistenza di una cultura popolare, nonché l'utilità delle indagini sulle idee e le credenze delle classi subalterne, riproponendo la vecchia storia delle idee, di tipo esclusivamente verticistico. In realtà la critica da muovere alle ricerche quantitative di storia delle idee è un'altra: non di essere troppo poco verticistiche, ma di esserlo ancora troppo. Esse partono dal presupposto che non solo i testi, ma addirittura i titoli forniscano un'indicazione inequivoca. Ora, questo diventa probabilmente sempre meno vero quanto piú il livello sociale dei lettori si abbassa. Gli almanacchi, i cantari, i libri di pietà, le vite dei santi, tutto il vario opuscolame che costituiva la massa della produzione libraria, ci appaiono oggi statici, inerti, sempre uguali a se stessi: ma come venivano letti dal pubblico di allora? In che misura la cultura prevalentemente orale di quei lettori interferiva nella fruizione del testo, modificandolo, riplasmandolo fino magari a snaturarlo? Gli accenni di Menocchio alle sue letture ci dànno un esempio lampante di questo rapporto col testo, diversissimo da quello dei lettori colti di oggi. Essi ci consentono finalmente di misurare lo scarto, giustamente ipotizzato dalla Bollème, tra i testi della letteratura «popolare» e il modo in cui venivano letti da contadini e artigiani. Certo, nel caso di Menocchio questo scarto appare profondissimo, verosimilmente non comune. Ma ancora una volta, è proprio questa singolarità a fornire indicazioni preziose per ricerche ulteriori. Nel caso della storia quantitativa delle idee, per esempio, soltanto la consapevolezza della variabilità, storica e sociale, della figura del lettore, potrà porre davvero le premesse di una storia delle idee anche *qualitativamente* diversa.

8.

Lo scarto tra i testi letti da Menocchio e il modo in cui egli li assimilò e li riferí agli inquisitori, indica che le sue posizioni non sono affatto riducibili o riconducibili a questo o quel libro. Da un lato, esse risalgono a una tradizione orale verosimilmente antichissima. Dall'altro, richiamano una serie di motivi elaborati dai gruppi ereticali di formazione umanistica: tolleranza, tendenziale riduzione della religione a moralità e cosí via. Si tratta di una dicotomia solo apparente, che rinvia in realtà a una cultura unitaria entro cui non è possibile operare tagli netti. Anche se Menocchio entrò in contatto, in maniera piú o meno mediata, con ambienti dotti, le sue affermazioni in difesa della tolleranza religiosa, il suo desiderio di un rinnovamento radicale della società hanno un timbro originale, e non appaiono il risultato di influssi esterni subiti passivamente. Le radici di quelle affermazioni e di quei desideri affondavano lontano, in uno strato oscuro, quasi indecifrabile di remote tradizioni contadine.

A questo punto ci si potrebbe chiedere se ciò che emerge dai discorsi di Menocchio non sia una «mentalità» piú che una «cultura». Nonostante le apparenze, non si tratta di una distinzione di lana caprina. Ciò che ha caratterizzato gli studi di storia della mentalità è stata l'insistenza sugli elementi inerti, oscuri, inconsapevoli di una determinata visione del mondo. Le sopravvivenze, gli arcaismi, l'affettività, l'irrazionale: tutto ciò delimita il campo specifico della storia della mentalità, distinguendola abbastanza nettamente da discipline parallele e ormai consolidate come la storia delle idee o la storia della cultura (che però per alcuni studiosi ingloba di fatto entrambe le precedenti). Ricondurre il caso di Menocchio nell'ambito esclusivo della storia della mentalità significherebbe quindi mettere in secondo piano la fortissima componente razionale (non necessariamente identificabile con la nostra razionalità) della sua visione del mondo. Ma l'argomento decisivo è un altro: la connotazione decisamente interclassista della storia della mentalità. Essa studia, com'è stato detto, ciò che hanno in comune «Cesare e l'ultimo soldato delle sue legioni, san Luigi e il contadino che coltivava le sue terre, Cristoforo Colombo e il marinaio delle sue caravelle». In questo senso l'aggettivo «collettiva» aggiunto a «mentalità» è il piú delle volte pleonastico. Ora, non si vuole negare la legittimità di indagini di questo tipo: ma il rischio di arrivare a estrapolazioni indebite è molto grande. Perfino uno dei piú grandi storici di questo secolo, Lucien Febvre, è caduto in una trappola del genere. In un libro sbagliato ma affascinante egli cercò di risalire dall'indagine su un individuo, sia pure eccezionale come Rabelais, alla ricognizione delle coordinate mentali di un'intera età. Finché si tratta di dimostrare l'inesistenza di un presunto «ateismo» di Rabelais, tutto va bene. Ma quando ci si spinge sul terreno della «mentalità (o psicologia) collettiva», sostenendo che la religione esercitava sugli «uomini del Cinquecento» un influsso insieme capillare e schiacciante, a cui era impossibile sottrarsi, come non poté sottrarvisi Rabelais – allora l'argomentazione diventa inaccettabile. Chi erano quei non meglio identificati «uomini del Cinquecento»? Umanisti, mercanti, artigiani, contadini? Grazie alla nozione interclassista di «mentalità collettiva», i risultati di un'indagine condotta sul sottilissimo strato della società francese composto da individui colti vengono tacitamente estesi, fino ad abbracciare senza residui un intero secolo. Ma al di là delle teorizzazioni sulla mentalità collettiva riappare la tradizionale storia delle idee. I contadini, e cioè la stragrande maggioranza della popolazione di allora, si affacciano nel libro di Febvre solo per essere sbrigativamente liquidati come una «massa... semiselvaggia, in preda alle superstizioni»; mentre l'affermazione secondo cui a quel tempo era impossibile formulare una posizione irreligiosa criticamente conseguente si traduce in quella – abbastanza scontata – che il Seicento non era il Cinquecento e che Descartes non era contemporaneo di Rabelais.

Nonostante questi limiti, il modo in cui Febvre è riuscito a dipanare i molteplici fili che legano un individuo a un ambiente, a una società storicamente determinati, rimane esemplare. Gli strumenti con cui egli ha analizzato la religione di Rabelais possono servire anche ad analizzare la religione, cosí diversa, di Menocchio. Tuttavia a questo punto sarà parso chiaro perché al termine «mentalità collettiva» sia preferibile quello, a sua volta ben poco soddisfacente, di «cultura popolare». Il classismo generico è pur sempre un grosso passo avanti rispetto all'interclassismo.

Con ciò non si vuole affatto affermare l'esistenza di una cultura omogenea comune sia ai contadini sia agli artigiani delle città (per non parlare dei gruppi marginali, come i vagabondi) dell'Europa preindustriale. Semplicemente, si vuol delimitare un ambito di ricerca, all'interno del quale bisognerà condurre analisi particolareggiate analoghe a questa. Solo in tal modo sarà possibile eventualmente estendere le conclusioni raggiunte qui.

9.

Due grandi eventi storici resero possibile un caso come quello di Menocchio: l'invenzione della stampa e la Riforma. La stampa gli diede la possibilità di porre a confronto i libri con la tradizione orale in cui era cresciuto, e le parole per sciogliere il groppo di idee e di fantasie che avvertiva dentro di sé. La Riforma gli diede l'audacia di comunicare ciò che sentiva al prete del villaggio, ai compaesani, agli inquisitori – anche se non poté, come avrebbe voluto, dirle in faccia al papa, ai cardinali, ai principi. Le gigantesche rotture determinate dalla fine del monopolio dei dotti sulla cultura scritta e del monopolio dei chierici sulle questioni religiose avevano creato una situazione nuova e potenzialmente esplosiva. Ma la convergenza tra le aspirazioni di una parte dell'alta cultura e quelle della cultura popolare era già stata battuta in maniera definitiva piú di mezzo secolo prima del processo di Menocchio – allorché Lutero aveva condannato ferocemente i contadini in rivolta e le loro rivendicazioni. A quell'ideale, ormai, s'ispiravano soltanto esigue minoranze di perseguitati come gli anabattisti. Con la Controriforma (e, parallelamente, con il consolidarsi delle chiese protestanti) era cominciata un'età contrassegnata dall'irrigidimento gerarchico, dall'indottrinamento paternalistico delle masse, dalla cancellazione della cultura popolare, dall'emarginazione piú o meno violenta delle minoranze e dei gruppi dissidenti. E anche Menocchio finí bruciato.

10.

Abbiamo detto che è impossibile operare tagli netti all'interno della cultura di Menocchio. Solo il senno di poi consente di isolare quei temi, già allora convergenti con le tendenze di una parte dell'alta cultura del Cinquecento, che sono diventati patrimonio della cultura «progressiva» dei secoli seguenti: l'aspirazione a un rinnovamento radicale della società, la corrosione dall'interno della religione, la tolleranza. Grazie a tutto ciò Menocchio s'inserisce in una sottile, contorta, ma ben netta linea di sviluppo che arriva fino a noi: è, possiamo dire, un nostro antenato. Ma Menocchio è anche il frammento sperduto, giuntoci casualmente, di un mondo oscuro, opaco, che solo con un gesto arbitrario possiamo ricondurre alla nostra storia. Quella cultura è stata distrutta. Rispettare in essa il residuo d'indecifrabilità che resiste a ogni analisi non significa cedere al fascino idiota dell'esotico e dell'incomprensibile. Significa semplicemente prendere atto di una mutilazione storica di cui in un certo senso noi stessi siamo vittime. «Nulla di ciò che si è verificato va perduto per la storia», ricordava Walter Benjamin. Ma «solo all'umanità redenta tocca interamente il suo passato». Redenta, cioè liberata.

Note

1.

p. XI L'uomo comune, ha scritto Vicens Vives, «se ha convertido en el principal protagonista de la Historia» (cit. da P. CHAUNU, *Une histoire religieuse sérielle*, in «Revue d'histoire moderne et contemporaine», XII, 1965, p. 9, nota 2).
La citazione di Brecht è tratta da *Fragen eines Lesenden Arbeiters*, in *Hundert Gedichte, 1918-1950*, Berlin 1951, pp. 107-8. Vedo ora che la stessa poesia è stata usata come epigrafe da J. KAPLOW, *The Names of Kings: the Parisian Laboring Poor in the Eighteenth Century*, New York 1973. Cfr. anche H. M. ENZENSBERGER, *Letteratura come storiografia*, in «Il Menabò», n. 9, 1966, p. 13.
Uso il termine gramsciano «classi subalterne» perché designa una realtà sufficientemente ampia, senza avere le connotazioni paternalistiche piú o meno deliberate di «classi inferiori». Sui temi sollevati a suo tempo dalla pubblicazione degli appunti di Gramsci su folklore e classi subalterne, cfr. la discussione tra E. De Martino, C. Luporini, F. Fortini e altri (cfr. l'elenco degli interventi in L. M. LOMBARDI SATRIANI, *Antropologia culturale e analisi della cultura subalterna*, Rimini 1974, p. 74, nota 34). Per i termini odierni della questione, in gran parte efficacemente anticipati da E. J. HOBSBAWM, *Per lo studio delle classi subalterne*, in «Società», XVI, 1960, pp. 436-49, cfr. oltre.

2.

XI I processi contro Menocchio si trovano nell'Archivio della curia arcivescovile di Udine (d'ora in poi ACAU), Sant'Uffizio, *Anno integro 1583 a n. 107 usque ad 128 incl.*, proc. n. 126, e *Anno integro 1596 a n. 281 usque ad 306 incl.*, proc. n. 285. L'unico studioso che li menziona (senza averli visti) è A. BATTISTELLA, *Il S. Officio e la riforma religiosa in Friuli. Appunti storici documentati*, Udine 1895, p. 65, che erroneamente ritiene che Menocchio sia scampato al supplizio.

3.

XII La bibliografia su questi temi è ovviamente vastissima. Per un primo e piú accessibile orientamento cfr. A. M. CIRESE, *Alterità e dislivelli interni di cultura nelle società superiori*, in AA. VV., *Folklore e antropologia tra storicismo e marxismo*, a cura dello stesso Cirese, Palermo 1972, pp. 11-42; LOMBARDI SATRIANI, *Antropologia culturale* cit.; AA. VV., *Il concetto di cultura. I fondamenti teorici della scienza antropologica*, a cura di P. Rossi, Torino 1970. La concezione del folklore come «coacervo disorganico di idee ecc.» fu fatta propria, con qualche oscillazione, anche da Gramsci: cfr. *Letteratura e vita nazionale*, Torino 1950, pp. 215 sgg. (cfr. anche LOMBARDI SATRIANI, *Antropologia culturale* cit., pp. 16 sgg.).

XIII *Una cultura «orale»*: si veda, a questo proposito, C. BERMANI, *Dieci anni di lavoro con le fonti orali*, in «Primo Maggio», 5, primavera 1975, pp. 35-50.

R. MANDROU, *De la culture populaire aux 17e et 18e siècles: la Bibliothèque bleue de Troyes*, Paris 1964, osserva anzitutto che «culture populaire» e «culture de masse» non sono sinonime. (Si può notare che «culture de masse» e il suo corrispondente italiano equivalgono piuttosto all'espressione anglo-americana «popular culture» – ciò che è fonte di molti equivoci). «Culture populaire», piú antico, designa, in una prospettiva «populista», «la culture qui est l'œuvre du peuple». Mandrou propone lo stesso termine in un'accezione «piú ampia» (in realtà, diversa): «la culture des milieux populaires dans la France de l'Ancien Régime, nous l'entendons..., ici, comme la culture acceptée, digérée, assimilée, par ces milieux pendant des siècles» (pp. 9-10). In questo modo, la cultura popolare finisce quasi con l'identificarsi con la cultura di massa: il che è anacronistico, giacché la cultura di massa in senso moderno presuppone l'industria culturale, che certo nella Francia dell'Ancien Régime non esisteva (cfr. anche p. 174). Anche l'uso del termine «superstructure» (p. 11) è equivoco: meglio sarebbe stato, nella prospettiva di Mandrou, parlare di falsa coscienza. Per la letteratura di *colportage* come letteratura d'evasione, e contemporaneamente come riflesso della visione del mondo delle classi popolari, cfr. pp. 162-163. In ogni caso Mandrou è ben consapevole dei limiti di uno studio pionieristico (p. 11) e in quanto tale indubbiamente meritorio. Di G. BOLLÈME cfr. *Littérature populaire et littérature de colportage au XVIIIe siècle*, in AA. VV., *Livre et société dans la France du XVIIIe siècle*, I, Paris - 's Gravenhage 1965, pp. 61-92; *Les Almanachs populaires aux XVIIe et XVIIIe siècle, essai d'histoire sociale*, Paris - 's Gravenhage 1969; l'antologia *La Bibliothèque Bleue: la littérature populaire en France du XVIe au XIXe siècle*, Paris 1971; *Représentation religieuse et thèmes d'espérance dans la «Bibliothèque Bleue». Littérature populaire en France du XVIIe au XIXe siècle*, in *La società religiosa nell'età moderna*, Atti del convegno di studi di storia sociale e religiosa, Capaccio-Paestum, 18-21 maggio 1972, Napoli 1973, pp. 219-43. Si tratta di studi di vario livello. Il migliore è quello premesso all'antologia della *Bibliothèque Bleue* (a pp. 22-23 l'osservazione sul tipo di lettura che verosimilmente veniva fatta di questi testi) che pure contiene affermazioni come queste: «à la limite, l'histoire qu'entend ou lit le lecteur n'est que celle qu'il veut qu'on lui raconte... En ce sens on peut dire que l'écriture, au même titre que la lecture, est collective, faite par et pour tous, diffuse, diffusée, sue, dite, échangée, non gardée, et qu'elle est en quelque sorte spontanée...» (ibid.). Le inaccettabili forzature in senso populistico-cristiano contenute per esempio nel saggio *Représentation religieuse*, si basano su sofismi del genere. – Sembra incredibile, ma A. Dupront ha criticato la Bollème per aver cercato di caratterizzare «l'historique dans ce qui est peut-être l'anhistorique, manière de fonds commun quasi "indatable" de traditions...» (*Livre et culture dans la société Française du 18e siècle*, in *Livre et société* cit., I, pp. 203-4).

Sulla «letteratura popolare» si veda ora l'importante saggio di N. Z. DAVIS, *Printing and the People*, in ID., *Society and Culture in Early Modern France*, Stanford, California 1975, pp. 189-206, che muove da presupposti in parte simili a quelli di questo libro.
A un periodo posteriore alla rivoluzione industriale si riferiscono lavori come quelli di L. JAMES, *Fiction for the Working Man, 1830-1850*, London 1974 (1ª ed. Oxford 1963); R. SCHENDA, *Volk ohne Buch. Studien zur Sozialgeschichte der populären Lesestoffe (1770-1910)*, Frankfurt am Main 1970 (parte di una serie dedicata alla *Triviallitteratur*); J. J. DARMON, *Le colportage de librairie en France sous le second Empire. Grands colporteurs et culture populaire*, Paris 1972.

4.

XIV Del libro di Bachtin conosco la traduzione francese: *L'œuvre de François Rabelais et la culture populaire au Moyen Age et sous la Renaissance*, Paris 1970. Nella stessa direzione cfr. anche l'intervento di A. BERELOVIČ, in AA. VV., *Niveaux de culture et groupes sociaux*, Paris - La Haye 1967, pp. 144-45.

5.

XV Cfr. E. LE ROY LADURIE, *Les paysans de Languedoc*, I, Paris 1966, pp. 394 sgg.; N. Z. DAVIS, *The Reasons of Misrule: Youth Groups and Charivaris in Sixteenth-Century France*, in «Past and Present», n. 50, febbraio 1971, pp. 41-75; E. P. THOMPSON, *«Rough Music»: le Charivari anglais*, in «Annales ESC», XXVII, 1972, pp. 285-312 (e ora, sullo stesso argomento, CL. GAUVARD e A. GOKALP, *Les conduites de bruit et leur signification à la fin du Moyen Age: le Charivari*, ivi, n. 29, 1974, pp. 693-704). Gli studi citati hanno un valore esemplificativo. Sul problema, alquanto diverso, della persistenza di modelli culturali preindustriali nel proletariato industriale, cfr. dello stesso THOMPSON, *Time, Work-Discipline, and Industrial Capitalism*, in «Past and Present», n. 38, dicembre 1967, pp. 56-97, e *The Making of the English Working Class*, London 1968 (2ª ed. accresciuta); di E. J. HOBSBAWM, soprattutto *Primitive Rebels. Studies in Archaic Forms of Social Movement in the 19th and 20th Centuries*, Manchester 1959 (trad. it. *I ribelli*, Torino 1969), e *Les classes ouvrières anglaises et la culture depuis les débuts de la révolution industrielle*, in AA. VV., *Niveaux de culture* cit., pp. 189-99.

XVI *Un gruppo di studiosi è arrivato a chiedersi...*: cfr. M. DE CERTEAU, D. JULIA e J. REVEL, *La beauté du mort: le concept de «culture populaire»*, in «Politique aujourd'hui», dicembre 1970, pp. 3-23 (la frase cit., a p. 21).
In *Folie et déraison. Histoire de la folie à l'age classique* (Paris 1961) Foucault afferma che «faire l'histoire de la folie, voudra donc dire: faire une étude structurale de l'ensemble historique – notions, institutions, mesures juridiques et policières, concepts scientifiques – qui tient captive une folie dont l'état sauvage ne peut jamais être restitué en lui-même; mais à défaut de cette inaccessible pureté primitive, l'étude structurale doit rémonter vers la décision qui lie et sépare à la fois raison et folie» (p. VII). Tutto ciò spiega l'assenza, in questo libro, dei folli – assenza che non è dovuta soltanto, né prevalentemente, alla difficoltà di rintracciare una documentazione adeguata. I deliri, trascritti per migliaia di pagine e conservati alla Bibliothèque de l'Arsenal, di un lacchè semi-anal-

fabeta e «dément furieux» vissuto alla fine del Seicento, non hanno, secondo Foucault, posto nell'«universo del nostro discorso», sono qualcosa di «irreparabilmente meno della storia» (p. V). Difficile dire se testimonianze come queste potrebbero gettare qualche luce sulla «pureté primitive» della follia – forse non completamente «inaccessibile», dopo tutto. In ogni caso, la coerenza di Foucault in questo libro spesso irritante ma geniale, è indubbia (nonostante qualche occasionale contraddizione: cfr. per esempio le pp. 475-76). Per un giudizio sull'involuzione di Foucault dall'*Histoire de la folie* (1961) a *Les mots et les choses* (1966) e *L'archéologie du savoir* (1969) cfr. P. VILAR, *Histoire marxiste, histoire en construction*, in *Faire de l'histoire*, a cura di J. Le Goff e P. Nora, I, Paris 1974, pp. 188-89. Sulle obiezioni di Derrida, cfr. D. JULIA, *La religion – Histoire religieuse*, ivi, II, pp. 145-46. Cfr. ora *Moi, Pierre Rivière, ayant égorgé ma mère, ma sœur et mon frère*, a cura di M. Foucault e altri, Paris 1973. Per lo «stupore», il «silenzio», il rifiuto dell'interpretazione cfr. pp. 11, 14, 243, 314, 348 nota 2. Sulle letture di Rivière, cfr. pp. 40, 42, 125. Il passo sul vagabondaggio nei boschi è a p. 260. L'accenno al cannibalismo, a p. 249. Per quanto riguarda la deformazione populistica, si veda soprattutto il contributo di Foucault, *Les meurtres qu'on raconte*, pp. 265-75. In generale, vedi ora G. HUPPERT, *Divinatio et Eruditio: Thoughts on Foucault*, in «History and Theory», XIII, 1974, pp. 191-207.

6.

XVII Di J. LE GOFF cfr. *Culture cléricale et traditions folkloriques dans la civilisation mérovingienne*, in «Annales ESC», XXII, 1967, pp. 780-791; *Culture ecclésiastique et culture folklorique au Moyen Age: Saint Marcel de Paris et le dragon*, in *Ricerche storiche ed economiche in memoria di Corrado Barbagallo*, a cura di L. De Rosa, II, Napoli 1970, pp. 53-94.

XVIII *Acculturazione*: cfr. ora V. LANTERNARI, *Antropologia e imperialismo*, Torino 1974, pp. 5 sgg., e N. WACHTEL, *L'acculturation*, in *Faire de l'histoire* cit., I, pp. 124-46.

Una ricerca sui processi di stregoneria: cfr. C. GINZBURG, *I benandanti. Stregoneria e culti agrari tra '500 e '600*, Torino 1974[3].

7.

XIX *Storia «quantitativa» delle idee o... storia religiosa «seriale»*: cfr. per la prima *Livre et société* cit.; per la seconda, P. CHAUNU, *Une histoire religieuse* cit., e ora M. VOVELLE, *Piété baroque et déchristianisation en Provence au XVIIIe siècle*, Paris 1973. In generale, F. FURET, *L'histoire quantitative et la construction du fait historique*, in «Annales ESC», XXVI, 1971, pp. 63-75, che tra l'altro nota giustamente le implicazioni ideologiche di un metodo che tende a riassorbire le rotture (e le rivoluzioni) nei tempi lunghi e nell'equilibrio del sistema. Cfr. in questo senso le ricerche di Chaunu, nonché il contributo di A. Dupront alla citata raccolta *Livre et société* (I, pp. 185 sgg.) dove, tra molte fumose divagazioni sull'«anima collettiva», si arrivano a vantare le virtú rasserenanti di un metodo che consente di studiare il Settecento francese ignorandone lo sbocco rivoluzionario – il che equivarrebbe a liberarsi dall'«escatologia della storia» (p. 231).

Chi, come F. Furet, ha sostenuto...: cfr. *Pour une définition des clas-*

ses inférieures à l'époque moderne, in «Annales ESC», XVIII, 1963, pp. 459-74, specialmente p. 459.

XIX *«Histoire événementielle» (che non è soltanto... storia politica)*: cfr. R. ROMANO, *À propos de l'édition italienne du livre de F. Braudel...*, in «Cahiers Vilfredo Pareto», 15, 1968, pp. 104-6.

La nobiltà austriaca... il basso clero: si allude a O. BRUNNER, *Vita nobiliare e cultura europea*, trad. it. Bologna 1972 (e cfr. C. SCHORSKE, *New Trends in History*, in «Daedalus», n. 98, 1969, p. 963) e a A. MACFARLANE, *The Family Life of Ralph Josselin, a Seventeenth Century Clergyman. An Essay in Historical Anthropology*, Cambridge 1970 (ma cfr. le osservazioni di E. P. THOMPSON, *Anthropology and the Discipline of Historical Context*, in «Midland History», I, n. 3, 1972, pp. 41-45).

XX *Come la lingua, la cultura...*: cfr. le considerazioni di P. BOGATYRËV e R. JAKOBSON, *Il folclore come forma di creazione autonoma*, in «Strumenti critici», I, 1967, pp. 223-40). Le famose pagine di G. Lukács sulla «coscienza possibile» (cfr. *Storia e coscienza di classe*, trad. it. Milano 1967, pp. 65 sgg.) per quanto nate in un contesto completamente diverso, possono essere utilizzate nella stessa direzione.

In conclusione, anche un caso limite...: cfr. D. CANTIMORI, *Prospettive di storia ereticale italiana del Cinquecento*, Bari 1960, p. 14.

Archivi della repressione: cfr. D. JULIA, *La religion – Histoire religieuse*, in *Faire de l'histoire* cit., II, p. 147.
Sul rapporto tra ricerche quantitative e ricerche qualitative, cfr. le osservazioni di E. LE ROY LADURIE, *La révolution quantitative et les historiens français: bilan d'une génération (1932-1968)*, in *Le territoire de l'historien*, Paris 1973, p. 22. Tra le discipline «pionnières et prometteuses» che rimangono risolutamente e giustamente qualitative, Le Roy Ladurie cita la «psychologie historique». Il passo di E. P. THOMPSON si trova in *Anthropology* cit., p. 50.

XXI *A questa impostazione... F. Diaz*: cfr. *Le stanchezze di Clio*, in «Rivista storica italiana», LXXXIV, 1972, in particolare le pp. 733-34, nonché, dello stesso autore, *Metodo quantitativo e storia delle idee*, ivi, LXXVIII, 1966, pp. 932-47 (sulle ricerche della Bollème, pp. 939-41). E si vedano le critiche di F. VENTURI, *Utopia e riforma nell'illuminismo*, Torino 1970, pp. 24-25.
Sulla questione della lettura, cfr. la bibliografia citata piú oltre, p. 167.

8.

XXII Sulla storia della mentalità, cfr. ora J. LE GOFF, *Les mentalités: une histoire ambiguë*, in *Faire de l'histoire* cit., III, pp. 76-94. Il passo cit. si trova a p. 80. Le Goff osserva caratteristicamente: «Eminemment collective, la mentalité semble soustraite aux vicissitudes des luttes sociales. Ce serait pourtant une grossière erreur que de la détacher des structures et de la dynamique sociale... Il y a des mentalités de classes, à côté de mentalités communes. Leur jeu reste à étudier» (pp. 89-90).

XXIII *In un libro sbagliato ma affascinante...*: cfr. L. FEBVRE, *Le problème de l'incroyance au XVIe siècle. La religion de Rabelais*, Paris 1968 (1^a ed. 1942). Com'è noto, l'argomentazione di Febvre, da un tema circoscritto – la confutazione della tesi, proposta da A. Lefranc, secondo cui Rabelais nel *Pantagruel* (1532) sarebbe stato un propagandista di ateismo – si allarga in cerchi via via sempre piú ampi. La terza parte, sui limiti dell'incredulità cinquecentesca, è certo la piú nuova dal punto di vista del metodo, ma anche la piú generica e inconsistente, come forse presentí lo stesso Febvre (p. 19). L'indebita estrapolazione sulla mentalità collettiva degli «uomini del Cinquecento» risente troppo delle teorie di Lévy-Bruhl («notre maître», p. 17) sulla mentalità primitiva. (È curioso che Febvre ironizzi su «les gens du Moyen Age» per parlare poi, magari a distanza di poche pagine, di «hommes du XVIe siècle» e di «hommes de la Renaissance», sia pure aggiungendo in quest'ultimo caso che si tratta di una formula «clichée, mais commode»: cfr. pp. 153-54, 142, 382, 344). L'accenno ai contadini è a p. 253; già Bachtin notava (*L'œuvre de François Rabelais* cit., p. 137) che l'analisi di Febvre si basa unicamente sugli ambienti della cultura ufficiale. Il confronto con Descartes a pp. 393, 425, *passim*. Su quest'ultimo punto, cfr. anche G. SCHNEIDER, *Il libertino. Per una storia sociale della cultura borghese nel XVI e XVIII secolo*, trad. it. Bologna 1974, e i rilievi (non tutti accettabili) formulati alle pp. 7 sgg. Sul rischio, presente nella storiografia di Febvre, di cadere in forme di raffinata tautologia, cfr. D. CANTIMORI, *Storici e storia*, Torino 1971, pp. 223-25.

XXIV *Gruppi marginali, come i vagabondi*: cfr. B. GEREMEK, *Il pauperismo nell'età preindustriale (secoli XIV-XVIII)*, in *Storia d'Italia*, vol. V, tomo I, Torino 1973, pp. 669-98; *Il libro dei vagabondi*, a cura di P. Camporesi, Torino 1973.

Analisi particolareggiate: molto importante si annuncia quella, di prossima pubblicazione, svolta da Valerio Marchetti sugli artigiani residenti a Siena nel Cinquecento.

9.

XXIV Per quanto è detto in questo paragrafo, cfr. oltre, pp. 69-70.

10.

XXV *Prendere atto di una mutilazione storica*: ciò non va confuso ovviamente né con la nostalgia reazionaria del passato, né con la retorica altrettanto reazionaria su una presunta «civiltà contadina» immobile e astorica.

La frase di Benjamin è tratta dalle *Tesi di filosofia della storia* (*Angelus novus. Saggi e frammenti*, a cura di R. Solmi, Torino 1962, p. 73).

Una redazione provvisoria di questo libro è stata discussa prima in un seminario sulla religione popolare svoltosi nell'autunno 1973 presso il Davis Center for Historical Studies dell'università di Princeton, poi in un seminario coordinato da chi scrive presso l'università di Bologna. Sono vivamente grato a Lawrence Stone, direttore del Davis Center, e a tutti coloro che con critiche e osservazioni mi hanno aiutato a migliorare il testo: in particolare, Piero Camporesi, Jay Dolan, John Elliott, Felix Gilbert, Robert Muchembled, Ottavia Niccoli, Jim Obelkevich, Adriano Prosperi, Lionel Rothkrug, Jerry Seigel, Eileen Yeo, Stephen Yeo, e i miei studenti bolognesi. Ringrazio inoltre don Guglielmo Biasutti, bibliotecario della Curia Arcivescovile di Udine; il maestro Aldo Colonnello; Angelo Marin, segretario del comune di Montereale Valcellina, e i funzionari degli archivi e delle biblioteche citate. A altri debiti accenno nel corso del libro.

Bologna, settembre 1975.

Il formaggio e i vermi

Tout ce qui est intéressant se passe dans l'ombre...
On ne sait rien de la véritable histoire des hommes.

CÉLINE

1.

Si chiamava Domenico Scandella, detto Menocchio. Era nato nel 1532 (al tempo del primo processo dichiarò di avere cinquantadue anni) a Montereale, un piccolo paese di collina del Friuli, 25 chilometri a nord di Pordenone, proprio a ridosso delle montagne. Qui era sempre vissuto, tranne due anni di bando in seguito a una rissa (1564-65), trascorsi ad Arba, un villaggio poco lontano, e in una località imprecisata della Carnia. Era sposato e aveva sette figli; altri quattro erano morti. Al canonico Giambattista Maro, vicario generale dell'inquisitore di Aquileia e Concordia, dichiarò che la sua attività era «di monaro, marangon, segar, far muro et altre cose». Ma prevalentemente faceva il mugnaio; portava anche l'abito tradizionale dei mugnai, una veste, un mantello e un berretto di lana bianca. Cosí vestito di bianco si presentò al processo.

Un paio d'anni dopo disse agli inquisitori di essere «poverissimo»: «non ho altro che doi mollini a fitto et doi campi a livello, et con questi ho sustentato et sostento la mia povera famiglia». Ma certo esagerava. Anche se una buona parte dei raccolti sarà servita a pagare, oltre al canone gravante sui fondi, l'affitto (verosimilmente in natura) dei due mulini, ne doveva restare abbastanza per tirare avanti, e eventualmente cavarsi d'impaccio nei momenti difficili. Cosí, allorché si era trovato a Arba bandito, aveva subito affittato un altro mulino. Quando sua figlia Giovanna si sposò (Menocchio era morto all'incirca un mese prima) ricevette una dote pari a 256 lire e 9 soldi: non ricca ma nemmeno troppo misera, rispetto alle consuetudini della zona negli stessi anni.

In complesso, sembra che la posizione di Menocchio nel microcosmo sociale di Montereale non fosse delle piú trascurabili. Nel 1581 era stato podestà del paese e delle «ville» circostanti (Gaio, Grizzo, San Lonardo, San Martino) nonché, in una data imprecisata, «camararo», cioè amministratore della pieve di Montereale. Non sappiamo se qui, come in altre località del Friuli, il vecchio sistema della rotazione delle cariche fosse stato sostituito dal sistema elettivo. In questo caso, il fatto di saper «leggere, scrivere et abaco» aveva dovuto favorire Menocchio. I camerari, infatti, venivano scelti quasi sempre fra persone che avevano frequentato una scuola pubblica di livello elementare, imparando magari anche un po' di latino. Scuole di questo genere esistevano anche a Aviano o a Pordenone: a una di esse si sarà recato Menocchio.

Il 28 settembre 1583 Menocchio fu denunciato al Sant'Uffizio. L'accusa era di aver pronunciato parole «ereticali e empissime» su Cristo. Non si era trattato di una bestemmia occasionale: Menocchio aveva addirittura cercato di diffondere le sue opinioni, argomentandole («praedicare et dogmatizare non erubescit»). Ciò aggravava subito la sua posizione.

Questi tentativi di proselitismo furono ampiamente confermati dall'inchiesta informativa che si aprí un mese dopo a Portogruaro, per continuare poi a Concordia e nella stessa Montereale. «Sempre contrasta con alcuno della fede per modo di disputar, et ancho con il piovano», riferí Francesco Fasseta al vicario generale. E un altro testimone, Domenico Melchiori: «Sol disputare con l'un et l'altro, et volendo disputtar con me io li disse: "Io son calligaro, et ti molenaro, et tu non sei dotto: a che far disputtar di questo?"» Le cose della fede sono alte e difficili, fuori dalla portata di mugnai e calzolai: per discuterne ci vuol dottrina, e i depositari della dottrina sono anzitutto i chierici. Ma Menocchio diceva di non credere che lo Spirito santo governasse la chiesa, aggiungendo: «Li prelati ne tien sotto di loro, et fanno per tenerne in bona, ma si danno bon tempo»; quanto a lui, «conosce*va* meglio Iddio di loro». E quando il pievano del villaggio l'aveva condotto a Concordia, dal vicario generale, perché si chiarisse le idee, dicendogli «questi capricii che tu tieni sono heresie», aveva promesso di non immischiarsi piú in queste faccende – ma per ricominciare subito dopo. In piazza, all'osteria, andando a Grizzo o a Daviano, venendo dalla montagna: «sole con ciascheduno che parla, – disse Giuliano Stefanut, – introdure il ragionamento sopra le cose de Dio, et sempre interponergli qualche ramo di heresia: et cosí disputa et crida per mantenere quella sua opinione».

2.

Non è facile capire, dagli atti dell'istruttoria, quale fosse stata la reazione dei compaesani alle parole di Menocchio: è chiaro che nessuno era disposto a ammettere di aver ascoltato con approvazione i discorsi di un sospetto d'eresia. Qualcuno, anzi, si preoccupò di riferire al vicario generale, che conduceva l'istruttoria, la propria reazione sdegnata. «He, Menocchio, de gratia, per l'amor de Dio non ti lassar uscir queste parole!» aveva esclamato, a sentir lui, Domenico Melchiori. E Giuliano Stefanut: «Io li ho detto piú volte, et particolarmente andando a Grizo, che io li voglio bene ma non posso soportar il suo parlare delle cose della fede, perché sempre combatarei con lui, et se cento volte mi amazzasse et poi tornasse in vita, sempre mi faria amazzare per la fede». Il prete Andrea Bionima aveva fatto addirittura una velata minaccia: «Tace, Domenego, non dir queste parole, perché un giorno ti potresti pentire». Un altro teste, Giovanni Povoledo, rivolgendosi al vicario generale arrischiò una definizione, sia pure generica: «Ha cativa fama, cioè che habbia male openioni quanto al ramo del Luthero». Ma questo coro di voci non deve trarre in inganno. Quasi tutti gli interrogati dichiararono di conoscere Menocchio da molto tempo: chi da trenta o quarant'anni, chi da venticinque, chi da venti. Uno, Daniele Fasseta, disse di conoscerlo «da pizol in suso perché semo sotto la medemma pieve». Apparentemente alcune affermazioni di Menocchio risalivano non solo a pochi giorni, ma a «molti anni», perfino trent'anni prima. In tutto questo tempo nessuno in paese l'aveva denunciato. Eppure i suoi discorsi erano noti a tutti: la gente se li ripeteva – forse con curiosità, forse scuotendo la testa. Nelle testimonianze raccolte dal vicario generale non si avverte una vera ostilità nei confronti di Menocchio: tutt'al piú, disapprovazione. È vero che tra esse alcune sono di suoi parenti, come Francesco Fasseta, o Bartolomeo di Andrea, cugino di sua moglie, che lo definí «galanthomo». Ma anche quel Giuliano Stefanut che aveva dato sulla voce a Menocchio dicendosi pronto a farsi «amazzare per la fede», soggiunse: «Io li voglio bene». Questo mugnaio, già podestà del paese e amministratore della parrocchia, non viveva certo ai margini della comunità di Montereale. Molti anni dopo, al tempo del secondo processo, un testimone dichiarò: «Io lo vedo a praticare con molti et credo che sia amico de tutti». Eppure a un certo punto era scattata una denuncia contro di lui, che aveva dato il via all'istruttoria.

I figli di Menocchio, come vedremo, individuarono subito nell'anonimo delatore il pievano di Montereale, don Odorico Vorai. Non si sbagliavano. Tra i due c'era un vecchio contrasto: da quattro anni Menocchio andava addirittura a confessarsi fuori dal paese. È vero che la testimonianza del Vorai, che chiuse la fase informativa del processo, fu singolarmente elusiva: «Non mi posso recordare particularmente che cose habbia detto, et questo per haver poca memoria, et per esser impedito da altri negotii». Apparentemente nessuno meglio di lui era nella posizione di dare informazioni al Sant'Uffizio su questa materia: ma il vicario generale non insistette. Non ne aveva bisogno: era stato proprio il Vorai, istigato da un altro prete, don Ottavio Montereale, appartenente alla famiglia dei signori del luogo, a trasmettere la denuncia circostanziata su cui si erano basate le precise domande rivolte dal vicario generale ai testimoni.

Questa ostilità del clero locale si spiega facilmente. Come abbiamo visto Menocchio non riconosceva alle gerarchie ecclesiastiche nessuna speciale autorità nelle questioni di fede. «Che papi, prelati, che preti! le qual parole diceva in disprezzo, ché non credeva a loro», riferí Domenico Melchiori. A furia di discutere e argomentare per strade e osterie, Menocchio doveva aver finito quasi col contrapporsi all'autorità del pievano. Ma che cosa diceva, insomma, Menocchio?

Tanto per cominciare, non solo bestemmiava «smisuratamente», ma sosteneva che bestemmiare non è peccato (secondo un altro teste, che bestemmiare i santi non è peccato, ma Dio sí) aggiungendo con sarcasmo: «ognuno fal il suo mestier, chi arrar, chi grapar, et io fazzo il mi mestier di biastemar». Poi faceva strane affermazioni, che i compaesani riferirono in maniera piú o meno frammentaria e scucita al vicario generale. Per esempio: «l'aere è Dio... la terra è nostra madre»; «che vi maginate che sia Dio? Iddio non è altro che un può de fiato, et quello tanto che l'homo se immagina»; «tutto quello che si vede è Iddio, et nui semo dei»; «'l cielo, terra, mare, aere, abisso et inferno, tutto è Dio»; «che credevú, che Giesu Christo sia nasciuto della vergine Maria? non è possibile che l'habbia parturito et sia restata vergine: puol ben esser questo, che sia stato qualche homo da bene, o figliol di qualche homo da bene». Infine, si diceva che avesse dei libri proibiti, in particolare la *Bibbia* in volgare: «sempre va disputando con questo et con quello, et ha la *Bibia* vulgare et si immagina fundarsi sopra di quella, et sta ostinato in questi suoi ragionamenti».

Mentre le testimonianze si accumulavano, Menocchio aveva avuto sentore che qualcosa si andava preparando contro di lui. Allora si era recato dal vicario di Polcenigo, Giovanni Daniele Melchiori, suo amico fin dall'infanzia. Costui l'aveva esortato a presentarsi spontaneamente al Sant'Uffizio, o almeno a obbedire subito a un'eventuale citazione, ammonendolo: «diteli quello che vi adimanderano, et non cercate di parlar troppo né andate cercando di raccontar queste cose; rispondete solamente a quelle cose che vui sareti dimandato». Anche Alessandro Policreto, un ex avvocato che Menocchio aveva incontrato casualmente in casa di un mercante di legna suo amico, gli aveva consigliato di andare dinanzi ai giudici e di riconoscersi colpevole, dichiarando però nello stesso tempo di non aver mai prestato fede alle proprie affermazioni eterodosse. Cosí Menocchio si era recato a Maniago, obbedendo all'istanza del tribunale ecclesiastico. Ma il giorno dopo, 4 febbraio, visto l'andamento dell'istruttoria, l'inquisitore in persona, il francescano fra Felice da Montefalco, l'aveva fatto arrestare e «menar con le manete» nelle carceri del Sant'Uffizio di Concordia. Il 7 febbraio 1584 Menocchio fu sottoposto a un primo interrogatorio.

3.

Nonostante i consigli ricevuti, si dimostrò subito molto loquace. Tuttavia cercò di presentare la propria posizione in una luce piú favorevole di quanto apparisse dalle testimonianze. Cosí, pur ammettendo di aver avuto due o tre anni prima dei dubbi sulla verginità di Maria, e di averne parlato con varia gente, tra cui un prete di Barcis, osservò: «è vero che io ho detto queste parole con diverse persone, ma non già essortava che si dovesse cosí credere, anzi ho essortato molti dicendoli: "Volete che vi insegni la vera strada? attender a far ben et caminar per la strada de mi antecessori, et quello che commanda la S. Madre Chiesa". Ma quelle parole da me predette le diceva per tentation, et perché cosí credesse o volesse insegnar a altri; et è stato il spirito maligno che me faceva creder cosí quelle cose, et parimente mi instigava a dirle a altri». Con queste parole Menocchio confermava subito, senza volerlo, il sospetto ch'egli si fosse arrogato nel villaggio un ruolo di maestro di dottrina e di comportamento («Volete che vi insegni la vera strada?») Quanto al contenuto eterodosso di questo tipo di predicazione, non era possibile avere dubbi – soprattutto allorché Menocchio espose una sua singolarissima cosmogonia di cui era giunta al Sant'Uffizio un'eco confusa: «Io ho detto che, quanto al mio pensier et creder, tutto era un caos, cioè terra, aere, acqua et foco insieme; et quel volume andando cosí fece una massa, aponto come si fa il formazo nel latte, et in quel deventorno vermi, et quelli furno li angeli; et la santissima maestà volse che quel fosse Dio et li angeli; et tra quel numero de angeli ve era ancho Dio creato anchora lui da quella massa in quel medesmo tempo, et fu fatto signor con quattro capitani, Lucivello, Michael, Gabriel et Rafael. Qual Lucibello volse farsi signor alla comparation del re, che era la maestà de Dio, et per la sua superbia Iddio commandò che fusse scaciato dal cielo con tutto il suo ordine et la sua compagnia; et questo Dio fece poi Adamo et Eva, et il populo in gran multitudine per impir quelle sedie delli angeli scacciati. La qual multitudine, non facendo li commandamenti de Dio, mandò il suo figliol, il quale li Giudei lo presero, et fu crucifisso». E soggiunse: «Io non ho detto mai che si facesse picar come una bestia» (era una delle accuse che gli erano state rivolte: in seguito ammise che sí, forse poteva aver detto qualcosa del genere). «Ho ben detto che si lassò crucificar, et questo che fu crucifisso era uno delli figlioli de Dio, perché tutti semo fioli de Dio, et di quella istessa natura che fu quel che fu crucifisso; et era homo come nui altri, ma di maggior dignità, come sarebbe dir adesso il papa, il quale è homo come nui, ma di piú dignità de nui perché può far; et questo che fu crucifisso nacque de s. Iseppo et de Maria vergine».

4.

Durante la fase istruttoria del processo, di fronte alle strane voci riferite dai testimoni, il vicario generale aveva chiesto in un primo tempo se Menocchio parlava «da dovero o pur burlando»; poi, se era sano di mente. In entrambi i casi la risposta era stata nettissima: Menocchio parlava «da dovero», e era «in cervello, non... mato». Dopo l'inizio degli interrogatori era stato invece uno dei figli di Menocchio, Ziannuto, per suggerimento di alcuni amici del padre (Sebastiano Sebenico, un non meglio identificato pre Lunardo) a spargere in giro la voce che quest'ultimo era «matto» o «spiritato». Ma il vicario non vi aveva prestato fede, e il processo era continuato. La tentazione di liquidare le opinioni di Menocchio, e in particolare la sua cosmogonia, come un ammasso di empie ma innocue stravaganze (il formaggio, il latte, i vermi-angeli, Dio-angelo creato dal caos) c'era stata, ma era stata scartata. Cento o centocinquant'anni piú tardi Menocchio probabilmente sarebbe stato rinchiuso in un ospedale tra i pazzi, perché affetto da «delirio religioso». Ma in piena Controriforma le modalità dell'esclusione erano diverse – passavano anzitutto attraverso l'individuazione, e quindi la repressione dell'eresia.

5.

Lasciamo provvisoriamente da parte la cosmogonia di Menocchio, e seguiamo piuttosto lo svolgersi del processo. Subito dopo l'incarcerazione di Menocchio uno dei suoi figli, Ziannuto, aveva cercato di portargli aiuto in vari modi: si era procurato un avvocato, un certo Trappola, di Portogruaro; era andato a Serravalle per parlare con l'inquisitore; aveva ottenuto dal comune di Montereale una dichiarazione in favore del prigioniero, e l'aveva spedita all'avvocato prospettandogli la possibilità, in caso di bisogno, di procurarsi ulteriori attestati di buona condotta: «et besognandove fede del comun de Montereal che ditto presognier si è confesado et comonicado ogni ano, la sarà fata da li piovani; besognandove fé de deto comun de eser stato podestà et retor de vile cinque, la sarà fata; et eser stato camararo de la pieve de Montereal et fato il suo ofizio da omo da ben, la sarà fata; et eser stato scodador de la giesia de la pieve de Montereal, la sarà fata...» Inoltre, insieme ai fratelli aveva indotto con minacce colui che ai suoi occhi era il principale responsabile di tutta la faccenda, e cioè il pievano di Montereale, a scrivere (Ziannuto era analfabeta) una lettera a Menocchio chiuso nelle carceri del Sant'Uffizio. In essa gli si suggeriva di promettere «ogni obedienza alla santa Chiesa, con dire che voi non credete né mai sete per creder se non quanto comanda il Signor Iddio et la Chiesa santa, et che voi intendete vivere et morire nella fede christiana secondo che comanda la santa Chiesa romana catholica et apostolica, anzi (ch'occorendo) intendete perder la vita et mille vite, se tante n'haveste, per amor del Signor Iddio et della santa fede christiana, come quello che conoscete haver la vita et ogni bene da S. M. Chiesa...» Apparentemente Menocchio non riconobbe dietro queste parole la mano del suo nemico, il pievano; le attribuí invece a Domenego Femenussa, un mercante di lana e di legname che veniva al suo mulino e qualche volta gli prestava del denaro. Ma seguire i suggerimenti contenuti nella lettera senza dubbio gli pesava. Alla fine del primo interrogatorio (7 febbraio) esclamò con evidente riluttanza, rivolto al vicario generale: «Signor, questo che ho detto o per inspiracion de Dio o del demonio io non confermo che sia né verità né busia, ma dimando misericordia, et farò quello mi sarà insegnato». Chiedeva perdono, ma non rinnegava niente. Per quattro lunghi interrogatori (7, 16, 22 febbraio, 8 marzo) fece fronte alle obiezioni del vicario, negò, chiosò, ribatté. «Consta in processo, – chiese per esempio il Maro, – che voi havete detto non creder al papa, né a queste regule della Chiesa, et che tanta autorità ha ognuno come il papa?» E Menocchio: «Io prego l'omnipotente Dio che mi faccia morir adesso s'io so di haver detto questo che la V.S. mi domanda». Ma era vero che aveva detto che le messe per i morti erano inutili? (Secondo Giuliano Stefanut, le parole pronunciate da Menocchio, un giorno che tornavano dalla messa, erano state precisamente queste: «perché fatte queste lemosine per memoria di quella poca cenere?») «Io ho detto, – spiegò Menocchio, – che bisogna attender a farsi del ben fin che un è in questo mondo, perché doppo il Signor Iddio è quello che governa le anime; perché le oration et elemosine et messe che si fanno per li morti si fanno, come credo, per l'amor de Dio, il qual fa poi quello li piace, perché le anime non vengon a pigliar quelle orationi et elemosine, et sta alla maestà de Dio ricever queste bone opere in beneficio o de vivi o de morti». Voleva essere un'abile precisazione, che però di fatto contraddiceva la dottrina della Chiesa riguardo al purgatorio. «Non cercate di parlar troppo», aveva consigliato a Menocchio il vicario di Polcenigo, che non per niente era suo amico fin dall'infanzia e lo conosceva bene. Ma Menocchio evidentemente non riusciva a trattenersi.

Di colpo, verso la fine di aprile si verificò un fatto nuovo. I rettori veneziani invitarono l'inquisitore di Aquileia e Concordia, fra Felice da Montefalco, a uniformarsi alle consuetudini vigenti nei territori della Repubblica, le quali imponevano nelle cause del Sant'Uffizio la presenza di un magistrato secolare accanto ai giudici ecclesiastici. Il contrasto tra i due poteri era tradizionale. Non sappiamo se in quest'occasione ci fosse stato anche un intervento dell'avvocato Trappola in favore del suo cliente. Fatto sta che Menocchio fu condotto a Portogruaro, nel palazzo del podestà, perché confermasse alla presenza di quest'ultimo gli interrogatori che si erano già svolti. Dopo di che, il processo ricominciò.

A piú riprese, in passato, Menocchio aveva detto ai compaesani di essere pronto, anzi desideroso di dichiarare le proprie «opinioni» sulla fede alle autorità religiose e secolari. «Mi ha detto, – riferí Francesco Fasseta, – che se mai lui andasse in mano della giustitia per questo, vorebbe andar con le buone, ma quando li usasse straniezza, vorebbe dir assai contra li superiori delle loro male opere». E Daniele Fasseta: «detto Domenego ha detto che se lui non dubitasse della vita parlaria tanto che faria stupir; et quanto a me credo che volesse dir della fede». Alla presenza del podestà di Portogruaro e dell'inquisitore di Aquileia e Concordia, Menocchio confermò queste testimonianze: «è vero che io ho detto che se non havesse havuto paura della giustitia parlarebbe tanto che farebbe stupire; et ho ditto che se havessi gratia di andar avanti o il papa o un re o un principe che mi ascoltasse, haverei ditto molte cose; et poi se mi havesse fatto morir non mi sarei curato». Allora lo esortarono a parlare: e Menocchio abbandonò ogni reticenza. Era il 28 aprile.

6.

Cominciò denunciando l'oppressione esercitata dai ricchi sui poveri attraverso l'uso, nei tribunali, di una lingua incomprensibile come il latino: «Io ho questa opinione, che il parlar latin sia un tradimento de' poveri, perché nelle litte li pover'homini non sano quello si dice et sono strussiati, et se vogliono dir quatro parole bisogna haver un avocato». Ma questo non era che un esempio di un generale sfruttamento, di cui la Chiesa era complice e partecipe: «Et mi par che in questa nostra lege il papa, cardinali, vescovi sono tanto grandi et ricchi che tutto è de Chiesa et preti, et strussiano li poveri, quali se hanno doi campi a fitto sono della Chiesa, del tal vescovo, del tal cardinale». Si ricorderà che Menocchio aveva due campi a livello, di cui ignoriamo il proprietario; quanto al suo latino, si riduceva apparentemente al *credo* e al *pater noster* imparati servendo messa; e Ziannuto, suo figlio, si era affrettato a procurargli un avvocato, appena il Sant'Uffizio l'aveva messo in carcere. Ma queste coincidenze, o possibili coincidenze, non devono trarre in inganno: il discorso di Menocchio, anche se prendeva lo spunto dal suo caso personale, finiva con l'abbracciare un ambito molto piú vasto. L'esigenza di una chiesa che abbandonasse i suoi privilegi, che si facesse povera coi poveri, si legava alla formulazione, sulla traccia del Vangelo, di una religione diversa, senza insistenze dogmatiche, ridotta a un nocciolo di precetti pratici: «Vorria che si credesse nella maestà de Dio, et esser homini da ben, et far come disse Giesu Christo, che rispose a quelli Giudei che li dimandavano che legge si dovesse haver, et lui li rispose "Amar Iddio et amar il prossimo"». Questa religione semplificata non ammetteva, per Menocchio, limitazioni confessionali. Ma l'appassionata esaltazione dell'equivalenza di tutte le fedi, sulla base di un'illuminazione concessa in egual misura ad ogni uomo – «La maestà de Dio ha dato il

Spirito santo a tutti: a christiani, a heretici, a Turchi, a Giudei, et li ha tutti cari, et tutti si salvano a uno modo» – finí in uno scatto violento contro i giudici e la loro superbia dottrinale: «Et vui altri preti et frati, anchora vui volete saper piú de Dio, et sette come il demonio, et volete farvi dei in terra, et saper come Iddio a guisa del demonio: et chi piú pensa di saper, manco sa». E abbandonando ogni ritegno, ogni prudenza, Menocchio dichiarò di rifiutare tutti i sacramenti, compreso il battesimo, come invenzioni degli uomini, «mercantie», strumenti di sfruttamento e di oppressione da parte del clero: «credo che la legge et commandamenti della Chiesa siano tutte mercantie, et si viva sopra di questo». Del battesimo disse: «credo che subito nati siamo batteggiati, perché Iddio ci bateza che ha benedetto ogni cosa; et quel battezar è un'inventione, et li preti comenzano a magnar le anime avanti che si nasca, et le magnano continuamente sino doppo morte». Della cresima: «credo sia una mercantia, invention delli homini, quali tutti hanno il Spirito santo, et cercan di saper et non sano niente». Del matrimonio: «non l'ha fatto Iddio, ma l'hanno fatto li homini: prima l'homo et la donna si davan la fede, et questo bastava; et doppo son venute queste invention dalli homini». Dell'ordine: «credo che il spirito de Dio sia in tutti, ... et credo che ognuno che havesse studiato potesse esser sacerdote, senza esser sacrato, perché sono tutte mercantie». Dell'estrema unzione: «credo che sia niente et non vaglia niente, perché si onge il corpo et il spirito non si può ongere». Della confessione era solito dire: «andare a confessar da preti et frati tanto è che andar da un arboro». Quando l'inquisitore gli rinfacciò queste parole, spiegò, con una punta di sufficienza: «se quel arboro sapesse dar la cognitione della penitentia, tanto bastarebbe; et se vanno alcuni homini da sacerdoti per non sapper la penitentia che se ha da far per li peccati, accioché ghe la insegnio, che se la sapessero non bisognarebbe andare, et quelli i quali la sano non accade che vadino». Questi ultimi bisogna che si confessino «alla maestà de Dio nel suo cuor, et pregarlo che li perdonasse li suoi peccati».

Solo il sacramento dell'altare si sottraeva alla critica di Menocchio – ma reinterpretato in maniera eterodossa. Le frasi riferite dai testimoni suonavano, è vero, come bestemmie o negazioni sprezzanti. Capitato dal vicario di Polcenigo un giorno che si facevano le ostie, Menocchio aveva esclamato: «Pofar la vergine Maria, son molto grande queste bestie!» E un'altra volta, discutendo col prete Andrea Bionima: «non vedo lí altro che un pezzo di pasta, come puol star che sia questo Domenedio? et che cosa è questo Domenedio? altro che terra, aqua et aere». Ma al vicario generale spiegò: «io ho detto che quella hostia è un pezzo de pasta, ma che il Spirito santo vien dal cielo in essa, et cosí veramente credo». Il vicario, incredulo: «che cosa crede che sii il Spirito santo?» Menocchio: «credo che sia Iddio». Ma sapeva quante sono le persone della Trinità? «Signor sí, che è il Padre, Figliolo et Spirito santo». «In quale di queste tre persone credete che si converta quell'hostia?» «Nel Spirito santo». «Che persona precise della santissima Trinità crede che sia in quell'hostia?» «Credo che sia il Spirito santo». Una simile ignoranza sembrava incredibile al vicario: «Quando che dal vostro pievano son stati fatti sermoni del santissimo sacramento, che cosa ha detto che sia in quella santissima hostia?» Ma non si trattava di ignoranza: «ha detto che è il corpo de Christo, nondimeno io credeva che fusse il Spirito santo, et questo perché credo che il Spirito santo sia maggior de Christo che era homo, et il Spirito santo è venuto dalla man de Dio». «Ha detto... nondimeno io credeva»: appena si presentava l'occasione, Menocchio ribadiva quasi con insolenza la propria indipendenza di giudizio, il proprio diritto a assumere una posizione autonoma. All'inquisitore aggiunse: «Mi piace il sacramento che quando uno è confessà si va a communicar, et si piglia il Spirito santo, et il spirito sta allegro...; quanto al sacramento dell'eucarestia, è una cosa di governar li homini, cavata da homini per Spirito santo; et il dir la messa è trovata dal Spirito santo, et cosí l'adorar l'hostia, per far che li homini non sian come le bestie». Messa e sacramento dell'altare venivano dunque giustificati da un punto di vista quasi politico, come mezzi d'incivilimento – in una frase, però, in cui riecheggiava involontariamente, con segno rovesciato, la battuta detta al vicario di Polcenigo («hostie... bestie»).

Ma su che cosa si fondava questa critica radicale dei sacramenti? Non certo sulla Scrittura. La Scrittura stessa veniva infatti sottoposta da Menocchio a un esame spregiudicato, e ridotta a «quattro parole» che ne costituivano il nucleo essenziale: «credo che la Scrittura sacra sia data da Iddio, ma poi è stata aggionta dalli homini; quatro sole parole bastariano in questa Scrittura sacra, ma è come li libri de bataia che sono cresciuti». Anche i Vangeli, con le loro discordanze, si allontanavano per Menocchio dalla brevità e semplicità della parola di Dio: «Circa le cose delli evangelii, credo che parte siano veri et parte li evangelisti habbino messo de suo cervello, come si vede nelli *passii*, che uno dice a un modo et uno a un altro». Si capisce cosí come Menocchio avesse potuto dire ai compaesani (e confermarlo nel corso del processo) che «la Scrittura sacra è stata ritrovata per ingannar gl'homini». Rifiuto della dottrina, rifiuto degli stessi libri sacri, insistenza esclusiva sull'aspetto pratico della religione: «mi disse anco che lui [Menocchio] non credeva se non nelle bone opere» aveva riferito Francesco Fasseta. E un'altra volta, sempre rivolto a Francesco, aveva esclamato: «io non voglio altro che operar bene». In questo senso la santità gli appariva un modello di vita, di comportamento pratico, non altro: «io credo che li santi siano stati homini da bene, et fatte bone opere, et per questo il Signor Iddio li ha fatti santi et credo che pregano per noi». Non bisognava venerarne le reliquie né le immagini: «quanto alle loro reliquie, come sarebbe un brazzo, corpo, testa, mano o gamba, credo che siano come li nostri quando sono morti, et non si debbano adorar né riverire... non si debbe adorar le loro imagini, ma solamente il solo Iddio che ha fatto il cielo et la terra; non vedete, – esclamò Menocchio rivolto ai giudici, – che Abram buttò per terra tutti li idoli et tutte le imagini, et adorò il solo Iddio?» Anche Cristo aveva dato agli uomini, con la sua passione, un modello di comportamento: «ha giovato... a noi christiani, in quanto ne è stato specchio che sí come lui è stato paciente a patir per amor nostro, che noi moremo et patemo per amor suo, et non ci facciamo maraveglia se noi moriamo perché Dio ha voluto che morí il fiol suo». Ma Cristo era soltanto un uomo, e tutti gli uomini sono figli di Dio, «di quella istessa natura che fu quel che fu crucifisso». Di conseguenza, Menocchio rifiutava di credere che Cristo fosse morto per redimere l'umanità: «se uno ha peccati, bisogna che lui faccia la penitentia».

La maggior parte di queste affermazioni furono fatte da Menocchio nel corso di un unico, lunghissimo interrogatorio.

«Parlaria tanto che faria stupir» aveva promesso ai compaesani: e certo, l'inquisitore, il vicario generale, il podestà di Portogruaro dovettero rimanere sbalorditi di fronte a un mugnaio che con tanta sicurezza e aggressività esponeva le proprie idee. Della loro originalità Menocchio era pienamente convinto: «Non ho mai praticato con alcuno che fusse heretico – disse, replicando a una precisa domanda dei giudici – ma io ho il cervel sutil, et ho voluto cercar le cose alte et che non sapeva: et quello che ho detto non credo che sia vero, ma voglio esser obediente alla S. Chiesa. Et ho havuto delle opinioni di far del male, ma il Spirito santo mi ha illuminato, et prego la misericordia del magno Iddio, del Signor Iesu Christo et del Spirito santo che mi faccia morir se non dico la verità». Finalmente si era deciso a seguire la strada che gli era stata consigliata dal figlio: ma prima aveva voluto, come si riprometteva da tanto tempo, «dir assai contra li superiori delle loro male opere». Certo, sapeva il rischio a cui andava incontro. Prima di essere ricondotto in carcere implorò pietà dagli inquisitori: «Signori, io vi prego per la passion del signor Iesu Christo che mi espediate; et se merito la morte, datimella, se ancho merito misericordia, usatimella, perché voglio viver da buon christiano». Ma il processo era tutt'altro che terminato. Alcuni giorni dopo (1° maggio) gli interrogatori ripresero: il podestà aveva dovuto allontanarsi da Portogruaro, ma i giudici erano impazienti di sentire ancora Menocchio. «Nel constituto di sopra, – disse l'inquisitore, – vi havemo detto che nel processo appareva l'animo vostro esser pieno di questi humori e de cative dotrine, però desidera il santo tribunale che voi finite de dechiarare l'animo vostro». E Menocchio: «L'animo mio era altiero, et desidera[va] che fusse uno mondo nuovo et muodo de vivere, che la Chiesa non caminasse bene, et che si facesse che non vi fusse tante pompe».

7.

Sul significato dell'accenno al «mondo nuovo», al nuovo «muodo de vivere», torneremo piú avanti. Prima bisognerà cercare di capire in che modo questo mugnaio friulano avesse potuto esprimere idee del genere.

Il Friuli della seconda metà del Cinquecento era una società con caratteristiche fortemente arcaiche. Le grandi famiglie della nobiltà feudale avevano ancora un peso preponderante nella regione. Istituzioni come la servitú detta di «masnada» si erano conservate fino a un secolo prima, molto piú a lungo cioè che nelle regioni circostanti. L'antico parlamento medievale aveva conservato le proprie funzioni legislative, anche se il potere effettivo era ormai da tempo nelle mani dei luogotenenti veneziani. In realtà la dominazione di Venezia, cominciata nel 1420, aveva lasciato nei limiti del possibile le cose com'erano. L'unica preoccupazione dei veneziani era stata quella di creare un equilibrio di forze tale da neutralizzare le tendenze eversive di una parte almeno della nobiltà feudale friulana.

Al principio del Cinquecento i contrasti all'interno della nobiltà si erano inaspriti. Si erano creati due partiti, gli *zamberlani*, favorevoli a Venezia, riuniti attorno al potente Antonio Savorgnan (che sarebbe morto transfuga nel campo imperiale) e gli *strumieri*, ostili a Venezia, guidati dalla famiglia dei Torreggiani. Su questo contrasto politico di fazioni nobiliari s'innestò un violentissimo scontro di classe. Già nel 1508 il nobile Francesco di Strassoldo in un discorso tenuto in Parlamento avvertiva che in varie località del Friuli i contadini si erano riuniti in «conventicule» comprendenti anche duemila individui, in cui tra l'altro erano state dette «alcune nefandissime e diaboliche parole massime de tagliar a pezzi prelati, zentilhomeni, castellani et cittadini, et denique de far uno vespro cicilian et molte sporchissime parole». Del resto non erano soltanto parole. Il giovedí grasso del 1511, poco dopo la crisi seguita alla sconfitta veneziana ad Agnadello e in coincidenza con un'epidemia di peste, i contadini fedeli al Savorgnan insorsero, prima a Udine e poi in altre località, facendo strage di nobili appartenenti a entrambi i partiti e incendiando i castelli. All'immediata ricomposizione della solidarietà di classe tra i nobili seguí una feroce repressione della rivolta. Ma la violenza dei contadini aveva da un lato, impaurito l'oligarchia veneziana, dall'altro, indicato la possibilità di un'audace politica di contenimento della nobiltà friulana. Nei decenni successivi all'effimera rivolta del 1511 si accentuò la tendenza veneziana ad appoggiare i contadini del Friuli (e della Terraferma in genere) contro la nobiltà locale. In questo sistema di contrappesi prese corpo un'istituzione eccezionale negli stessi dominî veneziani: la Contadinanza. Quest'organo aveva funzioni non solo fiscali ma militari: attraverso i cosiddetti «fuochi di lista» raccoglieva una serie di tributi; attraverso le «cernide» organizzava una milizia contadina su base locale. L'ultimo punto, in particolare, costituiva un vero e proprio schiaffo per la nobiltà friulana, se si pensa che negli statuti della Patria, cosí impregnati di spirito feudale (tra l'altro vi si minacciavano pene per i contadini che avessero osato ostacolare il nobile esercizio della caccia mettendo lacciuoli alle lepri o cacciando pernici di notte) era inserita una rubrica intitolata *De prohibitione armorum rusticis*. Ma le autorità veneziane, pur mantenendo alla Contadinanza una fisionomia *sui generis*, erano ben decise a farne il rappresentante autorizzato degli interessi degli abitanti delle campagne. Cadeva quindi anche formalmente la finzione giuridica secondo cui il Parlamento era l'organo rappresentativo dell'intera popolazione.

La serie dei provvedimenti di Venezia in favore dei contadini friulani è lunga. Già nel 1533, in risposta alla petizione presentata dai «decani» di Udine e di altre località del Friuli e della Carnia, che lamentavano di «esser molto oppressi di piú condition di livelli, che si pagano in quella Patria a diversi nobili cittadini et altri di quella, et a qualunque altra persona seculare, per lo eccessivo pretio delle biave che hanno valso da alcuni anni in qua» si concesse la possibilità di pagare i canoni livellari (esclusi quelli enfiteutici) in denaro anziché in natura, sulla base di prezzi unitari stabiliti una volta per tutte – il che, in una situazione di prezzi rapidamente crescenti, favoriva evidentemente i contadini. Nel 1551 «a supplicatione della contadinanza della Patria» tutti i canoni livellari fissati dal 1520 in poi furono ridotti del 7 per cento, in base a un decreto ribadito e ampliato otto anni dopo. Ancora, nel 1574 le autorità veneziane cercarono di porre un limite all'usura nelle campagne stabilendo che «a li contadini di quella Patria non si possa tior per pegno alcuna sorte d'animali grossi o minuti atti al lavorar de le terre, né sorte alcuna d'instrumenti rurali ad instantia di alcun creditor, salvo che de li patroni medesimi». Inoltre, «per sollevar li poveri contadini, ai quali da l'avidità de' creditori che danno loro diverse robbe a credenza, vien tiolta poi la biava quasi prima che sia tribiata, et in tempo che il pretio di essa è di minor summa che sia in tutto l'anno» si decretava che i creditori avrebbero potuto esigere ciò che spettava loro soltanto dopo il 15 agosto.

Queste concessioni, che miravano anzitutto a tenere sotto controllo le tensioni latenti nelle campagne friulane, creavano nello stesso tempo un rapporto di solidarietà oggettiva tra i contadini e il potere veneziano, in contrapposizione alla nobiltà locale. Di fronte al progressivo alleggerimento dei canoni livellari, quest'ultima cercò di trasformare i livelli in affitti semplici – e cioè in un tipo di contratto che peggiorava nettamente le condizioni dei contadini. Tale tendenza, generale in questo periodo, dovette incontrare in Friuli forti ostacoli, soprattutto demografici. Quando le braccia mancano, è difficile che si arrivi alla stipulazione di patti agrari piú favorevoli ai proprietari. Ora, nell'arco di un secolo, tra la metà del Cinquecento e la metà del Seicento, sia per effetto delle ripetute epidemie, sia per l'intensificarsi dell'emigrazione, soprattutto verso Venezia, la popolazione complessiva del Friuli diminuí. Le relazioni dei luogotenenti veneziani di questo periodo insistono sulla miseria dei contadini. «Io ho sospese tutte le esecutioni de debiti privati fino al raccolto», scriveva Daniele Priuli nel 1573, affermando che venivano «tolti i vestidi delle donne trovati a torno le loro creature, et fino alle serrature delle porte, cosa empia et inhumana». Carlo Corner, nel 1587, sottolineava la povertà naturale della Patria, «molto sterile per esser parte montuosa, et ne la parte piana giarosa, et sottoposta a inondationi di molti torrenti, et a i danni di tempeste, che ordinariamente regnano nel paese» e concludeva: «perciò sí come i nobili non hanno gran richezze, cosí il popolo, et massimamente i contadini sono poverissimi». Alla fine del secolo (1599) Stefano Viaro tracciava un quadro di decadenza e di desolazione: «da alcuni anni in qua è talmente destruta detta Patria, che non vi è villa, che doi terzi delle case di essa, et anco li tre quarti non siano ruinate, et dishabitate, et poco meno della mittà delli terreni di esso sono pustoti [=incolti], cosa veramente da compassionar molto, poi che se di questo modo anderà declinando, come per necessità doverà essere partendosi ogni giorno li habitanti di essa (come fano) resterano tutti quelli poveri sudditi miserabili». Nel momento in cui si profilava la decadenza di Venezia, l'economia friulana appariva già in uno stato di avanzata disgregazione.

8.

Ma un mugnaio come Menocchio, che cosa sapeva di quest'intrico di contraddizioni politiche, sociali, economiche? Che immagine si faceva dell'enorme gioco di forze che silenziosamente condizionava la sua esistenza?

Un'immagine rudimentale e semplificata; molto chiara, però. Al mondo esistono molti gradi di «dignità»: c'è il papa, ci sono i cardinali, ci sono i vescovi, c'è il pievano di Montereale; c'è l'imperatore, ci sono i re, ci sono i principi. Ma al di là delle gradazioni gerarchiche c'è una contrapposizione fondamentale, quella tra i «superiori» e i «pover'homini»: e Menocchio sa di far parte dei poveri. Un'immagine nettamente dicotomica della struttura di classe, tipica delle società contadine. Tuttavia, sembra d'intravedere nei discorsi di Menocchio almeno un indizio di un atteggiamento piú differenziato nei confronti dei «superiori». La violenza dell'attacco contro le massime autorità religiose – «Et mi par che in questa nostra lege il papa, cardinali, vescovi sono tanto grandi et ricchi che tutto è de Chiesa et preti, et strussiano li poveri...» – contrasta con la critica molto piú blanda, che segue immediatamente dopo, nei confronti delle autorità politiche: «Mi par ancho che questi signori venetiani tengono ladri in quella città, che se uno va comprar qualche cosa, et si dimanda "Che vuo' tu di quella robba?" dicono un ducato, et nondimeno val solamente tre marcelli; et vorria che facessero le sue parti...» Certo, in queste parole c'è anzitutto la reazione del contadino venuto bruscamente a contatto con la scostante realtà cittadina: da Montereale o Aviano a una grande città come Venezia, il salto era forte. Ma rimane il fatto che, mentre papa, cardinali e vescovi sono accusati direttamente di «strussiare» i poveri, dei «signori venetiani» si dice semplicemente che «tengono ladri in quella città». Questa diversità di tono non era certo dovuta a prudenza: allorché pronunciò quelle parole, Menocchio aveva dinanzi a sé tanto il podestà di Portogruaro che l'inquisitore di Aquileia e il suo vicario. Ai suoi occhi l'incarnazione principale dell'oppressione era la gerarchia ecclesiastica. Perché?

Menocchio stesso sembra darci una prima indicazione: «tutto è de Chiesa et preti, et strussiano li poveri, quali se hanno doi campi a fitto sono della Chiesa, del tal vescovo, del tal cardinale». Come abbiamo detto, non sappiamo se questo fosse anche il suo caso. Da un estimo del 1596 – posteriore quindi di dodici anni a queste affermazioni – risulta che uno dei campi presumibilmente allivellati a Menocchio confinava con un terreno che uno dei membri della famiglia dei signori del luogo, Orazio di Montereale, aveva allocato a un ser Giacomo Margnano. Lo stesso estimo, comunque, menziona vari pezzi di terra posseduti da chiese locali o dei dintorni, e concessi in locazione: otto erano di Santa Maria, uno di San Rocco (entrambe di Montereale), uno di Santa Maria di Pordenone. Montereale non era certo un caso isolato: alla fine del Cinquecento la consistenza della proprietà ecclesiastica in Friuli, come in tutto il dominio veneto, era ancora massiccia. Là dove essa era diminuita sul piano quantitativo, si era consolidata e rafforzata qualitativamente. Tutto ciò spiega a sufficienza le parole di Menocchio – anche nel caso che egli non si fosse scontrato personalmente con la rinnovata durezza della proprietà ecclesiastica (che era tra l'altro sempre stata esplicitamente esclusa dagli alleggerimenti dei canoni livellari introdotti dalle autorità veneziane). Bastava girare gli occhi, guardarsi intorno.

Tuttavia la presenza diffusa della proprietà ecclesiastica a Montereale e nei dintorni spiega l'asprezza delle accuse di Menocchio – non le loro implicazioni, né la loro estensione su un piano piú generale. Papa, cardinali e vescovi «strussiano» i poveri: ma in nome di che cosa? con quale diritto? Il papa «è homo come nui», tranne per il fatto che ha il potere («può far») e quindi piú «dignità». Non esiste alcuna differenza tra chierici e laici: il sacramento dell'ordine è una «mercantia». Come tutti i sacramenti e le leggi della Chiesa, del resto: «mercantie», «inventioni», su cui i preti ingrassano. A questa colossale costruzione basata sullo sfruttamento dei poveri, Menocchio contrappone una religione ben diversa, in cui tutti sono uguali, perché lo spirito di Dio è in tutti.

La consapevolezza dei propri diritti nasceva dunque, per Menocchio, su un piano specificamente religioso. Un mugnaio può pretendere di esporre le verità della fede al papa, a un re, a un principe, perché ha dentro di sé quello spirito che Dio ha dato a tutti. Per la stessa ragione può osare di «dir assai contra li superiori delle loro male opere». Ciò che portava Menocchio a negare impetuosamente nei propri discorsi le gerarchie esistenti non era soltanto la percezione dell'oppressione, ma anche l'ideologia religiosa che affermava la presenza in ogni uomo di uno «spirito», ora chiamato «Spirito santo», ora «spirito di Dio».

9.

A prima vista sembra evidente che dietro tutto questo c'era il gran colpo inferto al principio di autorità, in campo non solo religioso ma politico e sociale, dalla Riforma protestante. Ma in che rapporto era Menocchio con i gruppi che si richiamavano alla Riforma e con le loro idee?

«Credo che sia lutherano uno che vadi insignando del male, et magni carne il venerdí et il sabbato» spiegò a un certo punto Menocchio ai giudici che l'interrogavano. Ma si trattava certo di una definizione volutamente semplificata e deformata. Molti anni dopo, al tempo del secondo processo (1599) si venne a sapere che Menocchio aveva detto a un ebreo convertito di nome Simon, che alla propria morte «de li luterani lo saveranno, che verano a pigliar delle sue ceneri». A prima vista, sembra trattarsi di una testimonianza risolutiva. In realtà, è il contrario. A parte la difficoltà, su cui torneremo, di valutare la fondatezza delle aspettative di Menocchio, il termine «luterano» è inserito in un contesto che conferma l'estrema genericità che esso aveva in questo periodo. Secondo Simon, infatti, Menocchio aveva rifiutato ogni valore al Vangelo, aveva negato la divinità di Cristo, aveva lodato un libro che era forse il *Corano*. Siamo evidentemente lontanissimi da Lutero e dalle sue dottrine. Tutto ciò induce a ripartire da zero, procedendo cautamente, per approssimazioni successive.

Quella che potremmo chiamare l'ecclesiologia di Menocchio, ricostruibile sulla base delle affermazioni da lui fatte negli interrogatori di Portogruaro, ha una fisionomia abbastanza precisa. Nel complesso quadro religioso dell'Europa cinquecentesca essa richiama soprattutto, in piú punti, le posizioni degli anabattisti. L'insistenza sulla semplicità della parola di Dio, il rifiuto delle immagini sacre, delle cerimonie e dei sacramenti, la negazione della divinità di Cristo, l'adesione a una religiosità pratica imperniata sulle opere, la polemica di timbro pauperistico contro le «pompe» ecclesiastiche, l'esaltazione della tolleranza, sono tutti elementi che riconducono al radicalismo religioso degli anabattisti. Certo, Menocchio non risulta essere un sostenitore del battesimo degli adulti. Ma si sa che ben presto i gruppi anabattistici italiani erano arrivati a rifiutare anche il battesimo, cosí come gli altri sacramenti, ammettendo tutt'al piú un battesimo spirituale, fondato sulla rigenerazione interiore dell'individuo. Menocchio, dal canto suo, considerava il battesimo del tutto inutile: «Credo che subito nati siamo batteggiati, perché Iddio ci bateza che ha benedetto ogni cosa...»

Il movimento anabattista, dopo essersi diffuso in gran parte dell'Italia settentrionale e centrale, ma soprattutto nel Veneto, era poi stato stroncato a metà del Cinquecento dalla persecuzione religiosa e politica seguita alla delazione di uno dei suoi capi. Ma alcune conventicole sparse sopravvissero clandestinamente per qualche tempo anche in Friuli. Erano forse anabattisti, per esempio, quegli artigiani di Porcía imprigionati dal Sant'Uffizio nel 1557, che erano soliti riunirsi in casa di un conciapelli e di un tessitore di lana a leggere la Scrittura e a parlare «de la renovation de la vita..., de la purità del Evangelio et del removersi da li peccati». Come vedremo, è possibile che Menocchio, le cui affermazioni eterodosse risalivano secondo un teste anche a una trentina d'anni prima, fosse entrato in contatto proprio con questo gruppo.

E tuttavia, nonostante le analogie indicate, non sembra possibile definire Menocchio un anabattista. Il giudizio positivo ch'egli formulò a proposito della messa, dell'eucarestia, nonché, entro certi limiti, della confessione, era, per un anabattista, inconcepibile. Soprattutto, un anabattista, che vedeva nel papa l'incarnazione dell'Anticristo, non avrebbe mai pronunciato una frase come quella detta da Menocchio a proposito delle indulgenze: «credo che siano boni, perché se Iddio ha messo un homo in suo loco che è il papa, manda un perdon, è buono, perché par che si riceva da Iddio essendo date da un suo come fattor». Tutto ciò era emerso durante il primo interrogatorio svoltosi a Portogruaro (28 aprile): l'atteggiamento fiero, e a tratti tracotante tenuto da Menocchio in quella circostanza induce ancora una volta a scartare senz'altro l'ipotesi che tali affermazioni fossero dettate da prudenza o da calcolo. Inoltre, l'eterogeneità dei testi che, come vedremo, Menocchio indicò come «fonti» delle proprie idee religiose, è quanto di piú lontano si possa immaginare dalle rigide preclusioni settarie degli anabattisti. Per questi ultimi, l'unica fonte di verità era la Scrittura – o addirittura soltanto il Vangelo, come affermò per esempio il tessitore di lana che era alla testa del gruppo di Porcía appena ricordato: «in modo che fuor di quello non si habia da creder ad alcuna altra scriptura, et che in nissuna altra scriptura che nel Evangelio non sia cosa di salute». Per Menocchio, invece, l'ispirazione poteva venire dai libri piú svariati: tanto dal *Fioretto della Bibbia* che dal *Decameron*. In conclusione, tra le posizioni di Menocchio e quelle degli anabattisti esistevano analogie indubbie, incrostate tuttavia in contesti nettamente dissimili.

Ma se una caratterizzazione specifica in senso anabattista è insufficiente a spiegare il caso di Menocchio, non sarà meglio ripiegare su una definizione piú generica? A quanto pare Menocchio affermava di essere in contatto con gruppi «luterani» (termine, questo, che designava allora un'area di eterodossia estremamente ampia): perché non accontentarsi della vaga parentela intravista all'inizio tra gli atteggiamenti di Menocchio e la Riforma?

In realtà neanche questo sembra possibile. Tra l'inquisitore e Menocchio si svolse a un certo punto un caratteristico dialogo. Il primo chiese: «Che cosa intendete vui della iustificatione?» Menocchio, sempre cosí pronto a esporre diffusamente le sue «opinioni», questa volta non capí. Il frate dovette spiegargli «quid sit iustificatio», e Menocchio rispose negando, come abbiamo visto, che Cristo fosse morto per salvare gli uomini, giacché «se uno ha peccati, bisogna che lui faccia la penitentia». Riguardo alla predestinazione, stesso discorso: Menocchio ignorava il significato di questa parola, e solo dopo la spiegazione dell'inquisitore replicò: «Io non credo che alcuno da Iddio sii stato preordinato alla vita eterna». Giustificazione e predestinazione, i due temi sui quali si era imperniata la discussione religiosa in Italia nell'età della Riforma, non significavano letteralmente niente per questo mugnaio friulano – anche se, come vedremo, li aveva incontrati almeno una volta nel corso delle sue letture.

Ciò è tanto piú significativo in quanto anche in Italia l'interesse per questi temi non era rimasto circoscritto alle classi piú elevate della società.

> Il fachin, la fantescha e lo schiavone
> fan del libero arbitrio anathomia
> e torta della predestinatione,

scriveva a metà del Cinquecento il poeta satirico Pietro Nelli, *alias* messer Andrea da Bergamo. Pochi anni prima i cuoiai napoletani dopo aver ascoltato le prediche di Bernardino Ochino discutevano appassionatamente sulle lettere di san Paolo e sulla dottrina della giustificazione. L'eco dei dibattiti sull'importanza della fede e delle opere per la salvezza traspare anche in contesti inaspettati, come nella supplica rivolta da una prostituta alle autorità milanesi. Si tratta di esempi scelti a caso, che si potrebbero facilmente moltiplicare. Tuttavia essi hanno un elemento in comune: riguardano tutti, o quasi, le città. È un indizio tra i tanti della profonda separazione che si era verificata ormai da tempo, in Italia, tra città e campagna. La conquista religiosa delle campagne italiane, che gli anabattisti avrebbero forse tentato se non fossero stati stroncati quasi immediatamente dalla repressione religiosa e politica, fu effettuata alcuni decenni dopo, sotto un segno ben diverso, dagli ordini religiosi della Controriforma – i gesuiti, in primo luogo.

Ciò non significa che durante il Cinquecento le campagne italiane ignorassero del tutto forme d'inquietudine religiosa. Ma dietro il tenue velo che apparentemente riecheggiava temi e termini delle discussioni contemporanee, s'intravede la presenza massiccia di tradizioni diverse, molto piú antiche. Che cosa aveva a che fare con la Riforma una cosmogonia come quella descritta da Menocchio – il formaggio primordiale da cui nascono dei vermi che sono gli angeli? Come ricondurre alla Riforma affermazioni come quelle attribuite a Menocchio dai suoi compaesani – «tutto quello che si vede è Iddio, et nui semo dei», «'l cielo, terra, mare, aere, abisso et inferno, tutto è Dio»? Meglio attribuirle, provvisoriamente, a un sostrato di credenze contadine, vecchio di secoli ma mai cancellato del tutto. La Riforma, spezzando la crosta dell'unità religiosa, l'aveva fatto affiorare indirettamente; la Controriforma, nel tentativo di ricomporre quell'unità, l'aveva portato alla luce per spazzarlo via.

Alla luce di quest'ipotesi, allora, le affermazioni di timbro radicale pronunciate da Menocchio non andranno spiegate riconducendole all'anabattismo o, peggio, a un generico «luteranesimo». Piuttosto, dovremo chiederci se esse non rientrino in un filone autonomo di radicalismo contadino che il sommovimento della Riforma aveva contribuito a far emergere, ma che era molto piú antico della Riforma.

10.

Che un mugnaio come Menocchio fosse arrivato a formulare idee cosí diverse da quelle correnti al di fuori di qualsiasi influenza, sembrò inverosimile agli inquisitori. Ai testimoni fu chiesto se Menocchio aveva «detto da dovero o pur burlando, o recitando come detto da altri»; a Menocchio, di rivelare i nomi dei suoi «compagni». Ma in entrambi i casi la risposta fu negativa. Menocchio, in particolare, dichiarò recisamente: «Signor, non ho mai trovato nissuno che tenga queste opinioni, ma quelle opinioni ch'io ho havuto le ho cavate dal mio cervello». Ma almeno in parte mentiva. Nel 1598 don Ottavio Montereale (che come si ricorderà era stato indirettamente il responsabile dell'intervento del Sant'Uffizio) disse di aver saputo che «questo Menocchio haveva imparato le sue heresie da un m. Nicola pittore da Porcía», allorché quest'ultimo si era recato a Montereale a dipingere in casa di un signor de Lazzari, cognato dello stesso don Ottavio. Ora, il nome di Nicola era emerso anche durante il primo processo, provocando una reazione visibilmente imbarazzata da parte di Menocchio. Prima aveva raccontato di averlo incontrato durante la quaresima e di avergli sentito dire in quella circostanza che digiunava, sí, ma «per paura» (Menocchio invece mangiava «qualche poco di late, formazo et qualche ovo», giustificandosi con la debolezza della propria costituzione fisica). Subito dopo però aveva cominciato a parlare, in maniera apparentemente divagante, di un libro posseduto da Nicola, deviando il discorso. Nicola era stato a sua volta fatto chiamare dinanzi al Sant'Uffizio, ma subito rilasciato in seguito alle attestazioni di buona reputazione rilasciate sul suo conto da due ecclesiastici di Porcía. Nel secondo processo, però, era emerso un indizio dell'influenza esercitata da un anonimo personaggio sulle opinioni eterodosse di Menocchio. Durante l'interrogatorio del 19 luglio 1599, all'inquisitore che gli chiedeva da quanto tempo credesse – sulla base di una novella del *Decameron*, come vedremo – che ogni uomo poteva salvarsi nella propria legge, e che pertanto un turco faceva bene a rimanere turco e a non convertirsi al cristianesimo, Menocchio rispose: «Possono essere quindeci o sedeci anni che ho questa opinione, perché incominciassimo a raggionare, et il diavolo me la messe in testa». «Con chi incominciasti a raggionare?» chiese subito l'inquisitore. Solo dopo una lunga pausa («post longam moram») Menocchio rispose «non so».

Con qualcuno, dunque, Menocchio doveva aver parlato di questioni religiose quindici o sedici anni prima – nel 1583, verosimilmente, perché all'inizio dell'anno successivo era stato incarcerato e processato. Si trattava con ogni probabilità di colui che aveva prestato a Menocchio il libro incriminato, il *Decameron*. Menocchio ne fece il nome un paio di settimane dopo: Nicola de Melchiori. Oltre al nome, le date (coincidenze sfuggite agli inquisitori) inducono a identificare questo personaggio con Nicola da Porcía, che nel 1584 Menocchio non vedeva per l'appunto da un anno.

Don Ottavio Montereale era ben informato: Menocchio doveva effettivamente aver parlato di questioni religiose con Nicola da Porcía. Ignoriamo se costui avesse fatto parte del gruppo di artigiani di quel luogo che piú di venticinque anni prima, come abbiamo visto, si riuniva a leggere il Vangelo. In ogni caso, nonostante le dichiarazioni in proprio favore ottenute nel 1584, egli era noto da tempo come «homo eretichissimo». Cosí almeno l'aveva definito il nobile pordenonese Fulvio Rorario, nel 1571, riferendo un fatto vecchio di otto o dieci anni: Nicola «diceva haver lui stesso rotto alcune taulete che erano stà messe per aredo in una giesiola pocho lontan da Porcía, dicendo che era mal fatto et che stavano mal, et eran... mercerie... et che non bisogna meter figure in giesia». Vien fatto subito di pensare all'aspra condanna delle immagini sacre pronunciata da Menocchio. Ma non era soltanto questo ch'egli aveva imparato da Nicola da Porcía.

«So, – disse Menocchio al vicario generale, – che [Nicola] haveva un libro che si chiamava *Zampollo*, che diceva che era buffon, et che morí et andò all'inferno, et con quelli demonii faceva buffonarie; et si mi arricordo disse che l'era con un suo comparo, et che un demonio li haveva pigliato ben voler a questo buffon, et sapendo questo suo compare che quel demonio voleva ben a quel buffon li disse che bisognava star de mala voglia et far fenta; et cosí facendo quel demonio li disse: "Che volete star de mala voglia, dí la verità, dirlo senza rispeto, perché bisogna esser homo da ben ancho nell'inferno"». Al vicario generale questo discorso dovette suonare come un cumulo di sciocchezze: subito riportò l'interrogatorio su questioni piú serie – per esempio, aveva mai sostenuto che tutti gli uomini vanno all'inferno? – lasciandosi sfuggire cosí una traccia importante. Del libro che Nicola da Porcía gli aveva fatto leggere, Menocchio si era nutrito al punto da assimilarne durevolmente temi e espressioni – anche se per una svista sostituiva il nome del protagonista, Zanpolo, al titolo, *Il sogno dil Caravia*.

Nel *Sogno* il gioielliere veneziano Alessandro Caravia aveva messo in scena se stesso e il famoso buffone Zanpolo Liompardi, suo compare, da poco morto vecchissimo.

> Voi mi parete la Melancolia
> dipinta da buon mastro dipintore,

dice all'inizio Zanpolo al Caravia (che nell'incisione che adorna il frontespizio è raffigurato per l'appunto nell'atto della *Melanconia* di Dürer). Il Caravia è triste: vede intorno a sé un mondo pieno d'ingiustizie, e se ne rammarica. Zanpolo lo conforta, gli ricorda che la vera vita non è su questa terra.

> Oh quanto a charo harei di saper nuove
> di alcun che a l'altro mondo se ritruove,

esclama il Caravia. Zanpolo promette che cercherà di apparirgli dopo morto. Ciò si verifica di lí a poco: la maggior parte delle ottave del poemetto descrivono appunto il sogno del gioielliere, a cui l'amico buffone racconta il suo viaggio in paradiso, dove dialoga con san Pietro, e all'inferno, dove prima a furia di lazzi fa amicizia con il diavolo Farfarello, e poi incontra un altro famoso buffone, Domenego Taiacalze.

Costui consiglia a Zanpolo uno stratagemma per ottenere di apparire al Caravia, secondo la promessa fatta:

> Io so che Farfarel ti vuol gran bene
> e presto penso verrà a visitarti;
> domanderati se senti gran pene:
> come tu 'l vederai, fingi di starti
> piú sconsolato di ciò ti convene,
> e lui s'offerirà di piacer farti.
> Allhor tu gli dirai il tuo pensiero:
> forse che lui farà il tuo cor intiero.

«Allhor io finsi, – racconta Zanpolo, –

> d'haver gran tormento
> e in un cantone a seder m'hebbi messo
> prima che Farfarel mi fusse appresso.

Ma il trucco non riesce, e Farfarello lo rimprovera:

> Ho squadrato tua fintione:
> verso di te mia mente hor si scompiglia
> che con me facci queste tu' inventione.
> Promesso ho di te far ciascun governo
> vuolsi fede servar fin ne l'inferno.

Tuttavia lo perdona: Zanpolo appare al Caravia, che svegliandosi pronuncia una preghiera inginocchiato dinanzi al crocifisso.

L'esortazione di Farfarello a dir la verità anche all'inferno, isolata da Menocchio, coglie certamente uno dei temi fondamentali del *Sogno*: la polemica contro l'ipocrisia, soprattutto fratesca. Finito di stampare nel maggio 1541, mentre a Ratisbona si svolgevano i colloqui che sembravano destinati a riportare la pace religiosa tra cattolici e protestanti, il *Sogno* è infatti una tipica voce dell'evangelismo italiano. Gli «sgnieffi, berleffi, ceffi e visi storti» dei due buffoni, Zanpolo e Taiacalze, che anche davanti al tribunale di Belzebú si mettono a ballare «mostrandogli le chiappe tutte nue», accompagnano infatti – e il miscuglio è ben carnevalesco – un ampio e insistito discorso religioso. Il Taiacalze loda apertamente Lutero:

> Gli è un certo Martin Luther suscitato
> che pregia poco preti, e frati manco
> et è da gli Alamani molto amato;
> di chiamar il concilio mai è stanco [...]
> Questo Martin per quel che si ragiona

d'ogn'arte di dottrina gli è eccellente:
il pur Vangel costui non abbandona
Luther de molti ha intrigato la mente.
L'un dice che sol Christo a noi perdona
quell'altro poi Paolo terzo e Clemente:
e cosí ogniuno chi tira e chi mola,
chi dice il ver, chi mente per la gola.
Ogniun desidra il concilio si fatia
sol per chiarir hormai quest'heresie:
il caldo sole la neve disghiatia
cosí anchor Dio le triste fantasie...

La posizione di Lutero, insomma, è giudicata positivamente in quanto egli invoca un concilio per riportare chiarezza dottrinale e ripropone «il pur Vangelo»:

Vidi mal volentier venir la morte
per me, compar, per non esser chiarito
de le varie pinion di molte sorte
che regna al mondo ogniun mal stabilito.
Star vorria l'huom ne la sua fede forte
e non per frappe rimaner stordito
ma veder de Vangeli bene il testo
non si curar poi di Martin nel resto.

Che cosa sia il «pur Vangelo» viene spiegato a turno da Zanpolo, da san Pietro, dal Taiacalze. Anzitutto, la giustificazione mediante la fede nel sacrificio di Cristo:

La prima causa che salva il christiano
è amar Dio, havendo in lui sol fede.
La seconda, sperar che Christo humano
per il suo sangue salva chi in lui crede.
La terza, in charità tenghi il cor sano,
nel Spirto santo opri chi vuol mercede
haver da solo Iddio ridotto in terno.
Questi tre insieme ti campa d'inferno.

Niente sottigliezze teologiche, quindi, come quelle venute di moda anche tra gli indotti, e predicate dai frati:

Molti ignoranti, che fanno i dottori
parlando ogn'hor de la sacra Scrittura
per barberie, da favri, da sartori,
theologizzando fuor d'ogni misura,
facendo entrar le genti in molti errori,
di predestination fan poi paura
e di giuditio, e di libero arbitrio,
che la polve gli abbrugi del salnitrio.
Gli basteria a questi artesanuzzi
creder nel Credo, e dir il Pater nostro

e non di fede far mille scappuzzi
cercando cose, che mai con ingiostro
scritte non fur, né con calami agguzzi.
Gli evangelisti la strada han dimostro
a chi vuol gir in cielo giusta e piana [...]
Il non si vuol Zanpol sí per sottile
veder il pel di l'ovo in la gallina [...]
O quanti frati, che non sanno un pello
che l'intelletti usano de stornire
a questo, et a quell'altro poverello
sappi, che farian meglio a predicare
il pur Vangelo, e questo lasciar stare.

La netta contrapposizione tra una religione ridotta a un nucleo essenziale e le sottigliezze teologiche richiama le affermazioni di Menocchio – che del resto, pur avendo letto in questo passo una parola come «predestinazione», disse addirittura d'ignorarne il significato. Ancora piú preciso il riscontro tra la condanna delle «legge et commandamenti della Chiesa» come «mercantie» (termine usato, come si è visto, anche da Nicola da Porcía) e l'invettiva contro preti e frati che il *Sogno* attribuisce a san Pietro:

Mercato fanno di sepelir morti
come d'un sacco di lana, o di pevere:
in queste cose sono molto accorti
in non voler un defonto ricevere
se i soldi in prima in man non gli vien porti;
poi se gli vanno a manducare e bevere
ridendo de chi fa cotal dispensa
godendo i buoni letti e grassa mensa.
Mercati poi di maggior importanza
si fanno de la Chiesa che fu mia
tirandosi tra lor ogni abondanza
non si curando de chi ha carestia.
Appresso a me questa è una mala usanza
si faccian di mia Chiesa *mercantia*
e beato chi può haver piú benefici
dicendo poche messe, e manco uffici.

L'implicita negazione del purgatorio e quindi dell'utilità delle messe per i morti; la condanna dell'uso del latino da parte di preti e frati («Ad arte fan tutte sue cerimonie | a parlarti volgar, e non latino»); il rifiuto delle «chiese sontuose»; le precisazioni sul culto dei santi:

Gli santi honorar vuolsi, figliuol mio,
perché de Christo han fatto i precetti [...]
Chi come lor farà, questo vuol Dio

> siano nel suo fin nel ciel d'eletti:
> ma non però che lor gratie dispensa
> che chi ciò crede, sua mente mal pensa

e sulla confessione:

> Confessar vuolsi ogni fedel christianno
> con la mente et il cor ogn'hor a Dio
> e non una sol volta in capo l'anno
> sol per mostrar di non esser Giudio

– sono tutti motivi ricorrenti, come abbiamo visto, nelle confessioni di Menocchio. E tuttavia, egli aveva letto il *Sogno* piú di quarant'anni dopo la sua comparsa, in una situazione completamente diversa. Il concilio che avrebbe dovuto comporre il contrasto tra «papisti» e Lutero – contrasto che il Caravia paragonava a quello tra le due fazioni friulane degli Strumieri e degli Zamberlani – c'era stato, sí, ma era stato un concilio di condanna e non di concordia. Per uomini come il Caravia la Chiesa delineata dai decreti tridentini non era certo la Chiesa «redrizzata» e ispirata al «pur Vangelo» ch'essi avevano sognato. E anche Menocchio dovette leggere il *Sogno* come un libro legato per molti versi a un'età ormai lontana. Certo, le polemiche anticlericali o antiteologiche suonavano sempre attuali, per i motivi che abbiamo già visto: ma gli elementi piú radicali della religione di Menocchio andavano ben al di là del *Sogno*. In esso non c'era traccia né di negazioni della divinità di Cristo, né di rifiuto dell'integrità della Scrittura, né di condanna del battesimo definito anch'esso «mercantia», né di esaltazione indiscriminata della tolleranza. Era stato dunque Nicola da Porcía a parlare a Menocchio di tutto questo? Per quanto riguarda la tolleranza apparentemente sí – se l'identificazione di Nicola de Melchiori con Nicola da Porcía è esatta. Ma tutte le testimonianze degli abitanti di Montereale indicano che il complesso delle idee di Menocchio si era formato in un periodo molto anteriore alla data del primo processo. È vero che ignoriamo a quando risalissero i rapporti con Nicola: ma la pervicacia di Menocchio mostra che non ci troviamo di fronte a un passivo riecheggiamento di idee altrui.

11.

«Volete che vi insegni la vera strada? attendere a far ben et caminar per la strada de mi antecessori, et quello che commanda la S. Madre Chiesa»: queste erano le parole che, come si ricorderà, Menocchio sostenne (quasi certamente mentendo) di aver detto ai compaesani. Di fatto, Menocchio aveva insegnato proprio il contrario, a discostarsi dalla fede degli antenati, a respingere le dottrine che il pievano predicava dal pulpito. Mantenere questa scelta deviante per un periodo cosí lungo (forse addirittura una trentina d'anni) prima in una piccola comunità come quella di Montereale, poi di fronte al tribunale del Sant'Uffizio, richiedeva un'energia morale e intellettuale che non è esagerato definire straordinaria. Né la diffidenza dei parenti e degli amici, né i rimproveri del pievano, né le minacce degli inquisitori erano riuscite a incrinare la sicurezza di Menocchio. Ma che cosa lo rendeva cosí sicuro? In nome di che cosa parlava?

Nelle battute iniziali del processo egli attribuí le proprie opinioni a un'ispirazione diabolica: «quelle parole da me predette le diceva per tentation... è stato il spirito maligno che me faceva creder cosí quelle cose». Ma già alla fine del primo interrogatorio il suo atteggiamento era diventato meno remissivo: «Questo che ho detto, o per inspiracion de Dio o del demonio...» Quindici giorni dopo pose un'alternativa diversa: «Il diavolo o qualcosa mi tentava». Di lí a poco precisò che cosa fosse questo «qualcosa» che lo tormentava: «Quelle opinioni ch'io ho havuto le ho cavate dal mio cervello». Da questa posizione per tutta la durata del primo processo non si mosse piú. Anche quando si risolse a chiedere perdono ai giudici, attribuí gli errori commessi al proprio «cervel sutil».

Menocchio, dunque, non vantava rivelazioni o illuminazioni particolari. Nei suoi discorsi metteva invece in primo piano il proprio raziocinio. Già questo bastava a distinguerlo dai profeti, dai visionari, dai predicatori itineranti che tra la fine del Quattrocento e il principio del Cinquecento avevano proclamato oscuri vaticini sulle piazze delle città italiane. Ancora nel 1550 un ex benedettino, Giorgio Siculo, aveva cercato di riferire ai padri riuniti a Trento in concilio le verità che Cristo stesso, apparendogli «in propria persona», gli aveva rivelato. Ma ormai il concilio di Trento si era chiuso da vent'anni; la gerarchia si era pronunciata, la lunga fase d'incertezza su ciò che i fedeli potevano e dovevano credere era finita. Eppure questo mugnaio sperduto tra le colline del Friuli continuava a rimuginare sulle «cose alte», contrapponendo le proprie opinioni in materia di fede ai decreti della Chiesa: «io credo... quanto al mio pensier et creder...»

Accanto al raziocinio, i libri. Il caso del *Sogno dil Caravia* non è isolato. «Havendomi piú volte confessato da un prete de Barcis» dichiarò nel corso del primo interrogatorio «io li dissi: "Puol esser che Iesu Christo sia concetto de Spirito santo, et nato de Maria vergine?" dicendoli però che io lo credeva, ma che alle volte il demonio mi tentava in questo». L'attribuire a una tentazione demoniaca i propri dubbi rifletteva l'atteggiamento relativamente cauto di Menocchio al principio del processo; di fatto, egli espose immediatamente il duplice fondamento della propria posizione: «Questo mio pensiero lo fondava perché tanti homini sono nati al mondo, et niuno è nato di donna vergene; et havendo io letto che la gloriosa Vergine era sposata da s. Iseppo, credeva che nostro signor Iesu Christo fusse fiolo de s. Iseppo, perché ho letto dell'istorie che s. Iseppo chiamava nostro signor Iesu Christo per figliolo, et questo ho letto in un libro che si chiama *Il fioreto della Bibia*». È un esempio scelto a caso: piú volte Menocchio indicò in questo o quel libro la fonte (non esclusiva, in questo caso) delle sue «opinioni». Ma che cosa aveva letto Menocchio?

12.

Purtroppo non abbiamo un elenco completo dei suoi libri. Al momento dell'arresto il vicario generale fece perquisire la sua abitazione: vennero trovati, sí, dei volumi, ma non sospetti né proibiti, cosicché non ne fu redatto un inventario. Possiamo ricostruire con una certa approssimazione un quadro parziale delle letture di Menocchio unicamente sulla base dei sommari accenni da lui fatti nel corso degli interrogatori. I libri menzionati nel primo processo sono i seguenti:

1) la *Bibbia* in volgare, «la maggior parte in lettere rosse» (si tratta di una stampa non identificata);
2) *Il fioretto della Bibbia* (è la traduzione di una cronaca medievale catalana che mescolava fonti diverse, tra cui, oltre naturalmente alla Vulgata, il *Chronicon* di Isidoro, l'*Elucidarium* di Onorio di Autun, e un cospicuo numero di vangeli apocrifi; di quest'opera, che ebbe una larga circolazione manoscritta fra Trecento e Quattrocento, si conoscono una ventina di stampe, variamente intitolate – *Fioretto della Bibbia*, *Fiore di tutta la Bibbia*, *Fiore novello* – che arrivano fino alla metà del Cinquecento);
3) *Il Lucidario* (o *Rosario*?) *della Madonna* (va identificato verosimilmente con il *Rosario della gloriosa Vergine Maria* del domenicano Alberto da Castello, anch'esso piú volte ristampato nel corso del Cinquecento);
4) *Il Lucendario* (*sic*, per *Legendario*) *de santi* (è la traduzione della diffusissima *Legenda aurea* di Jacopo da Varagine, curata da Niccolò Malermi, apparsa sotto il titolo *Legendario delle vite de tutti li santi*);
5) *Historia del Giudicio* (si tratta di un anonimo poemetto quattrocentesco in ottave, che circolava in molte versioni, di varia ampiezza);
6) *Il cavallier Zuanne de Mandavilla* (è la traduzione italiana, ristampata piú volte fino a tutto il Cinquecento, del famoso libro di viaggi redatto a metà del Trecento e attribuito a un fantomatico sir John Mandeville);
7) «un libro che si chiamava *Zampollo*» (in realtà *Il sogno dil Caravia*, stampato a Venezia nel 1541).

A questi titoli vanno aggiunti quelli ricordati durante il secondo processo:

8) *Il Supplimento delle cronache* (si tratta della traduzione in volgare della cronaca redatta alla fine del Quattrocento dall'eremitano bergamasco Jacopo Filippo Foresti, piú volte ristampata con aggiornamenti fino al tardo Cinquecento, sotto il titolo *Supplementum supplementi delle croniche*...);
9) *Lunario al modo di Italia calculato composto nella cit-*

tà di Pesaro dal ecc^mo dottore Marino Camilo de Leonardis (anche di questo *Lunario* si conoscono molte ristampe);

10) il *Decameron* di Boccaccio, in edizione non purgata;
11) un libro non meglio identificato, che un testimone, come abbiamo visto, suppose essere il *Corano* (di cui era uscita a Venezia, nel 1547, una traduzione italiana).

13.

Vediamo prima di tutto in che modo Menocchio riuscí a avere tra le mani questi libri.

L'unico di cui sappiamo con certezza che fu acquistato è il *Fioretto della Bibbia*, «quale, – disse Menocchio, – comprai a Venetia per doi soldi». Su altri tre – l'*Historia del Giudicio*, il *Lunario*, e il presunto *Corano* – non abbiamo alcuna indicazione. Il *Supplementum* del Foresti fu regalato a Menocchio da Tomaso Mero da Malmins. Tutti gli altri – sei su undici, piú della metà – gli furono dati in prestito. Si tratta di dati significativi, che fanno intravedere, in questa piccolissima comunità, una rete di lettori che aggirano l'ostacolo delle proprie esigue risorse finanziarie passandosi i libri l'un l'altro. Cosí, il *Lucidario* (o *Rosario*) *della Madonna* fu prestato a Menocchio durante il suo esilio a Arba, nel 1564, da una donna, Anna de Cecho. Suo figlio, Giorgio Capel, chiamato a testimoniare (la madre era morta) disse di avere un libro intitolato *La vita de santi*; altri gli erano stati confiscati dal pievano di Arba, che ne aveva restituiti soltanto due o tre, affermando che i rimanenti «li vorano abbruggiar» (gli inquisitori, evidentemente). La *Bibbia* era stata prestata a Menocchio da suo zio Domenico Gerbas, insieme al *Legendario de santi*. Quest'ultimo «essendo bagnato, si stracciò». La *Bibbia* invece era finita nelle mani di Bastian Scandella da cui Menocchio, suo cugino, l'aveva avuta varie volte in prestito. Sei o sette mesi prima del processo, però, la moglie di Bastian, Fior, aveva preso la *Bibbia* e l'aveva bruciata nel forno: «ma è stà un peccato aver brusado quel libro» esclamò Menocchio. Il *Mandavilla* gli era stato prestato cinque o sei anni prima da pre Andrea Bionima, cappellano di Montereale, che l'aveva trovato per caso a Maniago, frugando fra «certe scritture de nodaria». (Il Bionima, comunque, affermò prudentemente che non era stato lui a dare il libro a Menocchio, bensí Vincenzo Lombardo, che, sapendo «un pocco legger», doveva averlo preso in casa sua). Il *Sogno dil Caravia* era stato prestato a Menocchio da Nicola da Porcía – da identificarsi forse, come abbiamo detto, con quel Nicola de Melchiori da cui aveva avuto, per il tramite di Lunardo della Minussa di Montereale, il *Decameron*. Quanto al *Fioretto*, Menocchio l'aveva prestato a sua volta a un giovanotto di Barcis, Tita Coradina, che ne aveva letto (disse) soltanto una carta: poi il pievano gli aveva detto che si trattava di un libro proibito, e lui l'aveva bruciato.

Una circolazione fitta, che coinvolge non solo i preti (com'era prevedibile) ma addirittura le donne. Si sa che a Udine fin dal principio del Cinquecento si era aperta, sotto la guida di Gerolamo Amaseo, una scuola per «leger e insegnar indifferente nulla habita exceptione personarum, cosí a li fioli de li citadini come a quelli de li artisani et popolari, et cusí grandi come picholi, senza alcuno pagamento particular». Scuole di livello elementare, dove s'insegnava anche un po' di latino, esistevano del resto anche in centri non lontani da Montereale, quali Aviano e Pordenone. Stupisce, tuttavia, che in un piccolo paese di collina si leggesse tanto. Purtroppo solo eccezionalmente abbiamo indicazioni che ci consentano di precisare la posizione sociale di questi lettori. Del pittore Nicola da Porcía si è già detto. Bastian Scandella, cugino di Menocchio, figura nel già ricordato estimo del 1596 come detentore (non sappiamo a che titolo) di numerosi pezzi di terra; nello stesso anno era podestà di Montereale. Ma gli altri sono quasi tutti dei puri nomi. Appare chiaro, comunque, che per questa gente il libro faceva parte dell'esperienza comune: era un oggetto d'uso, trattato senza troppi riguardi, esposto al rischio di essere bagnato o stracciato. È significativa, però, la reazione scandalizzata di Menocchio a proposito della *Bibbia* finita nel forno, certo per sottrarla a un'eventuale perquisizione del Sant'Uffizio: nonostante l'ironico paragone con «li libri de bataia che sono cresciuti», la Scrittura gli appariva come un libro diverso da tutti gli altri, perché conteneva un nucleo dato da Dio.

14.

Il fatto che piú della metà dei libri citati da Menocchio provenissero da prestiti va tenuto presente anche per analizzare la fisionomia di questo catalogo. Solo per il *Fioretto della Bibbia*, infatti, siamo in diritto di postulare con certezza, dietro la lettura di Menocchio, una scelta vera e propria, che l'aveva indotto a comprare proprio *quel* libro tra i tanti ammucchiati nella bottega o sulla bancarella dell'ignoto libraio veneziano. È significativo che il *Fioretto* fosse stato per lui, come vedremo, una specie di *livre de chevet*. Al contrario, era stato il caso che aveva fatto imbattere pre Andrea Bionima nel volume del *Mandavilla* capitato in mezzo alle «scritture de nodaria» di Maniago; e un'indiscriminata fame di letture piú che una curiosità specifica l'avrà fatto capitare tra le mani di Menocchio. Ciò vale, probabilmente, per tutti i libri avuti in prestito dai compaesani. L'elenco che abbiamo ricostruito riflette anzitutto i libri che Menocchio poté avere a disposizione – non certo un quadro di predilezioni e di scelte consapevoli.

Inoltre, si tratta di un elenco parziale. Ciò spiega tra l'altro la prevalenza di testi religiosi – sei su undici, piú della metà. Era ovvio che, nel corso dei due processi a cui fu sottoposto, Menocchio facesse riferimento soprattutto a questo tipo di letture per giustificare le proprie idee. È probabile che un elenco completo dei libri da lui posseduti o letti avrebbe presentato un panorama piú vario, comprendente per esempio qualcuno di quei «libri de bataia» accostati provocatoriamente alla Scrittura – il *Libro che tratta di bataglia, chiamato Fioravante* (M. Sessa, Venezia 1506) o un altro simile. Ma anche questo manipolo di titoli, frammentario e unilaterale, consente qualche considerazione. Accanto alla Scrittura troviamo testi di pietà, rielaborazioni scritturali in versi e in prosa, vite di santi, un lunario, un poemetto semibuffonesco, un libro di viaggi, una cronaca, una raccolta di novelle (il *Decameron*): tutti testi in volgare (come si è detto, Menocchio sapeva di latino poco piú di quello che aveva imparato servendo messa) risalenti in parte a due o tre secoli prima, molto diffusi, consumati a vari livelli sociali. Il Foresti e il Mandeville, per esempio, facevano parte della biblioteca di un altro, ben diverso, «omo sanza lettere», cioè pressoché ignaro di latino: Leonardo. E l'*Historia del Giudicio* figura tra i libri posseduti dal famoso naturalista Ulisse Aldrovandi (che tra l'altro aveva avuto a che fare con l'Inquisizione per i rapporti avuti da giovane con gruppi ereticali). Certo, spicca nell'elenco (se davvero Menocchio lo lesse) il *Corano*: ma questa è un'eccezione che andrà considerata a parte. Per il resto, si tratta di titoli abbastanza ovvi, apparentemente incapaci di gettar luce sul modo in cui Menocchio era arrivato a formulare quelle che un compaesano definí «fantastice opinioni».

15.

Ancora una volta si ha l'impressione di trovarsi in un vicolo cieco. Prima, di fronte alla stravagante cosmogonia di Menocchio ci si era chiesti per un attimo, come già il vicario generale, se non si trattava dei discorsi di un matto. Scartata quest'ipotesi, l'esame della sua ecclesiologia ne aveva suscitata un'altra, e cioè che Menocchio fosse un anabattista. Respinta anche questa, ci si era posti, di fronte alla notizia che Menocchio si considerava un martire «luterano», il problema dei suoi legami con la Riforma. Tuttavia la proposta d'inserire le idee e le credenze di Menocchio in un filone profondo di radicalismo contadino portato alla luce, ma indipendente, dalla Riforma sembra ora vistosamente contraddetta dall'elenco di letture che abbiamo ricostruito sulla base degli incartamenti processuali. Fino a che punto si potrà considerare rappresentativa una figura cosí poco comune come quella di un mugnaio del Cinquecento che sapeva leggere e scrivere? e rappresentativa, poi, di che cosa? non certo di un filone di cultura contadina, visto che Menocchio stesso indicava in una serie di libri a stampa le fonti delle proprie idee. A furia di scontrarci nei muri di questo labirinto, siamo tornati al punto di partenza.

Quasi tornati. Abbiamo visto che libri leggeva Menocchio. Ma come li leggeva?

Confrontando a uno a uno i passi dei libri citati da Menocchio con le conclusioni che egli ne trasse (se non addirittura con il modo in cui li riferí ai giudici) si riscontra invariabilmente uno iato, uno scarto talvolta profondo. Ogni tentazione di considerare questi libri «fonti» nel senso meccanico del termine cade di fronte all'aggressiva originalità della lettura di Menocchio. Piú del testo, allora, appare importante la chiave di lettura, la griglia che Menocchio interponeva inconsapevolmente tra sé e la pagina stampata: una griglia che metteva in luce certi passi nascondendone altri, che esasperava il significato di una parola isolandola dal contesto, che agiva nella memoria di Menocchio deformando la stessa lettera del testo. E questa griglia, questa chiave di lettura, rinvia continuamente a una cultura diversa da quella espressa nella pagina a stampa – una cultura orale.

Ciò non significa che il libro costituisse per Menocchio una mera occasione, un pretesto. Egli stesso dichiarò, come vedremo, che almeno un libro l'aveva inquietato profondamente, spingendolo con le sue affermazioni inaspettate a pensare pensieri nuovi. Fu lo scontro tra la pagina stampata e la cultura orale di cui era depositario a indurre Menocchio a formulare – a se stesso prima, poi ai compaesani, infine ai giudici – le «opinioni... cavate dal *suo* cervello».

16.

Del modo di leggere di Menocchio daremo una serie di esempi, di complessità crescente. Nel primo interrogatorio egli ribadí che Cristo era stato un uomo come tutti gli altri, nato da san Giuseppe e da Maria vergine: e spiegò che Maria «si chiamava vergine essendo stata nel tempio delle vergini, perché l'era un tempio dove si tenivan dodeci vergini, et secondo che si allevavan le maritavano, et questo io l'ho letto sopra un libro chiamato il *Lucidario della Madonna*». Questo libro, che altrove egli chiamò *Rosario*, era con ogni probabilità il *Rosario della gloriosa Vergine Maria* del domenicano Alberto da Castello. In esso, Menocchio aveva potuto leggere: «Contempla qui anima fervente, come fatta oblatione a Dio et al sacerdote, S. Ioachino e S. Anna lasciarono la sua dolcissima figliuola nel tempio di Dio, dove dovea essere nutrita con le altre verginelle, le qual eran dedicate a Dio. Nel qual luoco con somma devotione viveva contemplando le cose divine, et era visitata dalli S. Angeli, come sua regina et imperatrice, et sempre era in oratione».

Forse anche l'aver visto tante volte, sui muri della chiesa di san Rocco di Montereale affrescati nel 1566 da un allievo del Pordenone, il Calderari, le scene di Maria al tempio e di Giuseppe con i pretendenti, aveva indotto Menocchio a soffermarsi su questa pagina del *Rosario*. In ogni caso, pur senza deformarne la lettera, ne ribaltò il significato. Nel testo, l'apparizione degli angeli isolava Maria dalle compagne, conferendole un alone soprannaturale. Nella mente di Menocchio l'elemento decisivo era invece la presenza delle «altre verginelle», che serviva a spiegare nella maniera piú semplice l'epiteto attribuito a Maria, assimilandola alle compagne. Un particolare finiva cosí col diventare il centro del discorso, mutandone il senso complessivo.

17.

Alla fine dell'interrogatorio del 28 aprile, dopo aver espresso senza ritegno le proprie accuse contro la Chiesa, i preti, i sacramenti e le cerimonie ecclesiastiche, Menocchio, rispondendo a una domanda dell'inquisitore, dichiarò: «Io credo che l'imperatrice in questo mondo sia stata maggior della Madonna, ma de là è maggior la Madonna, perché de là semo invisibili». La domanda dell'inquisitore nasceva da un episodio riferito da un teste, e confermato senza esitazioni da Menocchio: «Signor sí che è vero che ho detto quando passò l'imperatrice che lei era da piú della Madonna, però intendeva in questo mondo; et in quel libro della Madonna non li fu mai mandati né fatti tanti honori, anzi quando la fu portà a sepellir li fu fatto deshonor, che uno voleva tuorla via dalla spalla delli apostoli, et restò attacato con le mani, et questo era nella vita della Madonna».

A quale testo alludeva qui Menocchio? L'espressione «libro della Madonna» potrebbe far pensare ancora una volta al *Rosario della gloriosa Vergine Maria*: ma la citazione non corrisponde. Il passo si trova invece in un altro libro letto da Menocchio, il *Legendario de le vite de tutti li santi* di Jacopo da Varagine, nel capitolo intitolato *De l'assumptione de la beata Vergine Maria*, che è una rielaborazione di «uno certo libretto... appocripho, intitulato al beato Ioanne evangelista». Ed ecco la descrizione delle esequie di Maria fatta dal Varagine: «Furono etiam li angeli con li apostoli cantando et riempiendo tutta la terra del sono de mirabile sua vita [di Maria]. Risvegliati tutti a tanto dolce melodia uscirono fuori de la città, et adimandato diligentemente che cosa sia questa, allhora uno disse: "Li discipoli portano quella Maria ch'è morta, et cantano d'intorno a lei quella melodia che voi udite". Allhora tutti corsero a pigliare l'arme, et confortavasi l'uno l'altro dicendo: "Venite, occidiamo tutti li discipoli, et col fuoco abrusiamo quel corpo, il qual ha portato quel seduttore". Et vedendo questo il prencipe de sacerdoti stupefatto et riempiuto de ira con isdegno disse: "Ecco il tabernaculo di quello il qual conturbava noi et la nostra generatione, hora quale gloria ha ricevuto!" Et detto questo misse la mano al letto volendo gittare a terra el letto con el corpo, et mettendo le mane al letto subito si seccorono et rimaseno appiccate al letto, et vessato de molto martirio con molti lamenti cridava, et el resto del popolo fu percosso di cecità da li angeli li quali erano nelle nebule. Onde cridava el principe di sacerdoti dicendo: "Pregote o santo Pietro, non me abbandonare in questa tribulatione, ma pregote che per me spargi la prece al Signor, tu debbi ricordarti come a le fiate accusandote l'ancilla portonaia io te escusai". Al quale disse Pietro: "Noi impediti siamo ne li obsequii de la Madonna nostra, et al presente non potiamo attendere a la curatione tua. Nondimeno se tu crederai nel Signor Iesu et in questa la qual ha portato, io spero che incontinente conseguirai il beneficio de la sanità". Et gli rispose: "Io credo il Signor Iesu essere vero figliuolo de Dio, et questa esser la sacratissima madre sua". Incontinente furono sciolte le mane sue dal catheletto, ma nondimeno anchora rimasta era ne le braze la arida e non era partito il grande dolore. Al qual disse Pietro: "Bascia il letto et dirai, io credo in Dio Iesu Cristo, il qual questa portò nel ventre, et rimanendo vergine doppo il parto". Et egli havendo fatto questo, fu restituito a la prestina sanità...»

L'affronto fatto al cadavere di Maria dal capo dei sacerdoti si risolve, per l'autore del *Legendario*, nella descrizione di una guarigione miracolosa, e insomma nell'esaltazione di Maria vergine madre di Cristo. Ma per Menocchio evidentemente il racconto del miracolo non conta, e tanto meno la riaffermazione della verginità di Maria, da lui ripetutamente negata. Ciò che egli isola è unicamente il gesto del capo dei sacerdoti, il «deshonor» fatto a Maria durante la sepoltura, testimonianza della sua miserabile condizione. Il filtro della memoria di Menocchio trasforma la narrazione del Varagine nel suo contrario.

18.

Il rinvio al passo del *Legendario* era quasi incidentale. Ben piú importante, invece, quello già citato al *Fioretto della Bibbia*. Come si ricorderà, nel primo interrogatorio Menocchio aveva sostenuto di non credere alla concezione verginale di Maria per virtú dello Spirito santo sia «perché tanti homini sono nati al mondo, et niuno è nato di donna vergene», sia perché, avendo letto in un libro intitolato *Fioretto della Bibbia* «che s. Iseppo chiamava nostro signor Iesu Christo per figliolo», ne aveva arguito che Cristo era figlio di san Giuseppe. Ora, nel capitolo CLXVI del *Fioretto*, *Come fu mandato Iesu alla scuola*, si legge come Gesú maledicesse il maestro che gli aveva dato una «gotata», e lo facesse stramazzare morto sul colpo. Di fronte all'ira dei vicini accorsi, «Ioseph disse: "Hai fiol mio castigati ormai, non vedi tu quanta gente ci porta odio?"» «Fiol mio»: ma nella stessa pagina, nel capitolo immediatamente precedente – *Come Iesu solazandosi con gli altri fanciulli risuscitò uno fanciullo che era morto* – Menocchio aveva potuto leggere questa risposta di Maria a una donna che le chiedeva se Gesú fosse suo figlio: «Sí che è mio filiol, suo padre si è solo Dio».

La lettura di Menocchio era evidentemente unilaterale e arbitraria – quasi la ricerca di una conferma di idee e convinzioni già saldamente possedute. In questo caso, la certezza che «Christo era un homenato come noi». Irragionevole è credere che Cristo sia nato da una vergine, che sia morto sulla croce: «se era Dio eterno non si doveva lassar pigliar et crucifiger».

19.

Il ricorso a brani come quelli del *Legendario* e del *Fioretto*, tratti da vangeli apocrifi, non deve stupire. Di fronte alla contrapposizione tra la concisa semplicità della parola di Dio – «quattro parole» – e la smodata proliferazione della Scrittura, la nozione stessa di apocrifo veniva di fatto a cadere. Vangeli apocrifi e vangeli canonici venivano posti sullo stesso piano, e considerati testi meramente umani. D'altra parte, diversamente da quanto ci si sarebbe potuto aspettare dalle testimonianze degli abitanti di Montereale («sempre va disputando con questo et con quello, et ha la *Bibia* vulgare et si immagina fundarsi sopra di quella») Menocchio nel corso degli interrogatori fece pochissimi riferimenti puntuali alla Scrittura. Si direbbe anzi che i rifacimenti parascritturali del tipo *Fioretto della Bibbia* gli fossero piú familiari della *Bibbia* in volgare. Cosí, l'8 marzo, rispondendo a una domanda non meglio precisata del vicario generale, Menocchio esclamò: «Mi dico che è piú gran precetto amar il prossimo che amar Iddio». Anche questa affermazione poggiava su un rinvio a un testo. Subito dopo infatti Menocchio soggiunse: «perché ho letto in una *Historia del Giudicio* che quando sarà il giorno del giudicio [Dio] dirà a quel anzolo: "Tu è cativo, tu non mi hai mai fatto un ben"; et quel anzolo risponde: "Signor, non ve ho mai visto da farvi ben". "Io haveva fame, non mi hai dato da mangiare, io haveva sede et non mi hai datto da bere, era nudo et non mi hai vestito, quando era in priggione non mi venivi a revisitarre". Et per questo io credeva che Dio fusse quel prossimo, perché disse "io era quel povero"».

Ed ecco il passo corrispondente dell'*Historia del Giudicio*:

> O benedetti già del padre mio
> venite la mia gloria a possedere:
> affamato et assetato fui già io,
> et voi mi deste da mangiare et bere;
> nella prigione hebbi tormento rio,
> et sempre voi mi venisti a vedere;
> infermo stetti, et visitato fui
> et morto, e seppellito fui da voi.

Et essendo ciascuno rallegrato
verranno Giesú Christo a domandare
«Quando, Signor, fusti tu affamato
che noi ti demmo da bere et mangiare?
et quando infermo fusti visitato
et, morto, ti venimmo a sotterrare?
quando in prigione noi ti visitammo,
et quando il vestimento ti donammo?»

Christo risponderà lieto nel viso:
«Quel poverel ch'alla porta venia
morto di fame, afflitto, e conquiso
per mio amor elemosina chiedia,
non fu da voi scacciato né diviso
ma del vostro mangiava, et bevia,
a chi voi davi per amor di Dio:
sappiate che quel povero era io».

Dalla sinistra all'hor vorran parlare
ma Dio gli caccierà con gran furore,
dicendo: «Peccatori di mal affare
gite a l'inferno al sempiterno ardore.
Da voi non hebbi da ber né da mangiare
né alcun ben facesti per mio amore.
Andate, maladetti, al foco eterno
dove starete con duol sempiterno».

Risponderà quel popol doloroso:
«Quando, Signor, ti vedemmo giamai
morto di fame, afflitto, e penoso,
quando in prigion pattisti tanti guai?»
All'hor risponderà Christo glorioso:
«Quando il pover cacciavi con guai.
Verso de miser non havesti pietade
né mai a lor facesti caritade».

Come si vede, queste rozze ottave ricalcano pedestremente un passo del vangelo di Matteo (25.41-46). Ma è ad esse, e non al testo evangelico, che Menocchio si riferisce. E anche qui il rinvio alla pagina stampata – sostanzialmente preciso, se si eccettua la curiosa svista che attribuisce all'«anzolo» le proteste dei dannati – si traduce di fatto in una rielaborazione. Ma se nei casi precedenti la forzatura avveniva in sostanza attraverso l'omissione, qui il procedimento è piú complesso. Menocchio fa un passo avanti – apparentemente minimo, in realtà enorme – rispetto al testo: se Dio è il prossimo, «perché disse "io era quel povero"», è piú importante amare il prossimo che amare Dio. Era una deduzione che esasperava in senso radicale l'insistenza su una religiosità pratica, fattiva, comune a quasi tutti i gruppi ereticali italiani di questo periodo. Anche il vescovo anabattista Benedetto d'Asolo insegnava la fede in «uno solo Iddio, uno solo Iesu Christo nostro Signore mediatore» e la carità verso il prossimo, perché «el giorno del iudicio... non saremo domandati d'altro se non se haveremo dato da mangiare alli affamati, dato da bere alli assetati, vestito li nudi, visitato gli infermi, albergato li forestieri..., essendo li fondamenti della charità». Ma l'atteggiamento di Menocchio verso questo tipo di predicazione – se, com'è probabile, gli giunse alle orecchie – non era meramente ricettivo. Una tendenziale, e tuttavia nettissima, riduzione della religione alla moralità affiora piú volte nei suoi discorsi. Con una stupenda argomentazione, fitta al solito di immagini concrete, Menocchio spiegò all'inquisitore che bestemmiare non è peccato «perché fa male a sé solamente et non al prossimo, a similitudine, se mi ho un tabaro et che il voglio stracciar, faccio male solamente a me stesso et non ad altri, et credo che chi non fa mal al prossimo non faccia peccato; et perché semo tutti figliuoli di Dio, se non si femo mal l'un l'altro, come per esempio se un padre ha diversi figliuoli, et uno dica "maledetto sia mio padre", il padre gli perdona, ma s'el rompe la testa ad un figliuol d'un altro non gli può perdonar se non paga: et però ho detto ch'el biastemar non è peccato perché non fa mal a nissun». Dunque, chi non fa male al prossimo non commette peccato: il rapporto con Dio diventa irrilevante di fronte al rapporto col prossimo. E se Dio è il prossimo, perché Dio?

Certo, Menocchio non fece quest'ultimo passo, che l'avrebbe portato ad affermare un ideale di giusta convivenza umana del tutto privo di connotazioni religiose. Per lui, l'amore verso il prossimo rimaneva un precetto religioso, o meglio il succo stesso della religione. E in generale, il suo atteggiamento non era privo di oscillazioni (anche per questo si può parlare, nel suo caso, soltanto di una *tendenziale* riduzione della religione alla moralità). Ai compaesani soleva dire (secondo quanto riferí il teste Bartolomeo d'Andrea): «io vi insegno a non far male, non pigliate la robba de altri, et questo è il ben che si può fare». Ma nell'interrogatorio svoltosi il pomeriggio del 1° maggio, all'inquisitore che gli chiedeva di precisare quali fossero le «opere de Dio» grazie alle quali si va in paradiso, Menocchio – che a dire il vero aveva parlato semplicemente di «buone opere» – rispose: «amarlo [Dio], adorarlo, santificarlo, riverirlo et ringratiarlo; et poi bisogna che sia caritatevole, misericordioso, pacifico, amorevole, honorevole, obedientissimo a suoi mazori, perdonar le inzurie et attender le impromesse: et questo facendo si va nel cielo, et questo basta per andar là». In questo caso, ai doveri verso il prossimo si affiancavano i doveri verso Dio, senza che venisse ribadita la superiorità dei primi sui secondi. Ma l'elenco, che seguí immediatamente, delle «cative opere» – «robar, assassinar, far usura, far crudeltà, far vergogna, far vituperio et homicidio: et queste sono sette opere che dispiacieno a Iddio, et danno al mondo et piaciono al demonio» – verteva unicamente sui rapporti tra gli uomini, sulla capacità dell'uomo di prevaricare sul prossimo. E la religione semplificata di Menocchio («et questo facendo si va nel cielo, et questo basta per andar là») non poteva essere accettata dall'inquisitore: «Qualli sono li comandamenti de Dio?» «Credo, – rispose Menocchio, – sieno queli che ho ditto di sopra». «Il nominar il nome de Dio, il santificar le feste non sono precetti de Dio?» «Questo non so».

In realtà, era proprio l'insistenza esclusiva sul messaggio evangelico nella sua forma piú semplice e scarna a consentire deduzioni estreme come quelle formulate da Menocchio. Questo rischio era stato presentito con eccezionale chiarezza quasi cinquant'anni prima in uno dei testi piú significativi dell'evangelismo italiano – un opuscolo anonimo apparso a Venezia sotto il titolo *Alcune ragioni del perdonare*. L'autore, Tullio Crispoldi, elaborando una serie di prediche del famoso vescovo di Verona Gian Matteo Giberti, di cui era un fedelissimo collaboratore, si sforzava di dimostrare con argomentazioni di ogni tipo che il succo della religione cristiana consisteva nella «legge del perdonare», nel perdonare il prossimo per essere perdonati da Dio. A un certo punto però non si nascondeva che questa «legge del perdonare» poteva essere interpretata in chiave esclusivamente umana, mettendo quindi «in pericolo» il culto dovuto a Dio: «Questo rimedio del perdonare è sí grande et sí presente che Dio a fare questa legge ha posto in pericolo tutta la religione che a lui si deve: peroché pare una legge fatta solo da homini a salute di tutti li homini, per la quale apertamente si dice Dio non volere considerare le ingiurie che gli facemo, se bene innumerabili fussero, pure che tra noi ne perdoniamo et ne amiamo. Et certo, se esso a coloro che perdonano non desse la gratia di uscire di peccati et di essere homini da bene, ogniuno haria causa di giudicare questa legge non essere legge di Dio che voglia reggere li homini, ma solo essere legge di homini che per stare et per vivere in pace non si curano de delitti o peccati che si facciano secretamente o di accordo o di modo che non si disturbe la pace et vivere del mondo. Ma vedendo che chi per honor di Dio perdona, ottiene ciò che vole da Dio, et che gli è favorito da Dio, et che divien pronto a le opere bone et a fuggir le ree, le persone si confirmano a riconoscere la bontà di Dio verso di noi».

Soltanto l'intervento soprannaturale della grazia divina impedisce quindi di assumere il nucleo del messaggio di Cristo (la «legge del perdonare») come un vincolo puramente umano, politico. L'eventualità di questa interpretazione mondana della religione è ben presente all'autore dell'opuscolo. Egli ne conosce (e in parte ne è influenzato) la versione piú coerente, quella di Machiavelli – e non il Machiavelli appiattito da una tradizione semplificatrice nel teorizzatore della *religio instrumentum regni*, bensí il Machiavelli dei *Discorsi*, che nella religione individua soprattutto un potente elemento di coesione politica. Ma l'obiettivo polemico del passo che abbiamo citato sembra essere un altro: non tanto la tendenza a considerare spregiudicatamente la religione *dall'esterno*, quanto piuttosto quella a corroderne i fondamenti *dall'interno*. Il timore, formulato dal Crispoldi, che la «legge del perdonare» possa essere intesa come «una legge fatta solo da homini a salute di tutti li homini, per la quale apertamente si dice Dio non volere considerare le ingiurie che gli facemo, se bene innumerabili fussero, pure che fra noi ne perdoniamo et ne amiamo» richiama quasi alla lettera le parole di Menocchio all'inquisitore: «Credo che chi non fa mal al prossimo non faccia peccato; et perché semo tutti figliuoli di Dio, se non si femo mal l'un l'altro, come per esempio se un padre ha diversi figliuoli, et uno dica "maladetto sia mio padre", il padre gli perdona, ma s'el rompe la testa ad un figliuol d'un altro non gli può perdonare se non paga».

Naturalmente non c'è nessun motivo di supporre che Menocchio conoscesse le *Ragioni del perdonare*. Semplicemente, esisteva nell'Italia del Cinquecento, negli ambienti piú eterogenei, una tendenza (intravista con acutezza dal Crispoldi) a ridurre la religione a una realtà puramente mondana – a un vincolo morale o politico. Questa tendenza era espressa in linguaggi diversissimi, partendo da presupposti diversissimi. E tuttavia anche in questo caso è forse possibile intravedere una parziale convergenza tra gli ambienti piú avanzati dell'alta cultura e i gruppi popolari di tendenza radicale.

A questo punto, se torniamo ai goffi versi dell'*Historia del Giudicio* richiamati da Menocchio per giustificare la propria affermazione («mi dico che è piú precetto amar il prossimo che amar Iddio») appare chiaro che ancora una volta la griglia interpretativa era di gran lunga piú importante della «fonte». Anche se l'interpretazione di Menocchio era scattata a contatto col testo, le sue radici affondavano lontano.

20.

Eppure, c'erano testi che per Menocchio avevano contato davvero: e tra questi in primo luogo, per sua stessa ammissione, «il cavallier Zuanne de Mandavilla», cioè i *Viaggi di sir John Mandeville*. Allorché il processo si riaprí a Portogruaro, gli inquisitori ripeterono, in forma minacciosa questa volta, la solita esortazione a nominare «tutti li suoi compagni, altramente si venirà a piú rigorossi rimedii contra di lui; perché par impossibile a questo S. Ufficio che da lui habbia imparato tante cose, et non habbia delli compagni». «Signor, io non so di haver mai insegnato a alcuno» fu la risposta di Menocchio «né mai ho avuto compagni in queste mie opinioni; et quello che ho ditto l'ho ditto per quel libro del Mandavilla che ho letto». Piú precisamente, in una lettera inviata ai giudici dal carcere, Menocchio come vedremo elencò al secondo posto, tra le cause dei propri errori, l'«aver leto quel libro del Mandavila, de tante sorte de generazione et de diverse lege, che me aveva tuto travaliato». Perché questo «travaglio», quest'inquietudine? Per rispondere, bisognerà anzitutto vedere che cosa contenesse in realtà questo libro.

Scritti in francese probabilmente a Liegi, a metà del Trecento, e attribuiti a un fittizio sir John Mandeville, i *Viaggi* sono in sostanza una compilazione basata sia su testi geografici, sia su enciclopedie medievali come quella di Vincenzo di Beauvais. Dopo una larghissima circolazione manoscritta, l'opera conobbe una quantità di edizioni a stampa, in latino e nelle principali lingue europee.

I *Viaggi* sono divisi in due parti, di contenuto molto diverso. La prima è un itinerario verso la Terra Santa, una specie di guida turistica per pellegrini. La seconda è la descrizione di un viaggio verso Oriente, che tocca isole sempre piú lontane, fino all'India, fino al Cataio, cioè la Cina. Con la descrizione del paradiso terrestre e delle isole che costeggiano il regno del mitico Prete Gianni, il libro termina. Entrambe le parti si presentano come testimonianze dirette: ma mentre la prima è ricca di osservazioni precise e documentate, la seconda è largamente fantastica.

Senza dubbio il contenuto della prima parte influí molto sull'eccezionale fortuna dell'opera. Si sa che fino a tutto il Cinquecento la diffusione delle descrizioni della Terra Santa continuò a superare quella delle descrizioni del Nuovo Mondo. E il lettore di Mandeville poteva acquisire una serie di conoscenze particolareggiate tanto sui luoghi sacri e l'ubicazione delle principali reliquie in essi conservate, che sugli usi e costumi degli abitanti. L'indifferenza di Menocchio per le reliquie era, come si ricorderà, assoluta; ma la minuziosa esposizione delle particolarità teologiche o rituali della chiesa greca e delle «diverse mainiere de christiani» (Samaritani, Jacobini, Soriani, Giorgini) abitanti in Terra Santa, e delle loro divergenze dalla Chiesa di Roma, poté suscitare il suo interesse. Il suo rifiuto del valore sacramentale della confessione avrà trovato conferma, o forse stimolo, nella descrizione fatta da Mandeville della dottrina dei «Jacobini», cosí detti perché convertiti da san Giacomo: «dicono che solo a Dio si debe confessare li soi peccati et a lui promettere de mendarsi; però quando voglion confessare accendeno foco a lato alloro e si li getteno dentro incenso et altre specie odorifere e nel fumo se confessano a Dio e dimandeno misericordia». Questo modo di confessare Mandeville lo definiva «naturale» e «primitivo» (due aggettivi densi di significato per un lettore cinquecentesco) pur affrettandosi a riconoscere subito che «li santi padri e papi che sono venuti da poi hanno ordinato de fare la confessione a l'homo e per bona ragione, perché elli hanno riguardato che niuna malatia po' essere sanata né se po' dare bona medicina se prima non se cognosce la natura del male: per lo simile non se po' dare bona penitentia se prima non se sa la qualitade del peccato, però che li peccati non sono equali, né lochi, né tempi, e però se convene sapere la natura del peccato e lochi e tempi e poi dar debita penitentia». Ora, Menocchio – che pure metteva sprezzantemente sullo stesso piano il confessarsi a un prete e il confessarsi a un albero – ammise però, come abbiamo visto, che il prete poteva dare a chi non la sapeva la «cognitione della penitentia»: «se quel arboro sapesse dar la cognitione della penitentia, tanto bastarebbe; et se vanno alcuni homini da sacerdoti per non sapper la penitentia che se ha da far per li peccati, accioché ghe la insegnio, che se la sapessero non bisognarebbe andare, et quelli i quali la sano non accade che vadino». Una reminiscenza di Mandeville?

Un fascino ancora maggiore avrà esercitato su Menocchio la lunga esposizione fatta da Mandeville della religione di Maometto. Dal secondo processo risulta che egli cercò (ma come abbiamo detto la testimonianza non è certa) di soddisfare la sua curiosità in proposito leggendo direttamente il *Corano*, che era stato tradotto in italiano a metà del Cinquecento. Ma già dai viaggi di Mandeville, Menocchio aveva potuto apprendere alcune tesi sostenute dai maomettani, in parte concordanti con certe sue affermazioni. Secondo il *Corano*, diceva Mandeville, «tra tutti i propheti Iesu fu il piú excellente et il piú propinquo a Dio». E Menocchio, quasi riecheggiandolo: «io dubitavo che... non fusse stà Iddio, ma qualche profeta, qualche grand'homo mandato da Dio a predicar in questo mondo». Sempre in Mandeville, Menocchio aveva potuto trovare un rifiuto molto netto della crocifissione di Cristo, ritenuta impossibile perché contradditoria con la giustizia di Dio: «però che non fu mai crucifixo come dicono, anzi el fece Dio ascendere a sé senza morte e senza macula, ma transformò la sua forma in uno chiamato Iuda Scarioth e questo crucifixero li Iudei pensando che fusse Iesu, che era montato in cielo vivo per iudicare il mondo: e però dicono... in questo articolo che noi falliamo, però che grande iustitia de Dio non potrebbe sí fatta cosa soffrire...» A quanto risulta da una testimonianza di un compaesano, sembra che Menocchio sostenesse qualcosa di simile: «non è vero che Christo sii stato crucifisso, ma è stato Simon Cironeo». Certo, anche a Menocchio la crocefissione, il paradosso della croce, sembrava inaccettabile: «mi pareva gran cosa che un signor si lassasse cosí pigliar, et cosí io dubitavo che essendo stà crucifisso non fusse stà Iddio, ma qualche profeta...»

Si tratta di consonanze indubbie, anche se parziali. Ma sembra impossibile che la lettura di queste pagine potesse inquietare Menocchio. Ancora meno poté farlo l'aspro giudizio sul mondo cristiano che Mandeville attribuiva al sultano: «elli [i cristiani] doverebbono dare exemplo de ben far alla commune gente, doverebbono andare a li templi a servire a Dio, et elli vanno tutto el giorno per le taverne zogando, bevendo, manzando a modo de bestie... Et egli doveriano essere simplici e humili e mansueti e meritevoli e caritativi sí come fu Iesu Christo nel quale loro credeno, ma egli fanno el contrario e ariverso, e sono tutti inclinati al mal fare, et tanto sono cupidi, avari, che per poco argento e' li vendeno li fioli, le sorelle e lor proprie mogliere per fare meretrice, e se tolleno le mogliere l'uno a l'altro, e non se mantengono fede, anci non teneno la loro legge tutta che Iesu Christo ha datto per loro salvare...»

Questo quadro della corruzione della cristianità, scritto duecento anni prima, fu letto certamente da Menocchio come un testo contemporaneo e attualissimo. L'avidità di preti e frati, i privilegi e le prevaricazioni di quanti si dicevano seguaci di Cristo, erano sotto i suoi occhi ogni giorno. Nelle parole del sultano Menocchio poté trovare tutt'al piú una conferma e una legittimazione della sua spietata critica nei confronti della Chiesa: non certo un motivo di turbamento. Esso va cercato altrove.

21.

«Le gente de queste terre hanno diverse legge, però che alcuni adorano il sole, alcuni il foco, alcuni li albori, alcuni [i] serpenti e alcuni altri la prima cosa che incontrano la matina, alcuni simulacri et alcuni idoli...»: cosí affermava Mandeville, quasi all'inizio della seconda parte dei suoi viaggi, parlando di Channe, un'isoletta vicina all'India. Qui troviamo l'accenno, poi piú volte ripetuto, alle «diverse legge», alla varietà delle credenze e delle consuetudini religiose che aveva tanto «travaliato» Menocchio. Attraverso i racconti di Mandeville, le sue descrizioni in gran parte favolose di terre lontanissime, l'universo mentale di Menocchio si dilatava portentosamente. Non piú Montereale, o Pordenone, o al massimo Venezia, i luoghi della sua esistenza di mugnaio – ma l'India, il Cataio, le isole popolate dagli antropofagi, dai Pigmei, dagli uomini dalle teste di cane. E proprio a proposito dei Pigmei, Mandeville scriveva una pagina destinata a una straordinaria fortuna: «... Sono gente de picola statura, li quali sono longhi circa tre spane: et son belli et gratiosi homini e femine per rispetto de la loro picoleza. Egli se maritano nella etade de sei mesi e in doi over tre anni fanno fioli et non viveno communamente piú de sei over sette anni: et chi vive VIII anni è reputato vechissimo. Questi Pigmei sono piú subtili et megliori maestri de opera di seda et di bambaso et a ogni cosa che sia al mondo. Elli fano spesso guerra con li ucelli del paese, et sono molte fiate da loro presi e mangiati. Questa picola gente non lavorano terre né vigne, ma fra lor sono gente grande come siamo noi che lavorano le terre. Egli [i Pigmei]... li scherniscono a modo che noi faciamo de loro se egli fosseno fra noi...»

Nello scherno dei Pigmei per la «gente grande come siamo noi» è racchiuso il senso dello smarrimento provato da Menocchio di fronte a questo libro. La diversità delle credenze e delle usanze registrate da Mandeville lo indussero a interrogarsi sul fondamento delle sue credenze, dei suoi comportamenti. Quelle isole in gran parte immaginarie gli fornirono un punto archimedico da cui guardare al mondo in cui era nato e cresciuto. «Tante sorte de generatione et... diverse lege», «molte isole che vivevano quali a un modo e quali a un altro», «di tante e diverse sorte di nationi chi crede a un modo et chi a un altro»: a piú riprese, nel corso del processo, Menocchio insisté sullo stesso punto. Negli stessi anni un nobile del Périgord, Michel de Montaigne, subiva un'analoga scossa relativistica leggendo le relazioni sugli indigeni del Nuovo Mondo.

Ma Menocchio non era Montaigne, era soltanto un mugnaio autodidatta. La sua vita si era svolta quasi esclusivamente tra le mura del villaggio di Montereale. Non sapeva né il greco né il latino (tutt'al piú qualche brandello di preghiera); aveva letto pochi, casuali libri. Di questi libri, aveva masticato e spremuto ogni parola. Ci aveva rimuginato su per anni; per anni parole e frasi avevano fermentato nella sua memoria. Un esempio chiarirà i meccanismi di questa lunga, faticosa rielaborazione. Nel capitolo CXLVIII dei *Viaggi* di Mandeville, intitolato *De l'isola di Dondina ove mangiano l'uno e l'altro quando non pono scampare, et de la possanza dil suo re, il quale signoreza* LIIII *altre isole, et di molte maniere de homini li quali habitano in queste isole*, Menocchio aveva trovato questa pagina:

«... In questa isola sono gente de diverse nature, perché il padre mangia el fiolo e il fiolo el padre, e il marito la moglie e la moglie il marito. Quando el padre o la madre overo alcuno altro de loro amici son amalati, subito el fiolo overo altri vanno al prete de la sua lege e pregandolo che voglia domandare a lor idolo, el quale per virtude del diavolo de dietro gli responde e dice ch'el non morirà in questa fiata, e l'insegna a loro in qual modo el de' guarire: e in quella hora el fiolo ritorna e serve il padre e falli ciò che l'idolo l'insegna fin che l'ha guarito. Il simile fanno li mariti per le moglie e li amici l'uno per l'altro: e se l'idolo dice ch'el de' morire, alhora el prete va col fiolo e con la moglie, overo con lo amico amalato, e si gli metteno un panno sopra la bocha per torli lo fiato, e cosí suffocandolo l'amazono e poi tagliano el corpo in pezi e fanno pregare tutti i lor amici che vengano a mangiare de questo corpo morto, e fanno venire quanti pifari ponno havere, e cosí el mangiano con grande festa e con gran solennitade. E quando egli l'hanno mangiato elli prendeno le osse e si le sepeliscono cantando e faciando gran festa e melodia: e tutti li loro parenti e amici che non sono stati a questa festa sono reprovati et hanno gran vergogna e dolore, perché piú non sono reputati per amici. Dicono li amici che elli mangiano le carne per liberarlo delle pene: sí come elli dicono, se la carne è tropo magra, li amici dicono che egli hanno fatto gran peccato haverlo lassato tanto languire e sofferire pena senza ragione; e la carne grassa, egli dicono che è ben fatto e che presto l'hanno mandato al paradiso, e non ha ponto sofferto pene...»

Questa descrizione di antropofagia rituale colpí fortemente Menocchio (come colpí Leonardo, che ne trasse lo spunto per un'invettiva contro la malvagità degli uomini). Ciò emerge con chiarezza dall'interrogatorio del 22 febbraio. Il vicario generale chiese per l'ennesima volta: «Ditemi quali sono stati li vostri compagni che erano in queste opinioni come voi». E Menocchio: «Signor, io non ho mai trovato nissuno che tenga queste opinioni, ma quelle opinioni ch'io ho havuto le ho cavate dal mio cervello. È ben vero che una volta ho letto un libro che mi imprestò il nostro capellano, messer pre Andrea da Maren che adesso habita in Monte Real, qual libro era intitulato *Il cavallier Zuanne de Mandavilla*, credo che era francese, in stampa, in lingua italiana vulgar, et può esser da cinque o sei anni che me l'ha imprestato, ma mi ghe l'ho restituito già doi anni. Et questo libro trattava del viaggio di Hierusalem, et d'alcuni errori che havevano i Greci col papa; et trattava anco del gran Can, de la città di Babilonia, del prete Giani, de Hierusalem, et di molte isole che vivevano quali a un modo et quali a un altro. Et che questo cavallier andò dal Soldano, quale lo interrogò dei preti, de cardinalli, et del papa, et della chieresia; et diceva che Ierusalem era de christiani, et per mal governo dei christiani et del papa, Dio glie l'ha tolto. Trattava ancora in un luogo, che quando moriva uno...» A questo punto l'inquisitore interruppe impazientemente Menocchio per chiedergli «se questo libro parlava niente del chaos». E Menocchio rispose: «Signor no, ma questo l'ho visto nel *Fioretto della Bibia*, ma l'altre cose ch'io ho detto circa questo chaos le [ho] formate da mio cervelo». Subito dopo, riprendendo il filo del discorso interrotto: «Questo medemo libro del cavallier Mandavilla trattava ancora che quando gli huomini erano ammalati vicino a morte andavano dal suo prete, e quel prete scongiurava un idolo, e quel idolo li diseva s'el doveva morir o no, e se doveva morire il prete lo soffoccava, et lo mangiavano in compagnia: et se era bon era senza peccadi, et se era cativo haveva assai peccati et havevano fatto mal a lassarlo tanto. Et de lí cavai questa mia opinion che morto il corpo morisse anco l'anima, poiché di tante e diverse sorte di nationi chi crede a un modo et chi a un altro».

Ancora una volta l'ardente memoria di Menocchio aveva fuso, trasposto, riplasmato parole e frasi. L'ucciso dalla carne troppo magra era diventato senz'altro cattivo (da mangiare), quello dalla carne grassa, buono (da mangiare). L'ambiguità gastronomico-morale di questi termini (buono, cattivo) aveva calamitato l'accenno ai peccati, spostandolo dagli uccisori all'ucciso. Dunque, chi era buono (da mangiare) era senza peccati, chi cattivo (da mangiare) pieno di peccati. A questo punto era scattata la deduzione di Menocchio: non esiste l'aldilà, non esistono pene o ricompense future, il paradiso e l'inferno sono su questa terra, l'anima è mortale. Come al solito, Menocchio deformava aggressivamente (in maniera del tutto involontaria, è ovvio) il testo. Il fiotto di domande ch'egli poneva ai libri, andavano molto al di là della pagina scritta. Ma in questo caso la funzione del testo era tutt'altro che secondaria: «*et de lí cavai* questa mia opinion che morto il corpo morisse anco l'anima, *poiché di tante e diverse sorte di nationi chi crede a un modo et chi a un altro*».

22.

Tuttavia, l'insistenza sulla varietà delle leggi e delle usanze era soltanto uno dei poli della narrazione di Mandeville. Al polo opposto, c'era il riconoscimento, in tanta difformità, di un elemento pressoché costante: la razionalità, sempre accompagnata dalla fede in un Dio autore del mondo, un «Dio de natura». Cosí, dopo aver parlato degli adoratori di idoli e simulacri dell'isola di Channe, Mandeville precisava: «E sapiate che ogniuno che adora simulacri il fa per reverentia de alcuno valente homo già stato come fo Hercule, molti altri li quali nel tempo loro feceno molte maraveglie: e però queste gente dicono che egli sanno bene che questi tali valenti passati non sono dii, anci è uno Dio de natura che tutte le cose fece et [è] nel cielo, e che li sano bene che quelli non poterebeno fare le maraviglie che fanno, se non per la speciale gratia de Dio, e perché costoro foron amati da Dio egli li adorano. El simile dicono del sole, però che e' li muta il tempo e dona caldo e nutrimento ad ogni cosa sopra la terra, e però che il sole è de tanta virtute egli sano bene che questo advene perché Dio lo ama piú che le altre cose, onde e' li ha donato maiore virtude che a cosa che sia del mondo: aduncha è ragionevole come dicono che sia honorato e fattoli reverentia...»

«Ragionevole». Con tono sobriamente distaccato, quasi etnografico, Mandeville registrava realtà o credenze esotiche, mostrando come dietro la loro mostruosità o assurdità si celasse un nucleo razionale. Certo, gli abitanti dell'isola di

Channe adoravano una divinità che era per metà un bue e per metà un uomo. Ma essi ritenevano il bue «la piú santa bestia che sia in terra, e de li altri la piú utile», mentre l'uomo «è la piú nobile creatura et ha signoria sopra tutte le bestie»: e poi, forse che alcuni cristiani non attribuivano superstiziosamente virtú benefiche o malefiche a determinati animali? «Hor non è da maravigliare se li pagani, li quali non hanno altra dottrina che la naturale, per la loro simplicità piú largamente li credeno». Gli abitanti dell'isola Hongamara (informava Mandeville) avevano tutti, uomini e donne, «teste de cane, e sono chiamati Cenocefali» – ma subito soggiungeva: «e sono gente rasonevole e de bono intelletto». Perciò, nel capitolo finale del libro, giunto al termine del racconto dei suoi viaggi straordinari, Mandeville poteva dichiarare solennemente ai lettori: «... e sapiate che tutto quello paese [il Cataio] e de tutte quelle isole de diverse gente e diverse lege e fede che elli hanno, le quale io ho descritto, niuna gente li è la quale pure che habia ragione e intelletto, che non habia alcuno articulo della nostra fede, e alcuno bono ponto de ciò che noi crediamo, e che egli non credano in Dio el quale fece il mondo, el quale egli chiamano *Iretarge*, zoè a dire Dio de natura, secondo che dice il propheta: "*et metuent eum omnes fines terrae*", e altrove: "*omnes gentes servient ei etc.*"; ma egli non sano però perfettamente parlare de Dio padre né figliolo né del Spirito santo, né sano parlare de la *Bibia* e specialmente del *Genesis* e de li altri libri de Moyses, de l'*Exodo*, de li propheti, però che egli non hanno che l'insegni, che non sano se non de loro intelletto naturale...» Nei confronti di questi popoli Mandeville esortava a un'illimitata tolleranza: «... et quantunque questa gente [gli abitanti delle isole Mesidarata e Genosaffa] non habiano li articoli della fede totalmente come noi habiamo, nondimeno per la loro bona fede naturale e per la loro intentione bona io me penso e me rendo certo che Dio li ama e che prenda li loro servitii a grato, a modo che fece de Iob. E per questo diceva il nostro Signore per la bocca de Ozia propheta: "*ponam eis multiplices leges meas*"; e altrove dice la Scrittura: "*qui totum subdit orbem legibus*". Per lo simile disse el nostro Signore nel Evangelio: "*alias oves habeo quae non sunt ex hoc ovili*", cioè a dire che havea altri servi che quelli che sono sotto la legge di natura christiani... non si de' havere in odio né a dispetto alcuna gente christiana per la diversità de la lege loro, né alchuni de loro iudicare, anci se de' pregare Dio per loro perché noi [né] sapiamo quelli che Dio ama né quelli che habia in odio, imperoché Dio non odia creatura ch'el habia fatto...»

Dunque attraverso i *Viaggi* di Mandeville, quest'innocente narrazione intessuta di elementi favolosi, tradotta e ristampata innumerevoli volte, un'eco della tolleranza religiosa medievale giungeva fino all'età delle guerre di religione, delle scomuniche, dei roghi degli eretici. Era probabilmente soltanto uno dei molteplici canali che alimentavano una corrente popolare – tuttora pochissimo nota – favorevole alla tolleranza, di cui s'intravedono alcune tracce nel corso del Cinquecento. Un altro era costituito dalla persistente fortuna della leggenda medievale dei tre anelli.

23.

Menocchio, venutone a conoscenza, ne rimase talmente scosso da esporla diffusamente nel corso del secondo processo (12 luglio 1599) all'inquisitore che lo giudicava, che questa volta era il francescano Gerolamo Asteo. Dopo aver ammesso di aver detto in passato («ma non so a chi») di essere «nato christiano et che però vuol vivere christiano, ma che se fusse nato turcho, haverebbe voluto star turcho», Menocchio aggiunse: «Ascoltatemi di gratia, signore. Fu già un gran signore il qual dichiarò esser suo herede colui che havesse un certo suo anello pretioso; et venendo a morte fece fare duoi altri annelli simile al primo, sí come havea tre figlioli, et ad ogni figliolo diede un anello; ognuno di loro si stimava esser herede et havere il vero annello, ma per la loro similitudine non si poteva sapere di certo. All'istesso modo Iddio padre ha varii figlioli che ama, cioè li christiani, li Turchi et li Hebrei, et a tutti ha dato la voluntà da viver nella sua legge, et non si sa qual sia la buona: però io dissi che essendo nato christiano voglio star christiano, et se fussi nato turcho vorei viver turcho». «Voi credete adunque, – ribatté l'inquisitore, – che non si sapi qual sii la legge buona?» E Menocchio: «Signor sí che credo che ognun creda che sii la sua fede buona, ma non si sapi qual sii la buona: ma perché mio avo, mio padre, et li miei sono stati christiani, io voglio star christiano, et creder che questa sii la buona».

È un momento straordinario anche in un processo come questo, straordinario dal principio alla fine. Le parti si sono provvisoriamente rovesciate, Menocchio ha preso l'iniziativa, ha cercato di convincere il giudice: «Ascoltatemi di gratia, signore». Chi rappresentava, qui, le parti dell'alta cultura, chi le parti della cultura popolare? Non è facile rispondere. Il tramite attraverso cui Menocchio aveva appreso la similitudine dei tre anelli, rendeva la situazione ancora piú paradossale. Egli dichiarò di averla letta «in non so che libro». Solo nell'interrogatorio successivo l'inquisitore si rese conto di che libro si trattasse: «è in libro prohibito». Quasi un mese dopo Menocchio ne confessò il titolo: «l'ho letta nel libro delle *Cento novelle* del Boccatio», avuto in prestito dal «q. Nicolò de Melchiori» – verosimilmente, quel pittore Nicola da Porcía da cui, come abbiamo visto, Menocchio aveva, secondo un testimone, «imparato le sue heresie».

Ma tutto ciò che abbiamo visto finora mostra a sufficienza che Menocchio non ripeteva pappagallescamente opinioni o tesi altrui. Il suo modo di accostarsi ai libri, le sue contorte e faticose affermazioni, sono il segno indubbio di una rielaborazione originale. Certo, essa non era avvenuta nel vuoto. Sempre piú chiaramente vediamo come in essa s'incontrassero, in modi e forme ancora da precisare, filoni dotti e filoni popolari. Fu forse Nicola da Porcía che mise tra le mani di Menocchio, oltre al *Sogno dil Caravia*, un esemplare del *Decameron*. Ma quel libro o almeno una parte di esso – la terza novella della prima giornata, in cui è esposta la leggenda dei tre anelli – sollevò un'eco profonda nell'animo di Menocchio. Come egli reagisse alle altre novelle di Boccaccio, purtroppo non sappiamo. Certo, nella novella di Melchisedec giudeo il suo atteggiamento religioso, cosí insofferente di limitazioni confessionali, dovette trovare una conferma. Ma proprio la pagina di Boccaccio sulla leggenda dei tre anelli era caduta sotto le forbici della censura controriformistica, notoriamente molto piú attenta ai passi religiosamente scabrosi che alle presunte oscenità. Di fatto, Menocchio dovette servirsi di un'edizione piú antica, o comunque immune da interventi censori. A questo punto lo scontro tra Gerolamo Asteo, inquisitore e canonista, e il mugnaio Domenico Scandella detto Menocchio, a proposito della novella dei tre anelli e dell'esaltazione della tolleranza in essa contenuta, appare in qualche modo simbolico. La chiesa cattolica combatteva in questo periodo una guerra su due fronti: contro l'alta cultura vecchia e nuova irriducibile agli schemi controriformistici, e contro la cultura popolare. Tra questi due nemici cosí diversi potevano manifestarsi, come abbiamo visto, sotterranee convergenze.

La risposta di Menocchio alla domanda dell'inquisitore – «Voi credete adunque che non si sapi qual sii la legge buona?» – era sottile: «Signor sí che *credo che ognun creda che sii la sua fede buona, ma non si sapi qual sii la buona...*» Era la tesi dei fautori della tolleranza: una tolleranza che Menocchio estendeva – come Castellione – non piú soltanto alle tre grandi religioni storiche, ma agli eretici. E come in quei teorici contemporanei, l'esaltazione della tolleranza da parte di Menocchio aveva un contenuto positivo: «la maestà de Dio ha dato il Spirito santo a tutti: a christiani, a heretici, a Turchi, a Giudei, et li ha tutti cari, et tutti si salvano a uno modo». Piú che di tolleranza in senso stretto, si trattava del riconoscimento esplicito dell'equivalenza di tutte le fedi, in nome di una religione semplificata, priva di caratterizzazioni dogmatiche o confessionali. Qualcosa di simile alla fede nel «Dio de natura» che Mandeville aveva riscontrato tra tutte le popolazioni, perfino le piú remote, le piú difformi e mostruose – anche se, come vedremo, Menocchio di fatto rifiutava l'idea di un Dio creatore del mondo.

Ma in Mandeville quel riconoscimento era accompagnato dalla riaffermazione della superiorità della religione cristiana sulla parziale verità delle altre religioni. Per l'ennesima volta Menocchio andava dunque al di là dei propri testi. Il suo radicalismo religioso, anche se occasionalmente si era nutrito dei temi della tolleranza medievale, s'incontrava piuttosto con le raffinate teorizzazioni religiose degli eretici contemporanei di formazione umanistica.

24.

Abbiamo visto dunque come Menocchio leggeva i suoi libri: come isolava, magari deformandole, parole e frasi, accostando passi diversi, facendo scoccare fulminee analogie. Ogni volta il confronto tra i testi e le reazioni di Menocchio ci ha indotti a postulare una chiave di lettura da lui oscuramente posseduta, che i rapporti con questo o quel gruppo ereticale non bastano a spiegare. Menocchio triturava e rielaborava le sue letture al di fuori di qualsiasi modello prestabilito. E le sue affermazioni piú sconvolgenti nascevano a contatto con testi innocui come i *Viaggi* di Mandeville o l'*Historia del Giudicio*. Non il libro in quanto tale, ma l'incontro tra pagina scritta e cultura orale formavano nella testa di Menocchio una miscela esplosiva.

25.

Torniamo allora alla cosmogonia di Menocchio, che all'inizio ci era parsa indecifrabile. Ora possiamo ricostruirne la complessa stratificazione. Essa cominciava discostandosi subito dal racconto del *Genesi* e dalla sua interpretazione ortodossa, affermando l'esistenza di un caos primordiale: «Io ho detto che, quanto al mio pensier et creder, tutto era un caos, cioè terra, aere, acqua et foco insieme...» (7 febbraio). In un interrogatorio successivo, come abbiamo visto, il vicario generale interruppe Menocchio che stava discorrendo dei *Viaggi* di Mandeville per chiedergli «se questo libro parlava niente del chaos». Menocchio rispose negativamente, riproponendo (in forma consapevole, questa volta) l'intreccio già accennato tra cultura scritta e cultura orale: «Signor no, ma questo l'ho visto nel *Fioretto della Bibia*; ma l'altre cose ch'io ho detto circa questo chaos le [ho] formate da mio cervelo».

In realtà Menocchio non ricordava bene. Il *Fioretto della Bibbia* non parla propriamente del caos. Tuttavia, il racconto biblico della creazione vi è preceduto, senza alcuna preoccupazione di coerenza, da una serie di capitoli derivati in gran parte dall'*Elucidarium* di Onorio di Autun, dove la metafisica si mescola all'astrologia e la teologia alla dottrina dei quattro temperamenti. Il capitolo IV del *Fioretto*, *Come Dio creò l'huomo di quattro elementi*, comincia cosí: «Sí come è decto Dio circa il principio fece una grossa materia, la quale non haveva forma né maniera: et fecene tanta che ne poteva trarre et fare ciò che voleva, et divisela et partilla sí che ne trasse l'homo formato di quatro elementi...» Qui, come si vede, viene postulata un'indistinzione primordiale degli elementi, che esclude di fatto la creazione *ex nihilo*: ma il caos non è menzionato. È probabile che Menocchio traesse questo termine dotto da un libro a cui accennò incidentalmente nel corso del secondo processo (ma nel 1584, come si dirà, gli era già noto): il *Supplementum supplementi delle croniche* dell'eremitano Jacopo Filippo Foresti. Questa cronaca, scritta alla fine del Quattrocento ma d'impianto ancora nettamente medievale, comincia con la creazione del mondo. Dopo aver citato Agostino, patrono del suo ordine, il Foresti scriveva: «... et è ditto, nel principio fece Iddio el cielo et la terra: non che questo già fussi, ma perché essere potea, perché di poi se scrive esser fatto el cielo; come se le seme d'un arbore considerando diciamo quivi essere le radice, la forza, li rami, li frutti et le foglie: non che già sieno, ma perché di quivi hanno ad essere. Cosí è ditto, nel principio fece Iddio il cielo et la terra, quasi seme dil cielo et della terra, essendo anchora in confuso la materia del cielo et della terra; ma perché gli era certo di quella dovere essere il cielo et la terra, però già quella materia cielo et terra fu chiamata. Questa adunque spaciosa forma, che di certa figura mancava, Ovidio nostro nel principio del suo maggiore volume, et anchora alcuni philosophi Caos la chiamorono, de la qual cosa esso Ovidio in quel medesimo libro fa mentione dicendo: "La natura avanti che fusse la terra et lo mare et il cielo che copre il tutto, havea un vulto in tutto il suo circuito, il quale li philosophi chiamorono Caos, grossa et indigesta materia: et non era se non un peso incerto et pegro, et radunata in quel medesimo circulo, et semi discordanti delle cose non bene congionti"».

Partito dall'idea di mettere d'accordo la *Bibbia* con Ovidio, il Foresti finiva con l'esporre una cosmogonia piú ovidiana che biblica. L'idea di un caos primordiale, di una «grossa et indigesta materia» colpí fortemente Menocchio. Di qui trasse, a forza di rimuginare, «l'altre cose... circa questo chaos... formate da *suo* cervelo».

Queste «cose», Menocchio cercò di comunicarle ai compaesani. «Io gli ho inteso a dir, – riferí Giovanni Povoledo, – che nel principio questo mondo era niente, et che dall'acqua del mare fu batuto come una spuma, et si coagulò come un formaggio, dal quale poi nacque gran multitudine di vermi, et questi vermi diventorno homini, delli quali il piú potente et sapiente fu Iddio, al quale gl'altri resero obedientia...»

Si trattava di una testimonianza molto indiretta, addirittura di terza mano: il Povoledo riferiva ciò che gli aveva raccontato un amico otto giorni prima, «caminando per strada, andando al mercado a Pordenon»; e l'amico aveva raccontato a sua volta ciò che aveva saputo da un altro amico, che aveva parlato con Menocchio. Di fatto, questi diede, nel primo interrogatorio, una versione un po' diversa: «Io ho detto che quanto al mio pensier et creder, tutto era un caos... et quel volume andando cosí fece una massa, aponto come si fa il formazo nel latte, et in quel deventorno vermi, et quelli furno li angeli; et la santissima maestà volse che quel fosse Dio et li angeli; et tra quel numero de angeli ve era ancho Dio *creato anchora lui da quella massa in quel medesmo tempo...*» Apparentemente, a furia di passare di bocca in bocca, il discorso di Menocchio si era semplificato e deformato. Una parola difficile come «caos» era scomparsa, sostituita da una variante piú ortodossa («nel principio questo mondo era niente»). La sequenza formaggio - vermi - angeli - santissima maestà - Dio il piú potente degli angeli-uomini, era stata abbreviata, strada facendo, in quella formaggio - vermi - uomini - Dio il piú potente degli uomini.

D'altra parte, nella versione data da Menocchio l'accenno alla spuma battuta dall'acqua del mare non compariva affatto. Impossibile che il Povoledo se lo fosse inventato. Il seguito del processo mostrò chiaramente che Menocchio era pronto a variare questo o quell'elemento della sua cosmogonia, pur lasciandone immutata la fisionomia essenziale. Cosí, all'obiezione del vicario generale – «Che cosa era questa santissima maestà?» – spiegò: «Io intendo che quella santissima maestà fusse *il spirito de Dio, che fu sempre*». In un interrogatorio successivo precisò ancora: il giorno del giudizio gli uomini saranno giudicati da «quella santissima maestà che ho detto di sopra, *che era inanti che fusse il caos*». E in un'ulteriore versione sostituí Dio alla «santissima maestà», lo Spirito santo a Dio: «Io credo che l'eterno Dio de quel caos che ho detto di sopra habbia levata la piú perfetta luce a guisa che si fa del formaggio, che si cava il piú perfetto, et di quella luce habbia fato quei spiriti quali noi dimandamo angeli, delli quali elesse il piú nobile, et a quello gli dette tutto il suo sapere, tutto il suo volere et tutto il suo potere, et questo è quello che nui addimandiamo Spirito santo. il qual il pose Iddio sopra la fabrica de tutto il mondo...» Quanto all'anteriorità di Dio rispetto al caos, mutò ancora parere: «Questo Iddio era nel caos come uno che sta ne l'aqua si vuol slargare, et come uno che sta in un boscho si vuol slargare: cosí questo intelleto havendo cognosciuto si vol slargare per far questo mondo». Ma allora, chiese l'inquisitore, «Iddio è stato eterno et sempre con il caos?» «Io credo, – rispose Menocchio, – che sempre siano stati asieme, né mai siano stati separati, cioè il caos senza Iddio, né Iddio senza il caos». Di fronte a questo guazzabuglio l'inquisitore cercò (era il 12 maggio) di raggiungere un po' di chiarezza, prima di chiudere definitivamente il processo.

26.

INQUISITORE: Vui nelli superiori constituti parlando de Dio par che vi contradiciate, perché in uno dicete Dio esser eterno con il caos, et in un altro dite che fu fato dal caos: però dechiarate questa conditione et l'animo vostro.

MENOCCHIO: L'opinion mia è che Dio fusse eterno con il caos, ma non si cognosceva né era vivo, ma dopo si cognobbe, et questo intendo esser fatto dal caos.

INQUISITORE: Di sopra havete detto Idio haver l'intelletto; come adunque prima non cognosceva se stesso, et qual fu la causa che dopo si cognobbe? Dichiarate ancho che cosa è venuta in Dio per la quale Dio non essendo vivo sii poi vivo.

MENOCCHIO: Credo che Iddio sia venuto come alle cose di questo mondo le quali procedeno da imperfetto a perfeto, sí come per esempio il putto mentre è nel ventre della madre non intende né vive, ma uscito dal ventre comenza a vivere, et tuttavia crescendo comenza intendere: cosí Iddio mentre era con il caos era imperfetto, non intendeva né viveva, ma poi allargandosi in questo caos lui comenzò a vivere et intendere.

INQUISITORE: Questo intelleto divino in quel principio cognosceva ogni cosa distintamente et in particulare?

MENOCCHIO: Cognobbe tutte le cose che si dovevano fare, cognobbe gli homini, et anche de quelli doveano nassere li altri; ma non cognobbe tutti quelli havevano da nassere, esempio di quelli che hano li armenti, il quali sano che di quelli han da nasser delli altri, ma non san determinatamente tutti quelli che han da nassere. Cosí Iddio vedeva il tutto, ma non vedeva tutti quelli particulari che dovevan vennire.

INQUISITORE: Questo intelletto divino in quel principio hebbe cognitione di tutte le cose: donde hebbe tal notitia, o dalla propria essentia o per altra via?

MENOCCHIO: L'intelletto riceveva la cognitione dal caos, nel quale eran tutte le cose confuse: et di poi a esso intelleto li dette l'ordine et cognitione, a similitudine che noi cognosciamo la terra, aqua, aere et fuogo, et poi ponemo distintion fra di loro.

INQUISITORE: Questo Iddio non haveva la voluntà et il potere avanti che facesse tutte le cose?

MENOCCHIO: Sí, come crescete lui la cognitione, cosí crebe in lui il volere et potere.

INQUISITORE: Il voler et il poter sono una medema cosa in Dio?

MENOCCHIO: Sono distinte sí come in nui: con il volere bisogna che vi sia il poter fare una cosa, esempio il marangone vuol far uno schagno, è di bisogno delli instrumenti di poterlo fare, et se non ha il legnamo è vana quella sua voluntà. Cosí diciamo de Iddio, oltra il volere bisogna il poter.

INQUISITORE: Quale è questo poter de Dio?

MENOCCHIO: Operare per mezo della maestranza.

INQUISITORE: Quelli angeli che per te sono ministri de Iddio nella fabrica del mondo, furono fati da Dio inmediatamente, o da chi?

MENOCCHIO: Della piú perfetta sustantia del mondo furono dalla natura produtti, a similitudine che de un formaggio si producono i vermi, ma venendo fuora ricceveno la voluntà, intelleto et memoria da Iddio benedicendoli.

INQUISITORE: Poteva Iddio fare ogni cosa da se stesso senza aiuto de angeli?

MENOCCHIO: Sí, come uno nel far una casa usa la maestranza et opere, et si dice che l'ha fatta colui: cosí nella fabrica del mondo ha usato Iddio li angeli, et si dice che l'ha fatta Dio. Et sí come quel maestro nel fabricar la casa può far ancho da se stesso, può far con piú longo tempo, cosí Iddio nel fabricar il mondo l'haverebe fabricato da se stesso, ma però con piú longezza di tempo.

INQUISITORE: Se non vi fusse stato quella sustantia della qual vi è produto tutti quei angeli; non vi fusse stato il caos, havarebbe possuto Iddio far tutta la machina del mondo da se stesso?

MENOCCHIO: Io credo che non si possa far alcuna cosa senza materia, et Iddio anco non harebbe potuto far cosa alcuna senza materia.

INQUISITORE: Quel spirito o angelo supremo dimandato da vui Spirito santo, è d'una medema natura et essentia de Dio?

MENOCCHIO: Iddio et li angeli sono dell'essentia del caos, ma è differentia in perfetione, perché è piú perfetta la sustantia de Dio che non è quella di che è il Spirito santo, essendo Iddio piú perfetta luce: et il medemo dico de Christo, che è di minor sustantia de quella de Dio et de quella de Spirito santo.

INQUISITORE: Questo Spirito santo è di tanto poter quanto puole Iddio? et ancho Christo è di tanto potere quanto che è Iddio et quanto che è il Spirito santo?

MENOCCHIO: Il Spirito santo non è di tanto poter quanto che è Iddio, et Christo non è di tanto poter quanto è Iddio et il Spirito santo.

INQUISITORE: Quel che vui adimandate Dio è fato et produto da qualche un altro?

MENOCCHIO: Non è produto da altri ma riceve il moto nel movere del caos, et va da imperfetto a perfetto.

INQUISITORE: Il caos chi 'l movea?

MENOCCHIO: Da sé.

27.

Cosí, nel suo linguaggio denso, grondante di metafore quotidiane, Menocchio spiegava con tranquilla sicurezza agli inquisitori stupefatti e incuriositi (perché, altrimenti, avrebbero condotto con tanta minuzia l'interrogatorio?) la sua cosmogonia. In tanto variare di termini teologici un punto rimaneva costante: il rifiuto di attribuire alla divinità la creazione del mondo – e insieme, l'ostinata riproposizione dell'elemento apparentemente piú bizzarro: il formaggio, i vermi-angeli nati dal formaggio.

Forse è possibile vedere qui un'eco della *Commedia* (*Purgatorio* X 124-25):

> ... vermi
> nati a formar l'angelica farfalla,

soprattutto perché il commento del Vellutello a questi versi è riecheggiato letteralmente da un altro passaggio della cosmogonia di Menocchio. «Angelica, cioè divina, cosí essendo stata creata da Dio *per riempir le sedie, che perderon gli angeli neri, che furon cacciati dal cielo*...» chiosava il Vellutello. E Menocchio: «et questo Dio fece poi Adamo et Eva, et il populo in gran multitudine *per impir quelle sedie delli angeli scacciati*». Sarebbe ben strano se il convergere di due coincidenze in un'unica pagina fosse dovuto al caso. Ma se Menocchio lesse Dante – magari in chiave sapienziale, come maestro di verità religiose e morali – perché proprio quei versi («... vermi | nati a formar l'angelica farfalla») si stamparono nella sua mente?

In realtà, non era dai libri che Menocchio aveva tratto la propria cosmogonia. «Della piú perfetta sustantia del mondo [gli angeli] furono dalla natura produtti, *a similitudine che de un formaggio si producono i vermi*, ma venendo fuora ricceveno la voluntà, intelleto et memoria da Iddio benedicendoli»: appare chiaro, da questa risposta di Menocchio, che l'insistente richiamo al formaggio e ai vermi aveva una funzione puramente analogico-esplicativa. L'esperienza quotidiana della nascita dei vermi dal formaggio putrefatto serviva a Menocchio per spiegare la nascita di esseri viventi – i primi, i piú perfetti, gli angeli – dal caos, dalla materia «grossa et indigesta», *senza ricorrere all'intervento di Dio*. Il caos precedette la «santissima maestà», non meglio definita; dal caos nacquero i primi esseri viventi – gli angeli, e Dio stesso che era il maggiore di loro – per generazione spontanea, «dalla natura produtti». La cosmogonia di Menocchio era sostanzialmente materialistica – e tendenzialmente scientifica. La dottrina della generazione spontanea del vivente dall'inanimato, condivisa da tutti i dotti del tempo (lo sarebbe stata fino agli esperimenti compiuti dal Redi piú di un secolo dopo) era infatti evidentemente piú scientifica della dottrina creazionistica della Chiesa, ricalcata sul racconto del *Genesi*. Un uomo come Walter Raleigh poteva accostare, sotto il segno dell'«esperienza senz'arte», la donna che fa il formaggio (il formaggio!) al filosofo naturale: entrambi sanno che il caglio fa coagulare il latte nella zangola, anche se non ne sanno spiegare il perché.

Eppure questo rinvio all'esperienza quotidiana di Menocchio non spiega tutto; forse, anzi, non spiega niente. Far scoccare un'analogia tra il coagularsi del formaggio e l'addensarsi della nebulosa destinata a formare il globo terrestre, può sembrare ovvio a noi: certo non lo era per Menocchio. Non solo. Nel proporre quest'analogia egli riecheggiava senza saperlo miti antichissimi e remoti. In un mito indiano già menzionato nei *Veda* l'origine del cosmo è spiegata con il coagularsi – simile a quello del latte – delle acque del mare primordiale, battuto dagli dei creatori. Secondo i Calmucchi, al principio dei tempi le acque del mare si coprirono di uno strato consistente, come quello che si forma sul latte, da cui scaturirono piante, animali, uomini e dei. «Nel principio questo mondo era niente, et... dall'acqua del mare fu batuto come una spuma, et si coagulò come un formaggio, dal quale poi nacque gran multitudine di vermi, et questi vermi diventorno homini, delli quali il piú potente et sapiente fu Iddio»: piú o meno queste (salvo le possibili semplificazioni già accennate) erano state le parole pronunciate da Menocchio.

È una coincidenza stupefacente – diciamo pure inquietante, per chi non abbia pronte spiegazioni inaccettabili, come l'inconscio collettivo, o troppo facili, come il caso. Certo, Menocchio parlava di un formaggio ben reale, nient'affatto mitico, il formaggio che aveva visto fare (o che magari aveva fatto) innumerevoli volte. I pastori dell'Altai, invece, avevano tradotto la stessa esperienza in un mito cosmogonico. Ma nonostante questa diversità, che non va sottovalutata, la coincidenza resta. Non si può escludere che essa costituisca una delle prove, frammentarie e semicancellate, dell'esistenza di una tradizione cosmologica millenaria che, al di là della differenza dei linguaggi, congiunse il mito alla scienza. È curioso che la metafora del formaggio ruotante ricompaia, un secolo dopo il processo di Menocchio, in un libro (destinato a suscitare grandi polemiche) in cui il teologo inglese Thomas Burnet cercava di mettere d'accordo la Scrittura con la scienza del proprio tempo. Può darsi che si trattasse di un'eco, magari inconsapevole, di quell'antica cosmologia indiana a cui il Burnet dedicava alcune pagine della sua opera. Ma nel caso di Menocchio è impossibile non pensare a una trasmissione diretta – una trasmissione orale, di generazione in generazione. Quest'ipotesi appare meno incredibile se si pensa alla diffusione, negli stessi anni e proprio in Friuli, di un culto a sfondo sciamanico come quello dei benandanti. È su questo terreno ancora quasi inesplorato di rapporti e migrazioni culturali che s'innesta la cosmogonia di Menocchio.

28.

Nei discorsi di Menocchio vediamo dunque affiorare, come da una crepa del terreno, uno strato culturale profondo, talmente inconsueto da risultare quasi incomprensibile. In questo caso, a differenza di quelli esaminati finora, non si tratta soltanto di una reazione filtrata attraverso la pagina scritta, ma di un residuo irriducibile di cultura orale. Perché questa cultura *diversa* potesse venire alla luce c'erano volute la Riforma e la diffusione della stampa. Grazie alla prima, un semplice mugnaio aveva potuto pensare di *prendere la parola* e dire le proprie opinioni sulla Chiesa e sul mondo. Grazie alla seconda, aveva avuto delle *parole* a disposizione per esprimere l'oscura, inarticolata visione del mondo che gli gorgogliava dentro. Nelle frasi o nei brandelli di frasi strappate ai libri egli trovò gli strumenti per formulare e difendere le proprie idee per anni, prima con i compaesani, poi contro giudici armati di dottrina e di potere.

In questo modo aveva vissuto in prima persona il salto storico di portata incalcolabile che separa il linguaggio gesticolato, mugugnato, gridato della cultura orale da quello, privo d'intonazioni e cristallizzato sulla pagina, della cultura scritta. L'uno è quasi un prolungamento corporeo, l'altro è «cosa mentale». La vittoria della cultura scritta sulla cultura orale è stata anzitutto una vittoria dell'astrazione sull'empiria. Nella possibilità di emanciparsi dalle situazioni particolari è la radice del nesso che ha sempre inestricabilmente legato scrittura e potere. Casi come quelli dell'Egitto e della Cina, dove caste rispettivamente sacerdotali e burocratiche monopolizzarono per millenni la scrittura geroglifica e ideografica, parlano chiaro. L'invenzione dell'alfabeto, che una quindicina di secoli prima di Cristo spezzò per la prima volta questo monopolio, non bastò tuttavia a mettere la parola scritta alla portata di tutti. Solo la stampa rese questa possibilità piú concreta.

Menocchio era orgogliosamente consapevole dell'originalità delle sue idee: per questo desiderava esporle alle piú alte autorità religiose e secolari. Nello stesso tempo, però, sentiva il bisogno di impadronirsi della cultura dei suoi avversari. Capiva che la scrittura, e la capacità d'impadronirsi e di trasmettere la cultura scritta, sono fonti di potere. Non si limitò quindi a denunciare un «tradimento de' poveri» nell'uso di una lingua burocratica (e sacerdotale) come il latino. L'orizzonte della sua polemica era piú ampio. «Che credi tu, l'inquisitori non vogliono che sappiamo quello che sanno loro», esclamò molti anni dopo i fatti che stiamo raccontando, rivolto a un compaesano, Daniel Jacomel. Tra «noi» e «loro» la contrapposizione era netta. «Loro» erano i «superiori», i potenti – non solo quelli situati al vertice della gerarchia ecclesiastica. «Noi», i contadini. Quasi certamente Daniel era analfabeta (allorché riferí, nel corso del secondo processo, le parole di Menocchio, non firmò la deposizione). Menocchio, invece, sapeva leggere e scrivere: ma non per questo pensava che la lunga lotta che aveva intrapreso contro l'autorità riguardasse lui solo. Il desiderio di «cercar le cose alte», che aveva ambiguamente sconfessato dodici anni prima dinanzi all'inquisitore a Portogruaro, continuava a apparirgli non solo legittimo, ma potenzialmente alla portata di tutti. Illegittima, anzi assurda doveva sembrargli invece la pretesa dei chierici di mantenere il monopolio di una conoscenza che si poteva comprare per «doi soldi» sulle bancarelle dei librai di Venezia. L'idea della cultura come privilegio era stata ferita ben gravemente (certo non uccisa) dall'invenzione della stampa.

29.

Proprio nelle pagine di quel *Fioretto della Bibbia* comprato a Venezia per «doi soldi» Menocchio aveva trovato i termini dotti che si affiancano nelle sue confessioni alle parole della vita d'ogni giorno. Cosí, nell'interrogatorio del 12 maggio, troviamo «putto nel ventre della madre», «armenti», «marangone», «schagno», «maestranza», «formaggio», «vermi»; ma anche «imperfetto», «perfetto», «sustantia», «materia», «voluntà, intelleto et memoria». Un impasto a prima vista analogo di lessico umile e sublime caratterizza la prima parte, soprattutto, del *Fioretto*. Prendiamo il capitolo III, *Come Dio non può volere il male né anchora riceverlo*: «Dio non può volere il male né riceverlo, perché egli ha ordinati questi elementi che l'uno non impaccia l'altro, et cosí staranno insino ch'el mondo durerà. Benché alchuni dichino che il mondo durerà eternalmente, assegnando questa ragione, che quando uno corpo muore, la carne et l'ossa tornano in quella materia di che è creata... Noi possiamo vedere apertamente l'ufficio della natura, come ella accorda le cose discordante in tal modo che tutte le diversità riduce ad unità, et coniungele insieme in uno corpo et una substantia: et anchora le fa congiungere in piante et in seme, et per coniungimento di maschio et di femina ingenera le creature secondo il corso della natura. Altre creature ingenera Giove, et mediante Giove genera secondo il suo ordine. Et perho vedete che la natura è sottoposta a Dio...»

«Materia», «natura», «unità», «elementi», «substantia»; l'origine del male; l'influsso degli astri; il rapporto tra creatore e creature. Esempi come questo si potrebbero moltiplicare. Alcuni dei concetti cruciali, alcuni dei temi piú dibattuti della tradizione culturale dell'antichità e del Medioevo arrivarono a Menocchio attraverso un povero, disordinato compendio come il *Fioretto della Bibbia*. Difficile sopravvalutarne l'importanza. Anzitutto, esso diede a Menocchio gli strumenti linguistici e concettuali per elaborare e esprimere la sua visione del mondo. Inoltre, con un metodo espositivo basato alla maniera degli scolastici sull'enunciazione e la successiva confutazione delle opinioni erronee, contribuí certamente a scatenare la sua divorante curiosità intellettuale. Il patrimonio dottrinale che il pievano di Montereale presentava come un edificio compatto e inattaccabile si rivelava aperto alle interpretazioni piú contrastanti. Nel capitolo XXVI, per esempio, *Come Dio inspira l'anima nelli corpi*, Menocchio poté leggere: «Hor molti Philosophi sono stati ingannati et caduti in forti errori della creatione dell'anime. Alchuni hanno decto che le anime tutte eternalmente sono facte. Altri dicono che tutte l'anime sono una et che gli elementi sono cinque, gli quatro che sono decti di sopra, et di sopra un altro che è chiamato *orbis*: et dicono che di questo *orbis* Dio fece l'anima in Adam et tutte l'altre. Et per questo dicono che il mondo mai non finirà, perché morendo l'huomo torna alli elementi suoi. Altri dicono che l'anime sono quelli spiriti maligni che caddono, et dicono che entrano nelli corpi humani, et come muore uno entra in un altro corpo, et tanto fa cosí ch'egli si salva: et dicono che in fine del mondo costoro saranno salvi. Altri dicono ch'el mondo non si disfarà mai per infino in capo XXXIIII migliaia d'anni si comincerà nuova vita, et tornerà ogni anima al suo corpo. Et tutti questi sono errori, et coloro che gli hanno decti sono stati pagani, heretici, scismati et inimici della verità et della fede, non conoscendo le cose divine. Rispondendo alli primi che dicono...» Ma Menocchio non era uomo da farsi intimidire dalle invettive del *Fioretto*. Anche su questo problema non rinunciò a dire la sua. L'esempio dei «molti Philosophi», anziché indurlo a sottomettersi all'interpretazione dell'autorità, lo induceva a «cercare le cose alte», a seguire il filo dei propri pensieri.

Cosí una massa di elementi compositi, antichi e meno antichi, confluí in una costruzione nuova. Da un muro spuntava il frammento quasi irriconoscibile di un capitello, o il profilo mezzo cancellato di un arco a sesto acuto: ma il disegno dell'edificio era suo, di Menocchio. Con inconsapevole spregiudicatezza si serví dei rottami del pensiero altrui come di pietre e mattoni. Ma gli strumenti linguistici e concettuali di cui poté entrare in possesso non erano neutri né innocenti. Qui è l'origine della maggior parte delle contraddizioni, delle incertezze, delle incongruenze dei suoi discorsi. Con una terminologia imbevuta di cristianesimo, di neoplatonismo, di filosofia scolastica Menocchio cercava di esprimere il materialismo elementare, istintivo di generazioni e generazioni di contadini.

30.

Per far sgorgare il sangue vivo dei pensieri profondi di Menocchio bisogna rompere la crosta di quella terminologia. Che cosa voleva dire veramente Menocchio quando parlava di Dio, della santissima maestà di Dio, dello spirito di Dio, dello Spirito santo, dell'anima?

È necessario partire dall'elemento piú appariscente del linguaggio di Menocchio: la sua densità metaforica. Sono metafore quelle che introducono le parole dell'esperienza quotidiana che abbiamo già rilevato – «putto nel ventre della madre», «armenti», «marangone», «formaggio» e cosí via. Ora, le immagini che costellano il *Fioretto della Bibbia* hanno un evidente, ed esclusivo, scopo didattico: illustrano cioè con esempi immediatamente comprensibili un'argomentazione che si vuol trasmettere al lettore. La funzione delle metafore nei discorsi di Menocchio è diversa – in un certo senso opposta. In un universo linguistico e mentale come il suo, improntato al piú assoluto letteralismo, anche le metafore vengono prese rigorosamente alla lettera. Il loro contenuto, mai casuale, fa trasparire la trama del vero, e inespresso, discorso di Menocchio.

31.

Cominciamo da Dio. Per Menocchio, egli è anzitutto un padre. Il gioco delle metafore restituisce a un epiteto cosí consunto e tradizionale una pregnanza nuova. Dio è un padre per gli uomini: «tutti semo fioli de Dio, et di quella istessa natura che fu quel che fu crucifisso». Tutti: cristiani, eretici, turchi, giudei – «li ha tutti cari, et tutti si salvano a uno modo». Che lo vogliano o no, rimangono pur sempre figli del padre: «chiama tutti, Turchi, Giudei, christiani, heretici, et tutti ugualmente a similitudine del padre quale ha piú fioli et chiama tutti ugualmente, se bene vi sono alcuni che non vogliono far, sono del padre». Nel suo amore, il padre non si cura nemmeno di essere maledetto dai figli: bestemmiare «fa male a sé solamente et non al prossimo, a similitudine, se mi ho un tabaro et che il voglio stracciar, faccio male solamente a me stesso et non ad altri, et credo che chi non fa mal al prossimo non faccia peccato; et perché semo tutti figliuoli di Dio, se non si femo mal l'un l'altro, come per esempio se un padre ha diversi figliuoli, et uno dica "maledetto sia mio padre", il padre gli perdona, ma s'el rompe la testa ad un figliuol d'un altro non gli può perdonar se non paga: et però ho detto ch'el biastemar non è peccato perché non fa mal a nissun».

Tutto ciò si lega, come abbiamo già visto, all'affermazione secondo cui è meno importante amare Dio che non amare il prossimo – un prossimo che dovrà essere inteso anch'esso nella maniera piú concreta e letterale possibile. Dio è un padre amoroso ma lontano dalla vita dei suoi figli.

Ma oltre che un padre, Dio sembra essere per Menocchio l'immagine stessa dell'autorità. A piú riprese egli parla di una «santissima maestà», ora distinta da Dio, ora identificata con lo «spirito di Dio» o con Dio stesso. Inoltre, Dio è paragonato a un «gran capitano» che «mandò per ambasciatore agl'homini in questo mondo il suo figliolo». Oppure, a un gentiluomo: in paradiso «quello che sederà sopra quelle sedie vorà che veda tutte le cose, et è simile a quel gentilhuomo che metta tutte le sue cose a veder». Il «Signore Iddio» è anzitutto, e letteralmente, un signore: «ho detto che Giesu Christo se era Dio eterno non si doveva lassar pigliar et crucifiger, et in questo articulo io non era certo ma dubitava come ho detto, perché mi pareva gran cosa che un signor si lassasse cosí pigliar, et cosí io dubitavo che essendo stà crucifisso non fusse stà Iddio...»

Un signore. Ma la principale caratteristica dei signori è quella di non lavorare, perché c'è chi lavora per loro. È questo il caso di Dio: «quanto alle indulgenze, credo che siano boni perché se Iddio ha messo un homo in suo loco che è il papa, manda un perdon, è buono, perché par che si riceva da Iddio essendo date da un suo come fattor». Ma il papa non è l'unico fattore di Dio: anche lo Spirito santo «l'è come un fatore de Dio; questo Spirito santo elesse poi quatro capitanei, o vogliam dire fatori, de quelli angeli che erano creati...» Gli uomini furono fatti «dal Spirito santo per voluntà de

Dio et dalli suoi ministri; sí come un fattor nel far un'opera delli ministri, anchor il Spirito santo buttò mano».

Dio è dunque non solo un padre, ma un padrone – un proprietario terriero che non si sporca le mani lavorando, ma affida le incombenze faticose ai suoi fattori. Anche questi ultimi, del resto, solo eccezionalmente «buttano mano»: lo Spirito santo, per esempio, fece la terra, gli alberi, gli animali, l'uomo, i pesci e tutte le altre creature «per mezo delli angeli suoi lavorienti». È vero, Menocchio non esclude (rispondendo a una domanda in questo senso degli inquisitori) che Dio avrebbe potuto fare il mondo anche senza l'aiuto degli angeli: «sí come uno nel far una casa usa la maestranza et opere, et si dice che l'ha fatta colui: cosí nella fabrica del mondo ha usato Iddio li angeli, et si dice che l'ha fatta Dio. Et sí come quel maestro nel fabricar la casa può far ancho da se stesso, può far con piú longo tempo, cosí Iddio nel fabricar il mondo l'haverebe fabricato da se stesso, ma però con piú longezza di tempo». Dio ha il «potere»: «con il volere bisogna che vi sia il poter fare una cosa, esempio il marangone vuol far uno schagno, è di bisogno delli instrumenti di poterlo fare, et se non ha il legnamo è vana quella sua voluntà. Cosí diciamo de Iddio, oltra il voler bisogna il poter». Ma questo «potere» consiste nell'«operare per mezo della maestranza».

Queste metafore ricorrenti rispondono certo al bisogno di rendere piú vicine e comprensibili le figure centrali della religione, traducendole nei termini dell'esperienza quotidiana. Per Menocchio, che aveva dichiarato agli inquisitori che la sua professione era, oltre a quella di mugnaio, di «marangon, segar, far muro», Dio è simile a un falegname, a un muratore. Ma dal pullulare delle metafore emerge un contenuto piú profondo. La «fabrica del mondo» è, ancora una volta letteralmente, un'azione materiale – «io credo che non si possa far alcuna cosa senza materia, et Iddio anco non harebbe potuto far cosa alcuna senza materia» – un lavoro manuale. Ma Dio è un signore, e i signori non adoperano le mani per lavorare. «Questo Dio ha fatto lui, creata, produtta alcuna creatura?» chiesero gli inquisitori. «Lui ha dissegnato de dar la voluntà per la qual se ha fatto ogne cosa», rispose Menocchio. Anche se paragonato a un falegname o a un muratore, Dio ha sempre «maestranze» o «lavorienti» al suo servizio.

Solo una volta, trascinato dalla foga del suo discorso contro l'adorazione delle immagini, Menocchio parlò del «solo Iddio che ha fatto il cielo et la terra». In realtà, per lui Dio non aveva *fatto* niente, cosí come non aveva fatto niente il suo «fattore», lo Spirito santo. Chi aveva messo mano alla «fabrica del mondo» erano state le «maestranze», i «lavorienti» – gli angeli. E gli angeli, chi li aveva fatti? La natura: «della piú perfetta sustantia del mondo furono dalla natura produtti, a similitudine che de un formaggio si producono i vermi...»

«La prima creatura che mai fusse creata al mondo» Menocchio aveva potuto leggere nel *Fioretto della Bibbia* «furono gli angeli: et perché gli angeli furono creati della piú nobile materia che fusse, loro peccorono per superbia et privati furono del luogo loro». Ma aveva potuto leggere anche: «Et perho vedete che la natura è sottoposta a Dio sí come il martello et la incudine al fabro che fabrica di nuovo ciò che vuole, hor una spada, hor uno coltello, hor altre cose: et benché faccia col martello et l'ancudine, nientedimanco il martello non l'ha facte, anzi l'ha facte il fabro». Questo, però, non poteva accettarlo. La sua visione cocciutamente materialistica non ammetteva la presenza di un Dio creatore. Di un Dio sí – ma era un Dio lontano, come un padrone che ha lasciato le sue terre in mano ai fattori e ai «lavorienti».

Lontano – oppure (e era poi lo stesso) un Dio vicinissimo, disciolto negli elementi, identico al mondo. «Io credo che tutto il mondo, cioè aere, terra et tutte le bellezze de questo mondo sia Dio...: perché si dice che l'homo è formato a imagine et similitudine de Dio, et nel homo è aere, foco, terra et acqua, et da questo seguita che l'aere, terra, foco et acqua sia Dio».

Et da questo seguita: ancora una volta l'imperturbabile raziocinio di Menocchio si muoveva tra i suoi testi (la Scrittura, il *Fioretto*) con una libertà straordinaria.

32.

Ma nelle discussioni con i compaesani Menocchio faceva affermazioni molto piú sbrigative: «Che cosa è questo Domenedio? L'è un tradimento che ha fatto la Scrittura per inganarne, et se fusse Domenedio si lassarebe vedere»; «che vi maginate che sia Dio? Iddio non è altro che un può de fiato, et quello tanto che l'huomo se inmagina»; «che cosa è questo Spirito santo?... Non si trova questo Spirito santo». Allorché, nel corso del processo, gli rinfacciarono queste ultime parole, Menocchio uscí in un'esclamazione indignata: «Non si trovarà mai che io habbia detto che non sia Spirito santo: anzi la piú gran fede che ho al mondo credo che sia il Spirito santo, et che sii la parola dell'altissimo Dio che illumina tutto il mondo».

Il contrasto tra le testimonianze degli abitanti di Montereale e gli atti del processo appare dunque flagrante. Si è tentati di risolverlo attribuendo le confessioni di Menocchio alla paura, al desiderio di sottrarsi alla condanna del Sant'Uffizio. Il «vero» Menocchio sarebbe stato quello che girava per le vie di Montereale negando l'esistenza di Dio – e l'altro, il Menocchio del processo, un semplice simulatore. Ma questa supposizione urta in una difficoltà sostanziale. Se Menocchio voleva davvero nascondere ai giudici gli aspetti piú radicali del suo pensiero, perché mai insisteva tanto nell'affermare la mortalità dell'anima? Perché continuava incrollabilmente a negare la divinità di Cristo? In verità, se si eccettua qualche sporadica reticenza durante l'interrogatorio iniziale, il comportamento di Menocchio nel corso del processo sembra dettato da tutto fuorché dalla prudenza o dalla simulazione.

Proviamo allora a formulare un'ipotesi diversa, seguendo la traccia offerta dalle dichiarazioni di Menocchio stesso. Egli presentava ai compaesani ignoranti una versione semplificata, essoterica delle sue idee: «Se potesse parlar parlaria, ma non voglio parlar». La versione piú complessa, esoterica, era invece riservata alle autorità religiose e secolari a cui desiderava cosí ardentemente rivolgersi: «Ho ditto» disse ai giudici di Portogruaro «che se havessi gratia di andar avanti o il papa o un re o un principe che mi ascoltasse, haverei ditto molte cose; et se poi mi havesse fatto morir non mi sarei curato». L'esposizione piú completa delle idee di Menocchio va cercata quindi proprio nelle dichiarazioni da lui fatte nel corso del processo. Ma nello stesso tempo bisogna riuscire a spiegare in che modo Menocchio riuscisse a fare quei discorsi apparentemente contraddittori agli abitanti di Montereale.

Purtroppo, l'unica soluzione che siamo in grado di proporre è, questa volta, puramente congetturale: e cioè che Menocchio avesse conosciuto indirettamente il *De Trinitatis erroribus* di Serveto, oppure ne avesse letto la perduta traduzione italiana, introdotta in Italia attorno al 1550 da Giorgio Filaletto detto Turca, o Turchetto. È certo una congettura arrischiata, trattandosi di un testo molto complesso, irto di termini filosofici e teologici, infinitamente piú difficile dei libri letti da Menocchio. Ma forse non è impossibile rintracciarne un'eco, sia pure debolissima e deformata, quasi inaudibile, nei discorsi di Menocchio.

Al centro della prima opera di Serveto c'è la rivendicazione della piena umanità di Cristo – un'umanità deificata mediante lo Spirito santo. Ora, nel primo interrogatorio Menocchio affermò: «Io dubitavo che [Cristo] ...non fusse stà Iddio, ma qualche profeta, qualche grand'homo mandato da Dio a predicar in questo mondo...» Successivamente precisò: «Io credo sia homo come nui, nato de homo et donna come nui, et che non havesse altro che quel che ha hauto dal homo et dalla donna: ma è ben vero che Iddio haveva mandato il Spirito santo a eleggerlo per suo figliuolo».

Ma che cosa era, per Serveto, lo Spirito santo? Egli cominciò con l'elencare i vari significati attribuiti a quest'espressione dalla Scrittura: «Nam per Spiritum sanctum nunc ipsum Deum, nunc angelum, nunc spiritum hominis, instinctum quendam, seu divinum mentis statum, mentis impetum, sive halitum intelligit, licet aliquando differentia notetur inter flatum et spiritum. Et aliqui per Spiritum sanctum nihil aliud intelligi volunt, quam rectum hominis intellectum et rationem». Questa pluralità di significati si ritrova quasi esattamente nelle confessioni di Menocchio: «Credo... sia Dio... È quell'angelo a cui Iddio ha dato la sua volontà... Io tengo che il signor Iddio ne habbi dato il libero arbitrio et il Spirito santo nel corpo... [Credo che] il spirito vegna da Iddio, e sia quello che quando havemo da far qualche nostra facenda n'inspira a far la tal o la tal cosa o non farla».

Questa discussione terminologica era destinata, per Serveto, a dimostrare l'inesistenza dello Spirito santo in quanto *persona* distinta da quella del Padre: «quasi Spiritus sanctus non rem aliquam separatam, sed Dei agitationem, energiam quandam seu inspirationem virtutis Dei designet». Il presupposto del suo panteismo era la tesi della presenza operante dello Spirito nell'uomo e nella realtà intera. «Dum de spiritu Dei erat sermo», scriveva, ricordando il periodo in cui aderiva ancora agli errori dei filosofi «sufficiebat mihi si tertiam illam rem in quodam angulo esse intelligerem. Sed nunc scio quod ipse dixit: "Deus de propinquo ego sum, et non Deus de longinquo". Nunc scio quod amplissimus Dei spiritus replet orbem terrarum, continet omnia, et in singulis operatur virtutes; cum propheta exclamare libet "Quo ibo Domine a spiritu tuo?" quia nec sursum nec deorsum est locus spiritu Dei vacuus». «Che credette che sii Dio? tutto quello che si vede è Iddio...» andava ripetendo Menocchio ai compaesani. «'L cielo, terra, mare, aere, abisso et inferno, tutto è Dio».

Per smantellare una costruzione filosofica e teologica che durava da piú di un millennio, Serveto aveva utilizzato tutti gli strumenti disponibili: il greco e l'ebraico, la filologia di Valla e la cabala, il materialismo di Tertulliano e il nominalismo di Occam, la teologia e la medicina. A furia di scrostare le sovrapposizioni che si erano accumulate attorno alla parola «Spirito», finí col riportarne alla luce l'etimologia originaria. La differenza tra «spiritus», «flatus», «ventus» gli apparve allora meramente convenzionale, legata all'uso linguistico. Tra lo «spirito» e il fiato c'era una profonda analogia: «Omne quod in virtute a Deo fit, dicitur eius flatu et inspiratione fieri, non enim potest esse prolatio verbi sine flatu spiritus. Sicut nos non possumus proferre sermonem sine respiratione, et propterea dicitur spiritus oris et spiritus labiorum... Dico igitur quod ipsemet Deus est spiritus noster inhabitans in nobis, et hoc esse Spiritum sanctum in nobis... Extra hominem nihil est Spiritus sanctus...» E Menocchio: «Che vi maginate che sia Dio? Iddio non è altro che un può de fiato... L'aere è Dio... Nui semo dei... Credo che [lo Spirito santo] sia in tutti li homini del mondo... Che cosa è questo Spirito santo?... Non si trova questo Spirito santo».

Certo, il salto dalle parole del medico spagnolo a quelle del mugnaio friulano è enorme. D'altra parte, si sa che nell'Italia del Cinquecento gli scritti di Serveto circolavano ampiamente, e non soltanto tra i dotti: forse le confessioni di Menocchio aprono uno spiraglio sul *modo* in cui quegli scritti poterono essere letti, intesi, fraintesi. Quest'ipotesi permetterebbe di risolvere il contrasto tra le testimonianze degli abitanti di Montereale e gli atti del processo. Tra essi esisterebbe non una contraddizione, ma piuttosto una deliberata differenza di livelli. Nelle brusche definizioni che Menocchio lanciava ai compaesani bisognerebbe vedere un tentativo consapevole di tradurre le astruse concezioni servetiane, com'egli le aveva intese, in una forma accessibile a degli interlocutori ignoranti. L'esposizione della dottrina in tutta la sua complessità era riservata ad altri: al papa, a un re, a un principe – o, in mancanza di meglio, all'inquisitore di Aquileia e al podestà di Portogruaro.

33.

Dietro i libri rimuginati da Menocchio avevamo individuato un codice di lettura; dietro questo codice, uno strato solido di cultura orale, che, almeno nel caso della cosmogonia, avevamo visto affiorare direttamente. Ma avanzare la supposizione che una parte dei discorsi di Menocchio riecheggiassero alla lontana un testo di livello elevatissimo come il *De Trinitatis erroribus*, non significa rifare in senso inverso il cammino già percorso. Quell'eventuale riecheggiamento andrebbe comunque considerato come una traduzione in termini di materialismo popolare (ulteriormente semplificata per i compaesani) di una concezione dotta in cui c'era una componente materialistica fortissima. Dio, lo Spirito santo, l'anima non esistono come sostanze separate: esiste soltanto la materia impregnata di divinità, il rimescolio dei quattro elementi. Ancora una volta tocchiamo il fondo della cultura orale di Menocchio.

Era, il suo, un materialismo religioso. Una battuta come quella su Dio – «lè un tradimento che ha fatto la Scrittura per inganarne, et se fusse Domenedio si lassarebe vedere» – era semplicemente la negazione del Dio di cui gli parlavano i preti e i loro libri. Il suo Dio, lo vedeva dappertutto: «che cosa è questo Domenedio? altro che terra, aqua et aere» aggiungeva subito (sempre secondo lo stesso testimone, pre Andrea Bionima). Dio e l'uomo, l'uomo e il mondo gli apparivano legati da una trama di corrispondenze rivelatrici: «credo che [gli uomini] siano fatti di terra, ma però del piú bel metal che si trovasse, et questo perché si vede l'huomo desiderar questi metali et sopra il tutto desiderar l'oro. Siam composti delli quatro elementi, participano delli sette pianeti: per questo uno participa piú de un pianeto de un altro, et che uno [è] piú mercuriale et piú gioviale, secondo che nasse in quel pianeto». In quest'immagine di una realtà pervasa di divino si giustificavano perfino le benedizioni dei sacerdoti, perché «il demonio sol intrar nelle cose et metervi il venenno», e «l'aqua benedetta dal sacerdote scazz*a* il diavolo» – anche se, aggiungeva, «credo che ogni aqua sii benedetta da Iddio», e «se il laico sapesse le parole tanto valerebbe come [quelle] del sacerdote, perché Iddio ha dato la sua virtú ugualmente a tutti et non piú ad un che ad un altro». Si trattava, insomma, di una religione contadina che aveva ben poco in comune con quella che il pievano predicava dal pulpito. Certo, Menocchio si confessava (fuori dal paese, comunque), si comunicava, aveva senza dubbio fatto battezzare i suoi figli. E tuttavia, rifiutava la creazione divina; l'incarnazione; la redenzione; negava l'efficacia dei sacramenti ai fini della salvezza; affermava che amare il prossimo è piú importante che non amare Dio; credeva che il mondo intero fosse Dio.

Ma in questo complesso d'idee, cosí profondamente coerente, c'era una crepa: l'anima.

34.

Torniamo all'identificazione di Dio col mondo. «Si dice, – aveva esclamato Menocchio, – che l'homo è formato a imagine et similitudine de Dio, et nel homo è aere, foco, terra et acqua, et da questo seguita che l'aere, terra, foco et acqua sia Dio». La fonte di quest'affermazione era il *Fioretto della Bibbia*. Di qui aveva tratto – ma con una variazione decisiva – il concetto antichissimo della corrispondenza tra uomo e mondo, microcosmo e macrocosmo: «... Et perho l'huomo et la donna che furono li ultimi facti furono facti di terra et di vile cosa, accioché non per superbia ma per humilità andassono in cielo; imperoché la terra è vile elemento che tutto dí è pestata, et è in mezo delli altri elementi, li quali sono congiunti et stretti insieme et circundati come è uno huovo che tu vedi in mezo de l'huovo stare il truollo, et ha intorno l'albume et di fuora il guscio; et cosí stanno gli elementi insieme nel mondo. El truollo s'intende la terra, per l'albume l'aria, per la pelle sottile che sta infra l'albume et il guscio s'intende l'acqua, per [il guscio] il fuoco: et cosí sono congiunti insieme, acciò ch'el freddo col caldo et il secco con l'humido si temperi insieme. Et per questi elementi sono facti et composti li corpi nostri: ché per la carne et l'ossa che noi habbiamo s'intende la terra, per il sangue s'intende l'acqua, et per lo spirare l'aria, per il calore il fuoco. Et per questi quattro elementi sono composti li nostri corpi. Il corpo nostro è suggetto alle cose del mondo, ma l'anima non è suggetta se non a Dio, *perché ell'è facta alla ymagine sua* et composta di piú nobile materia ch'el corpo...» Era dunque il rifiuto di ammettere nell'uomo un principio immateriale – l'anima – distinto dal corpo e dalle sue operazioni che aveva portato Menocchio a identificare non solo l'uomo con il mondo, ma il mondo con Dio. «Quando l'huomo more è come una bestia, come una mosca» ripeteva ai compaesani, forse riecheggiando piú o meno consapevolmente i versetti dell'*Ecclesiaste*, «et... morto l'homo muor l'anima et ogni cosa».

All'inizio del processo, tuttavia, Menocchio negò di aver mai detto qualcosa del genere. Cercava, senza molto successo, di seguire i consigli di prudenza che gli aveva dato il suo vecchio amico, il vicario di Polcenigo. E alla domanda «Che cosa creda delle anime de fideli christiani?» rispose: «Io ho detto che le nostre anime tornano alla maestà de Dio, delle qual secondo che hanno operato fa quello le piace, alle bone assegna il paradiso, et alle cative l'inferno, et a alcune il purgatorio». Pensava di essersi trincerato dietro la dottrina ortodossa della Chiesa (una dottrina che non condivideva affatto). In realtà si era cacciato in un tremendo ginepraio.

35.

Nell'interrogatorio successivo (16 febbraio) il vicario generale cominciò col chiedergli precisazioni sulla «maestà de Dio» per sferrare poi un attacco frontale: «Voi ditte che le nostre anime tornano alla maestà de Dio, et già affirmate che Dio altro non è se non aere, terra, fuogo et acqua: come dunque tornano queste anime alla maestà de Dio?» La contraddizione era ben reale; Menocchio non seppe che cosa rispondere: «È vero che io ho detto che l'aere, terra, fuogo et acqua è Dio, et quello che ho detto non posso negare; et quanto alle anime, quelle sono venute dal spirito de Dio, et però bisogna che ritornino al spirito de Dio». E il vicario, incalzando: «Il spirito de Dio et Dio è tutta una cosa? et questo spirito de Dio è incorporato in questi quatro elementi?»

«Io non so», disse Menocchio. Rimase zitto per un po'. Forse era stanco. O forse non capiva che cosa volesse dire «incorporato». Finalmente rispose: «Io credo che tutti noi homini havemo un spirito de Dio, il qual se femo bene sta alliegro, et se femo male quel spirito sta de mala voglia».

«Intendete che quel spirito de Dio sia quel che è nato da quel caos?»

«Io non so».

«Confessate la verità – ricominciò implacabile il vicario – et rissolvete questa interrogatione, cioè se credete che dicendo voi che le anime tornano alla maestà de Dio, et che Dio è aere, acqua, terra et fuogo, come adunque tornino alla maestà de Dio?»

«Io credo che il nostro spirito, qual è l'anima, torna a Dio secondo che ne l'ha dato».

Com'era testardo quel contadino. Armato di tutta la sua pazienza, di tutta la sua dialettica, il vicario generale Giambattista Maro, dottore *in utroque iure*, lo esortò di nuovo a riflettere e a dire la verità.

«Io ho detto, – rispose allora Menocchio, – che tutte le cose del mondo sono Dio, et credo, quanto a me, che le anime nostre tornino in tutte le cose del mondo a galder come pare a Dio». Tacque ancora per un po'. «Sono, dette anime, come quelli angioleti depenti appresso il signor Dio, il qual le tien piú appresso di sé secondo li suoi meriti, et alcune che hanno fatto male le manda disperse per il mondo».

36.

Cosí l'interrogatorio si chiudeva su un'ennesima contraddizione di Menocchio. Dopo aver ripetuto un'affermazione che in mancanza di un termine migliore potremmo definire panteistica («tutte le cose del mondo sono Dio») – affermazione che ovviamente negava la possibilità di una sopravvivenza individuale («credo... che le anime nostre tornino in tutte le cose del mondo...») – Menocchio era stato colto probabilmente da un dubbio. La paura o l'incertezza l'avevano reso per un momento silenzioso. Poi dal fondo della memoria gli era balenata una raffigurazione vista in qualche chiesa, forse in qualche cappella di campagna: Dio circondato dai cori degli angeli. Era questo che voleva il vicario generale?

Ma il vicario generale chiedeva ben altro che un fuggevole accenno all'immagine del paradiso tradizionale – accompagnata del resto da un'eco della credenza popolare di origine precristiana nelle anime dei morti che vanno «disperse per il mondo». Nell'interrogatorio successivo egli mise subito Menocchio alle strette, elencandogli le sue precedenti negazioni dell'immortalità dell'anima: «però dite la verità, e parlate piú chiaramente di quello che havete fatto nel precedente constituto». A questo punto Menocchio uscí in un'affermazione inaspettata, che contraddiceva quelle fatte nei due primi interrogatori. Ammise, cioè, di aver parlato dell'immortalità dell'anima con alcuni amici (Giuliano Stefanut, Melchiorre Gerbas, Francesco Fasseta) ma precisò: «Ho detto queste formal parole, che morto il corpo more l'anima ma resta il spirito».

Fino ad allora Menocchio aveva ignorato questa distinzione: anzi, aveva parlato esplicitamente del «nostro spirito, qual è l'anima». Ora, di fronte alla stupita domanda del vicario, «se lui crede che nel homo sia corpo, anima e spirito, e che queste cose siano distinte una dall'altra, e che altro sia anima et altro spirito», ribadí: «Signor sí che credo che altro sia l'anima et altro sia il spirito. Il spirito vegna da Iddio, e sia quello che quando havemo da far qualche nostra facenda n'inspira a far la tal o la tal cosa o non farla». L'anima, o meglio (come spiegò nel corso del processo) le anime, non sono altro che le varie operazioni della mente, e periscono col corpo: «Io vi dirò, nell'homo vi è intelleto, memoria, voluntà, pensiero, creder, fede et speranza: le qual sette cose Iddio l'ha date all'homo, et son come anime per le quale bisogna far le opere, et questo è quello che io diceva morto il corpo morta l'anima». Lo spirito invece «è separato dal homo, ha l'istesso voler del homo, et regge et governa questo homo»: dopo la morte ritorna a Dio. Questo è lo spirito buono: «credo, – spiegò Menocchio, – che tutti gli homini del mondo siano tentati, perché il nostro core ha doi parti, una lucida et l'altra scura; nella scura [è] il spirito cativo, et nella lucida il spirito bono».

Due spiriti, sette anime, piú un corpo composto dai quattro elementi: com'era spuntata nella testa di Menocchio una antropologia cosí astrusa e complicata?

37.

Come il rapporto tra il corpo e i quattro elementi, anche l'enumerazione delle varie «anime» era già presente nelle pagine del *Fioretto della Bibbia*: «Et è vero che l'anima ha tanti nomi nel corpo quante virtú diverse adopera nel corpo: che secondo che l'anima dà vita al corpo, l'anima è chiamata substantia; secondo il volere, è chiamata il cuore; in quanto il corpo spira, è chiamato spirito; in quanto ella intende et sente se le può dire senno; in quanto ella imagina et pensa, se le può dire imaginatione o sia memoria; perho la intelligentia è posta nella piú alta parte dell'anima, dove siamo adoctrinati della ragione et del conoscimento, imperho che siamo assimigliati alla ymagine di Dio...» È un elenco che solo in parte corrisponde a quello di Menocchio: ma le analogie sono indubbie. Il punto di divergenza piú grave è dato dalla presenza, tra i nomi dell'anima, dello spirito – ricondotto per di piú, etimologicamente, all'azione corporea del respirare. Da dove veniva allora la distinzione, posta da Menocchio, tra un'anima mortale e uno spirito immortale?

Questa distinzione era arrivata fino a lui dopo un viaggio lungo e intricato. Bisogna risalire alle discussioni nate verso i primi decenni del Cinquecento negli ambienti averroistici, soprattutto tra i professori dell'università di Padova influenzati dal pensiero di Pomponazzi, intorno al problema dell'immortalità dell'anima. Filosofi e medici asserivano apertamente che con la morte del corpo l'anima individuale – distinta dall'intelletto attivo postulato da Averroè – perisce. Rielaborando questi motivi in chiave religiosa il francescano Girolamo Galateo (che aveva studiato a Padova, e che fu poi condannato al carcere a vita per eresia) sostenne che le anime dei beati dopo la morte dormono fino al giorno del Giudizio.

Probabilmente sulle sue orme l'ex francescano Paolo Ricci, poi piú noto come Camillo Renato, riformulò la dottrina del sonno delle anime, distinguendo tra l'*anima*, condannata a perire col corpo, e l'*animus*, destinato a risorgere alla fine dei tempi. Attraverso l'influsso diretto del Renato, esule in Valtellina, questa dottrina fu assimilata, non senza resistenze, dagli anabattisti veneti, i quali «tenevano che l'*anima* fusse la vita, et, mentre che l'homo moriva, questo *spirito* che tien l'homo vivo andaseva in Dio et che la vita andaseva in terra et non cognosceva piú né ben né mal, ma dormiva fin el dí del Iuditio in el qual el Signor nostro resuscitarà tutti» – tranne i malvagi, per cui non esiste vita futura di nessun genere, giacché non vi è «altro inferno che 'l sepolcro».

Dai professori dello Studio di Padova a un mugnaio friulano: questa catena d'influenze e di contatti è certo singolare, ma storicamente plausibile, anche perché ne conosciamo verosimilmente l'ultimo anello – il pievano di Polcenigo, Giovan Daniele Melchiori, amico d'infanzia di Menocchio. Costui nel 1579-80, cioè pochi anni prima del processo contro Menocchio, era stato a sua volta sottoposto a giudizio dal tribunale dell'Inquisizione di Concordia e riconosciuto leggermente sospetto d'eresia. Le accuse rivolte contro di lui dai suoi parrocchiani erano molte e svariate: da quella di essere «puttaniero et ruffiano», a quella di trattare senza rispetto le cose sacre (per esempio le ostie consacrate). Ma il punto che c'interessa è un altro: l'affermazione, fatta dal Melchiori parlando con altri sulla piazza del paese, che «si va in paradiso solo il giorno del Iudicio». Durante il processo, il Melchiori negò di aver pronunciato queste parole, ma ammise di aver parlato della differenza tra morte corporale e morte spirituale sulla base di quanto aveva letto in un libro di un «prete di Fano» di cui non ricordava il nome, intitolato *Discorsi predicabili*. E agli inquisitori somministrò, con grande sicurezza, una vera e propria predica: «Io mi ricordo haver parlato, parlando della morte corporale et spirituale, che si retrovano dua sorte di morte, una molto differente dall'altra. Perché la morte corporale è commune a tutti, la morte spirituale solamente essere de' tristi; la morte corporale ci priva della vita, la morte spirituale ci priva della vita et della gratia; la morte corporale ci priva delli amici, la morte spirituale delli santi et delli angeli; la morte corporale ci priva di beni terreni, la morte spirituale de beni celesti; la morte corporale ci priva del guadagno del mondo, la morte spirituale ci priva di ogni merito di Iesu Christo salvator nostro; la morte corporale ci priva del regno terrestre, la morte spirituale del regno celeste; la morte corporale ci priva del senso, la morte spirituale ci priva del senso et dell'intelletto; la morte corporale ci priva di questo corporeo moto, et la morte spirituale ci fa diventare immobili come pietra; la morte corporale fa puzzare il corpo, la morte spirituale fa puzzare l'anima; la morte corporale dà il corpo alla terra, la morte spirituale l'anima all'inferno; la morte di cattivi si dimanda pessima, come si legge nel psalmo di David "*mors peccatorum pessima*", la morte delli buoni si dimanda pretiosa come si legge nell'istesso, "*prętiosa in conspettu Domini mors sanctorum eius*"; la morte de cattivi si dimanda morte, la morte de buoni si dimanda sonno, come si legge in s. Giovanni evangelista, "*Lazzarus amicus noster dormit*", et in un altro luogo "*non est mortua puella sed dormit*"; li cattivi temono la morte et non vorrebbono morire, li buoni non temono la morte ma dicono con s. Paulo "*cupio dissolvi et esse cum Christo*". Et questa è la differentia tra la morte corporale et la morte spirituale per me raggionata et predicata: et se io havesse preso errore, son pronto per redirmi et emendarmi».

Anche se non aveva il volume sotto mano, il Melchiori ne ricordava benissimo – addirittura alla lettera – il contenuto. Cosí suonava infatti il XXXIV dei *Discorsi predicabili per documento del viver christiano*, diffusissimo manuale per predicatori redatto dal frate (non prete) eremitano Sebastiano Ammiani da Fano. Ma nel gioco calcolato di innocenti contrapposizioni retoriche il Melchiori aveva isolato proprio la frase che si prestava a un'interpretazione in senso ereticale: «la morte dei cattivi si dimanda morte, la morte dei buoni si dimanda sonno». Senza dubbio egli era consapevole delle implicazioni di queste parole, poiché si era spinto ad affermare che «si va in paradiso solo il giorno del Iudicio». Molto meno consapevoli e informati risultarono invece gli inquisitori. A quale eresia ricondurre le posizioni del Melchiori? L'accusa che gli venne rivolta di essersi accostato «ad perfidam, impiam, eroneam, falsam et pravam hereticorum sectam... nempe Armenorum, nec non Valdensium et Ioannis Vicleff» rifletteva questo sconcerto. Apparentemente le implicazioni anabattistiche della dottrina del sonno delle anime erano sconosciute agli inquisitori di Concordia. Di fronte a tesi sospette ma di origine oscura si andavano a ripescare nei manuali di controversistica definizioni vecchie di secoli. La stessa cosa, come vedremo, si verificò a proposito di Menocchio.

Nel processo contro il Melchiori non si fa parola della distinzione tra «anima» mortale e «spirito» immortale. Tuttavia essa era il presupposto della tesi, da lui sostenuta, del sonno delle anime fino al giorno del Giudizio. Attraverso i discorsi del vicario di Polcenigo quella distinzione dovette raggiungere Menocchio.

38.

«Io credo che il nostro spirito, qual è l'anima, torna a Dio secondo che ne l'ha dato» aveva detto Menocchio il 16 febbraio (secondo interrogatorio). «Morto il corpo more l'anima ma resta il spirito» si era corretto il 22 febbraio (terzo interrogatorio). La mattina del 1° maggio (sesto interrogatorio) sembrò tornare alla tesi originaria: «anima e spirito è una medema cosa».

Era stato interrogato su Cristo: «Il Fiolo che cosa era: homo, angelo o vero Iddio?» «Un homo, – aveva risposto Menocchio, – ma in quello vi era il spirito». E poi: «L'anima de Christo o era uno di quelli angeli fatti antiquamente, overo fu fata di novo dal Spirito santo dai quatro elementi, o dalla natura istessa. Non si puole far le cose bene se non sono tre, et però Iddio sí come haveva dato il saper, il voler, il poter al Spirito santo, cosí lo dette a Christo, accioché poi si potessero consolar insieme... Quando sono doi che non se accordino in un giudicio, se vi el il terzo, accordandosi li duoi ne vienne ancho il terzo: et però il padre ha dato il voler et saper et poter a Christo perché ha da esser un giudicio...»

Era quasi la fine della mattina; di lí a poco l'interrogatorio sarebbe stato interrotto per il pranzo, e rinviato al pomeriggio del giorno stesso. Menocchio parlava e parlava, mescolava proverbi e echi del *Fioretto della Bibbia*, si ubriacava di parole. Doveva essere stanco. Aveva passato parte dell'inverno e della primavera in prigione. Probabilmente spiava con impazienza l'avvicinarsi della fine di un processo che durava ormai da quasi tre mesi. Eppure l'essere interrogato e ascoltato con tanta attenzione da frati cosí dotti (c'era perfino un notaio che trascriveva le sue risposte) doveva essere quasi inebriante per chi aveva avuto fino allora un pubblico composto quasi soltanto da contadini e artigiani semianalfabeti. Non erano i papi, i re, i principi di fronte a cui aveva sognato di parlare – ma era pur sempre qualcosa. Menocchio ripeteva cose già dette, ne aggiungeva di nuove, ne lasciava cadere altre, si contraddiceva. Cristo era «homo come nui, nato de homo et donna come nui... ma è ben vero che Iddio haveva mandato il Spirito santo a eleggerlo per suo figliuolo... Havendolo Idio eleto per profetta et dattoli grande sapientia et mandato de Spirito santo, credo habbia fatto delli miracoli... Credo habbia il spirito como nui, perché anima et spirito è una medema cosa». Ma che cosa significava dire che anima e spirito erano la stessa cosa? «Di sopra vui havete detto» intervenne l'inquisitore «che morto il corpo more l'anima: però vi si ricerca se l'anima de Christo morse morendo lui». Menocchio tergiversò, elencò le sette anime date da Dio all'uomo: intelletto, memoria... Nell'interrogatorio del pomeriggio i giudici insistettero: l'intelletto, la memoria, la volontà di Cristo perirono con la morte del suo corpo? «Signori sí, perché la su non c'è di bisogno di operationi». Dunque, Menocchio aveva lasciato cadere la tesi della sopravvivenza dello spirito, identificandolo con l'anima destinata a perire col corpo? No, perché di lí a poco, parlando del giorno del Giudizio affermò che «le sedie era piene de spiriti celesti ma sarano riempiti de spiriti tereni de piú scelti et crevelati» tra cui quello di Cristo, «perché il spirito del suo fiol Christo è tereno». E allora?

Sembra impossibile – forse ozioso – riuscire a orientarsi in questo garbuglio di parole. Eppure dietro le contraddizioni verbali che serravano Menocchio c'era una contraddizione effettiva.

39.

Non riusciva a fare a meno d'immaginarsi una vita ultraterrena. Era ben certo che l'uomo, morendo, ritorna agli elementi da cui è composto. Ma un'aspirazione insopprimibile lo spingeva a raffigurarsi una forma di sopravvivenza dopo la morte. Per questo aveva attecchito nella sua testa l'astrusa contrapposizione tra «anima» mortale e «spirito» immortale. Per questo l'abile domanda del vicario generale – «già affirmate che Dio altro non è se non aere, terra, fuogo et acqua: come dunque tornano queste anime alla maestà de Dio?» – l'aveva inchiodato al silenzio, lui sempre cosí pronto a replicare, a controbattere, a divagare. Certo, la resurrezione della carne gli sembrava assurda, insostenibile: «Signor no che io non credo che noi il giorno del Giuditio possiamo resussitar con il corpo, che mi par impossibile, perché se resussitassero, li corpi impirebbono il cielo et la terra: et la maestà de Iddio vederà li corpi nostri con l'intelletto, non altramente che noi serrando gl'occhi et volendo fabricar una cosa si mettemo nelle mente et intelletto, et cosí la vedemo con detto intelletto». Quanto all'inferno, gli sembrava un'invenzione dei preti: «Il predicar che li homini vivano in pace mi piace, ma il predicar dell'inferno, Paulo dice cosí, Piero dice de là, credo che sia marcantia, inventione de homini che sano piú delli altri. Ho letto nella *Bibia*, – soggiunse, volendo far capire che il vero inferno è qui, su questa terra, – che David fece li salmi essendo perseguitato da Saul». Ma poi, contraddittoriamente, ammetteva la validità delle indulgenze («credo che siano boni») e delle preghiere per i morti («perché Idio lo mette un pocco piú avanti et lo illumina un poco piú»). Soprattutto, fantasticava sul paradiso: «Io credo che sii un luocho che circondi tutto il mondo, et che de lí se veda tutte le cose del mondo, sino li pesse del mare: et quelli che sonno in quel luocho è come si fa una festa...» Il paradiso è una festa – la fine del lavoro, la negazione della fatica di tutti i giorni. In paradiso «intelleto, memoria, voluntà, pensiero, creder, fede et speranza», cioè le «sette cose... date da Iddio all'huomo, a guisa de un marangone che vuol far le opere, et sí come un marangone con una manara et siega, ligna et altri instrumenti fa l'opera, cosí Iddio ha dato qualcosa all'homo che faccia l'opera» sono inutili: «là su non c'è di bisogno di operationi». In paradiso la materia diventa docile, trasparente: «questi occhii corporali non si può veder ogni cosa, ma con li occhii della mente si trapassarà ogni cosa, et si trapassarano li monti, le muraglie et ogni cosa...»

«È come si fa una festa». Il paradiso contadino di Menocchio, piú che l'aldilà cristiano, riecheggiava forse quello maomettano, di cui aveva letto la sfavillante descrizione nelle pagine di Mandeville: «... paradiso è uno loco delicato, nel quale loco se trova de ogni stasone de ciascaduna maniera de frutti, e de fiume de latte mele e vino sempre corrente, de acqua dolce; e... ivi sono case belle e nobile secondo el merito de ciascuno, adornate de pietre pretiose d'oro e d'argento. Ciaschuno haverà damiselle e sempre usarà con loro e sempre le trovarà piú belle...» In ogni caso, agli inquisitori che gli chiedevano «credete che ci sii il paradiso terestre?» rispose con acre sarcasmo: «io credo che il paradiso terestre sia dove sono delli gentilhuomini che hano della robba asai et vivano senza faticarsi».

40.

Perché Menocchio, oltre a fantasticare sul paradiso, desiderava un «mondo nuovo»: «l'animo mio era altiero» aveva detto all'inquisitore «et desidera[va] che fusse uno mondo nuovo et muodo de vivere, che la Chiesa non caminasse bene, et che si facesse che vi non fusse tante pompe». Che cosa voleva dire Menocchio con queste parole?

Nelle società fondate sulla tradizione orale, la memoria della comunità tende involontariamente a mascherare e riassorbire i mutamenti. Alla relativa plasticità della vita materiale corrisponde cioè un'accentuata immobilità dell'immagine del passato. Le cose sono sempre andate cosí; il mondo è quello che è. Soltanto nei periodi di acuta trasformazione sociale emerge l'immagine, generalmente mitica, di un passato diverso e migliore – un modello di perfezione, di fronte a cui il presente appare come uno scadimento, una degenerazione. «Quando Adamo zappava e Eva filava, chi era nobile?» La lotta per trasformare l'assetto sociale diventa allora un tentativo consapevole di tornare a quel mitico passato.

Anche Menocchio contrapponeva la Chiesa ricca e corrotta che aveva sotto gli occhi alla povertà e alla purezza di una mitica Chiesa primitiva: «vorei che [la Chiesa] fusse governata amorevolmente come fu instituita dal signor Giesu

Christo... sono messe pompose, il signor Giesu Christo non vuol pompe». Ma a differenza della maggior parte dei suoi compaesani, la capacità di leggere gli aveva dato la possibilità di appropriarsi di un'immagine del passato che andava al di là di questa sommaria contrapposizione. Il *Fioretto della Bibbia*, in parte, ma soprattutto il *Supplementum supplementi delle croniche* del Foresti offrivano infatti un racconto analitico delle vicende umane che andava dalla creazione del mondo fino al presente, mescolando storia sacra e storia profana, mitologia e teologia, descrizioni di battaglie e di paesi, elenchi di principi e di filosofi, di eretici e di artisti. Non abbiamo testimonianze esplicite delle reazioni di Menocchio a questa lettura. Certo, non lo lasciò tutto «travaliato» come avevano fatto i viaggi di Mandeville. La crisi dell'etnocentrismo passava nel Cinquecento (e cosí sarebbe stato per molto tempo ancora) attraverso la geografia, sia pure favolosa, non attraverso la storia. Tuttavia una traccia quasi impercettibile ci consente forse di intravedere con che animo Menocchio lesse la cronaca del Foresti.

Il *Supplementum* fu piú volte ristampato e volgarizzato sia prima che dopo la morte del suo autore (1520). Menocchio dovette averne tra le mani un volgarizzamento postumo, aggiornato da una mano ignota fino ad anni vicini a lui. Lesse quindi le pagine dedicate allo scisma di «Martino ditto Luther frate del ordine heremitano di santo Augustino» dall'anonimo curatore – verosimilmente un confratello del Foresti, eremitano anche lui. Il tono di queste pagine era singolarmente benevolo, anche se verso la fine si tramutava in una netta condanna. «... La causa per la quale esso [Lutero] si è prorotto in tale iniquitade, – scriveva l'anonimo, – si appare esser processa dal summo pontifice (benché *in rei veritate* non sia il vero) ma è processa d'alcuni maligni et pessimi huomini quali sotto specie di santitade operano grandissime cose et molto eccessive». Questi uomini erano i francescani, a cui Giulio II prima, poi Leone X aveva affidato la predicazione delle indulgenze. «Et perché la ignorantia si è matre d'ogni errore, et la consuetudine de la pecunia havea forsi eccessivamente acceso li animi de li frati preditti al acquisto di tali dinari, proruppeno in tanta insania questi frati da li zocoli ch'erano causa di grande scandalo a li populi per le pacie loro, quale diceano predicando queste tale indulgentie.

Et tra l'altre parte di christianitade in la Alemania molto si dilatarno, et quando diceano qualche pacia et alcuni huomini (di conscientia et dottrina proficui) li voleano reprehendere, subito li diceano escommunicati. Tra li quali era questo Martino Luther, qual veramente era huomo dotto et litterato...» L'origine dello scisma, per l'anonimo, erano quindi le «pacie» dell'ordine rivale, che di fronte alla giusta reazione di Lutero l'aveva fatto scomunicare. «Del che il ditto Martino Luther, qual era di assai nobil sangue et in grande reputatione appresso ogni persona, publicamente cominciò a predicare contra queste indulgentie, dicendo quelle essere false et ingiuste. Onde in breve tempo pose ogni cosa sottosopra. Et per esser alquanto di rancore tra il stato spirituale et temporale per esser quasi la maggior parte de le loro ricchezze in mano di clerici, facilmente hebbe seguito da quelli tali, et cominciò ponere scisma nella Chiesa catholica. Et vedendosi havere grande concorso, totalmente se separò de la Chiesa romana, et fece una nova setta, et un novo modo di vivere con sue varie et diverse opinione et fantasie. Ita che una grandissima parte di quelli paesi sono ribellati a la Chiesa catholica et non li danno obedientia in cosa alcuna...»

«Fece una nova setta, et un novo modo di vivere»; «desidera[va] che fusse uno mondo nuovo et muodo de vivere, che la Chiesa non caminasse bene, et che si facesse che non vi fusse tante pompe». Nel momento in cui rivelava le aspirazioni a una riforma religiosa (dell'accenno al «mondo nuovo» parleremo tra poco) dettategli dal suo «animo altiero», Menocchio riecheggiava forse, consapevolmente o no, la raffigurazione di Lutero letta nella cronaca del Foresti. Certo, non ne riecheggiava le idee religiose – sulle quali del resto la cronaca non si soffermava, limitandosi a condannare il «novo stilo de dottrina» proposto da Lutero. Ma soprattutto non poteva accontentarsi della reticente, e forse ambigua conclusione dell'anonimo: «Et in questo modo have acecato il volgo indotto, et quelli li quali hanno scientia et dottrina, udendo dire le male operatione del stato ecclesiastico, li adheriscono, non considerando che non vale questa conseguentia: li clerici et ecclesiastici sono di mala vita, adunque la Chiesa romana non è bona; perché ancora che loro siano di mala vita, nientedimeno la Chiesa romana si è bona et perfetta; et anchor che li christiani siano di mala vita, nientedimeno la fede christiana si è bona et perfetta». La «legge et commandamenti della Chiesa» sembravano a Menocchio, sulle orme del Caravia, «tutte mercantie» per ingrassare i preti: rinnovamento morale del clero e modificazione profonda della dottrina andavano per lui di pari passo. Attraverso il veicolo imprevisto della cronaca del Foresti, Lutero gli veniva presentato come il prototipo stesso del ribelle religioso – come colui che aveva saputo coalizzare «il volgo indotto, et quelli che hanno scientia et dottrina» contro la gerarchia ecclesiastica, sfruttando il «rancore» dello «stato temporale» contro quest'ultima «per esser quasi la maggior parte de le loro ricchezze in mano di clerici». «Tutto è de Chiesa et preti» aveva esclamato Menocchio, rivolto all'inquisitore. Chissà se aveva riflettuto anche sulle analogie tra la situazione friulana e quella dei territori situati al di là delle Alpi, dove la Riforma aveva trionfato.

41.

I contatti, che Menocchio forse ebbe, con «quelli che hanno scientia et dottrina» non ci sono noti – tranne un caso che vedremo piú avanti. Sappiamo invece dei suoi ostinati tentativi di diffondere le proprie idee tra il «volgo indotto». Ma apparentemente nessuno gli aveva dato retta. Nella sentenza che chiuse il primo processo questo mancato successo fu considerato come un segno dell'intervento divino, che aveva impedito la corruzione delle anime semplici degli abitanti di Montereale.

C'era stato, sí, un falegname analfabeta, Melchiorre Gerbas, «tenuto per persona di poco seno», che aveva prestato ascolto ai discorsi di Menocchio. Di lui si sentiva dire «sopra le hostarie che non crede in Dio et biastema molto forte»: e piú di un testimone aveva associato il suo nome a quello di Menocchio per aver «sparlato et ditto mal delle cose della Chiesa». Allora il vicario generale aveva voluto sapere quali erano i suoi rapporti con Menocchio, che era stato appena messo in carcere. Dapprima Melchiorre aveva sostenuto che si trattava di semplici rapporti di lavoro («lui mi dà del legname di lavorar et io lo pago»): ma poi aveva ammesso di aver bestemmiato per le osterie di Montereale ripetendo una frase intesa da Menocchio: «havendomi ditto Menocchio che Dio non è se non l'aere, et questo credo ancor io...»

Questo atteggiamento di cieca subordinazione non è difficile da capire. Per la sua capacità di leggere, scrivere, discutere Menocchio appariva a Melchiorre circonfuso di un alone quasi magico. Dopo avergli prestata una *Bibbia* che aveva in casa, Melchiorre era andato in giro dicendo con aria misteriosa che Menocchio aveva un libro con cui era capace di «operar cose maravigliose». Ma la gente capiva bene la differenza che c'era tra i due. «Costui... è suspetto di heresia, ma non è simile al detto Domenego» aveva detto uno, parlando di Melchiorre. E un altro: «dice tal cose quali procedeno piú tosto da pazo, et perché se imbriaga». Anche il vicario generale aveva capito subito di trovarsi di fronte a un uomo di tempra ben diversa da quella del mugnaio. «Mentre dicevate non esser Dio, veramente con il core credevate che non fosse Dio?» aveva chiesto dolcemente. E Melchiorre pronto: «Padre no, perché io credo che vi sii Iddio in cielo et in terra, et che mi potria far morir per tutto quando vole; et disse quelle parole perché mi eran state insegnate da Menocchio». Gli era stata somministrata qualche leggera penitenza e l'avevano lasciato andare. Questo era l'unico seguace – almeno, l'unico seguace confesso – di Menocchio a Montereale.

Neanche con la moglie e i figli, apparentemente, Menocchio aveva voluto confidarsi: «Dio guarda che loro havessero queste opinioni». Nonostante tutti i legami che aveva col villaggio, doveva sentirsi molto solo. «In quella sera, – confessò, – che il padre inquisitor mi disse "Vien via doman a Maniago" era quasi per disperado, et voleva andar via per il mondo et far del mal... Io voleva amazar delli preti et affoccar delle giesie et andar alla disperada: ma per do putini piccoli che ho, mi trattene...» Questo scoppio di disperazione impotente dice tutto il suo isolamento. L'unica reazione che gli era balenata di fronte all'ingiustizia che lo colpiva, era stata quella, subito repressa, della violenza individuale. Vendicarsi dei suoi persecutori, colpire i simboli della loro oppressione, e diventar bandito. Una generazione prima, i contadini avevano incendiato i castelli dei nobili friulani. Ma i tempi erano cambiati.

42.

Non gli rimaneva che il desiderio di un «mondo nuovo». Sono parole che il tempo ha appiattito, come una moneta passata per troppe mani. Cerchiamo di ritrovarne il significato originario.

Menocchio, come abbiamo visto, non credeva che il mondo fosse stato creato da Dio. Inoltre, negava esplicitamente il peccato originale, affermando che l'uomo «comincia a far peccato quando comenza a cibar il late della madre, uscito fuor del ventre». E Cristo era per lui semplicemente un uomo. Coerentemente, quindi, ogni idea di millenarismo religioso gli era estranea. Nel corso delle sue confessioni non accennò mai al Secondo Avvento. Il «mondo nuovo» che desiderava era quindi una realtà esclusivamente umana, da raggiungere con mezzi umani.

In questo modo, però, diamo per scontato l'uso banalmente metaforico di un'espressione che, quando Menocchio se ne serví, manteneva ancora tutta la sua pregnanza. Si trattava addirittura di una metafora al quadrato. Al principio del secolo era stata stampata, sotto il nome di Amerigo Vespucci, una lettera diretta a Lorenzo di Pietro de' Medici e intitolata per l'appunto *Mundus novus*. Il traduttore della lettera dall'italiano in latino, Giuliano di Bartolomeo del Giocondo, spiegava nell'esordio il perché del titolo: «Superioribus diebus satis ample tibi scripsi de reditu meo ab novis illis regionibus... *quasque novum mundum appellare licet*, quando apud maiores nostros nulla de ipsis fuerit habita cognitio et audientibus omnibus sit novissima res». Non le Indie, quindi, come aveva creduto Colombo, e nemmeno delle nuove terre, ma un vero e proprio mondo fino ad allora sconosciuto. «Licet appellare»: la metafora era freschissima e se ne chiedeva quasi scusa al lettore. In questa accezione si diffuse fino a entrare nell'uso comune. Menocchio però, come abbiamo visto, la impiegava in un senso diverso, riferendola non a un nuovo continente ma a una nuova società da costruire.

Non sappiamo chi per primo operasse questo slittamento. Dietro ad esso c'era comunque l'immagine di una trasformazione radicale e rapida della società. In una lettera a Butzer del '27, Erasmo parlò con amarezza della piega tumultuosa assunta dalla Riforma luterana, osservando che, anzitutto, si sarebbe dovuto cercare l'assenso di principi e vescovi, evitando ogni sedizione; poi, che molte cose, tra cui la messa, avrebbero dovuto essere «modificate senza tumulti». Oggi c'è gente, – concluse, – che ormai non accetta piú nulla della tradizione («quod receptum est»), come se un mondo nuovo si potesse fondare improvvisamente («quasi subito novus mundus condi posset»). Trasformazione lenta e graduale da un lato, rovesciamento rapido e violento (rivoluzionario, diremmo noi) dall'altro: la contrapposizione era netta. Nelle parole di Erasmo, però, ogni implicazione geografica dell'espressione «novus mundus» era assente: il riferimento era piuttosto al termine («condere») usato per indicare la fondazione delle città.

Lo slittamento della metafora del «mondo nuovo» dal contesto geografico a quello sociale è invece esplicito nella letteratura utopistica – a vari livelli. Prendiamo il *Capitolo, qual narra tutto l'essere d'un mondo nuovo, trovato nel mar Oceano, cosa bella, et dilettevole* apparso anonimo a Modena verso la metà del Cinquecento. Si tratta di una delle tante variazioni sull'antico tema del paese di Cuccagna (nominato esplicitamente, anziché nel *Capitolo*, nella *Begola contra la Bizaria* che lo precede) qui localizzato tra le terre scoperte al di là dell'Oceano:

> Di novo si è trovato un bel paese
> da naviganti nel Mar Oceano
> che mai piú non fu visto, e mai piú inteso...

La descrizione ricalca i soliti motivi di questa grandiosa utopia contadina:

> Una montagna di casio grattato
> sola si vede in mezzo la pianura,
> che in cima una caldara gli han portato...
> Di latte un fiume nasce di una grotta
> qual va correndo per mezo il paese
> e i greppi suoi son fatti di ricotta...
> Il re del luoco ha nome Bugalosso,
> perché è il piú poltron, lo han fatto re,
> che come un gran pagliaio è grande e grosso...
> e del suo culo la manna li n'escie
> e quando sputa, sputa marzapani,
> e in loco de pedocchi, in capo ha pescie.

Ma questo «mondo nuovo» non è soltanto il paese dell'abbondanza: è anche un paese che non conosce il vincolo delle istituzioni sociali. Non la famiglia, perché vige laggiú una completa libertà sessuale:

> Là non bisognan gonne né giupponi,
> né camiscie, né brache, a nissun tempo:
> nudi van tutti, mamolle e garzoni.
> Non ci è freddo né caldo d'alcun tempo,
> ogni un si vede et toca quanto vuole:
> o che vita felice, o che buon tempo...
> Là non ci incresce haver assai figliuoli,
> per governarli, come è qua fra noi,
> che quando piove, piove i raffioli.
> Non de figliuole a maritarle poi
> cura si piglia, che vanno a buttino,
> ognun contenta gli appetiti suoi.

Non la proprietà, perché non c'è bisogno di lavorare e tutto è comune:

> Ognun ha ciò che vuol per ogni via,
> e chi da lavorar mai raggionasse
> lo impiccarian, ch'el ciel no'l camperia...
> Non ci è là contadini né villani,
> ognun è ricco, ognun ha ciò che vole,
> che de la robba ne son carchi i piani...
> Non son partiti campi, né contrade,
> che de la robba per tutto ne avanza,
> cosí il paese è tutto in libertade.

Questi elementi, riscontrabili (anche se con minore ampiezza) in quasi tutte le versioni cinquecentesche del *Paese di Cuccagna*, sono con ogni probabilità un'accentuazione dell'immagine, già mitica, che i primi viaggiatori avevano dato delle terre scoperte al di là dell'Oceano e dei loro abitatori: nudità e libertà sessuale, assenza della proprietà privata e di ogni distinzione sociale, sullo sfondo di una natura straordinariamente fertile e accogliente. In questo modo, il mito, già medievale, del paese di Bengodi, veniva ad assumere una forte carica di utopismo primitivistico. Contenuti non solo seri, ma vietati potevano circolare liberamente purché inseriti in un contesto buffonesco, paradossale, iperbolico di civette che cacano mantelli e di asini legati con salsicce – e debitamente ironizzati alla fine con la formula di rito:

> Chi lí vuole andar, vuo' dirli la via:
> vada imbarcarsi al porto Mamalucco,
> poi navicando per mar di bugia,
> e chi v'arriva è re sopra ogni cucco.

Tutt'altro linguaggio usò Anton Francesco Doni in una delle prime e piú note utopie italiane del Cinquecento: il dialogo, inserito nei *Mondi* (1552), intitolato appunto *Un mondo nuovo*. Il tono qui è serissimo; e anche il contenuto è diverso. Quella del Doni è un'utopia non contadina, come il *Paese di Cuccagna*, ma rigorosamente urbana, localizzata in una città a pianta stellare. Inoltre, gli abitanti del «mondo nuovo» descritto dal Doni praticano una vita sobria («piacemi questo ordine d'havere spento quel vituperio de le ubriachezze... di quello stare a crapulare cinque et sei hore da tavola») quanto mai lontana dai bagordi di Cuccagna. Anche il Doni, tuttavia, fondeva l'antico mito dell'età dell'oro con il quadro di innocenza e di purezza primitive tracciato dalle prime relazioni sul continente americano. L'allusione a quelle terre era soltanto implicita: il mondo descritto dal Doni era semplicemente «un mondo nuovo diverso da questo». Grazie a quest'ambigua espressione per la prima volta nella letteratura utopistica il modello della società perfetta poteva essere proiettato nel tempo, nel futuro, anziché nello spazio, in una terra inaccessibile. Ma dalle relazioni dei viaggiatori (oltre che dall'*Utopia* di Moro, che Doni stesso aveva pubblicato accompagnandola da un'introduzione) erano tratte le caratteristiche piú notevoli di questo «mondo nuovo»: la comunione delle donne e quella dei beni. Come abbiamo visto, esse facevano parte anche dell'immagine del paese di Cuccagna.

Sulle scoperte americane Menocchio aveva potuto leggere gli scarni accenni contenuti nel *Supplementum* del Foresti. Forse pensando ad essi affermò, con la solita spregiudicatezza: «per haver leto esser tante sorte de generatione de homini, io credo che siano stati fati piú in diversi parti del mondo». Probabilmente invece non conobbe il «mondo nuovo» cittadino e sobrio del Doni – mentre di quello contadino e carnevalesco del *Capitolo*, o di altri testi analoghi, dovette arrivargli almeno l'eco. In entrambi, comunque, c'erano elementi che potevano piacergli. Nel mondo raffigurato dal Doni, la religione priva di riti e di cerimonie, nonostante la massiccia presenza del tempio al centro della città: una religione ridotta, come aveva auspicato Menocchio nel corso del processo, al comandamento di «conoscere Dio, ringratiarlo, et amare il prossimo». Nel mondo descritto dal *Capitolo*, l'immagine di felicità legata all'abbondanza, al godimento dei beni materiali, all'assenza di lavoro. È vero che Menocchio, accusato di aver violato il precetto quaresimale, giustificò il digiuno, anche se in termini dietetici e non religiosi: «Il degiuno è stato fatto per lo intelleto acciò non callino quelli humori, et io per me vorei che se magniasse tre o quatro volte al giorno, et non si bevesse vino perché non calerebero giú quelli humori». Ma quest'apologia della sobrietà si traduceva immediatamente in uno scatto polemico, diretto forse (la trascrizione del notaio è a questo punto incompleta) contro i frati che gli stavano dinanzi: «et non far come fano come queste... che mangiano piú in un pasto che non fano in tre». In un mondo pieno di ingiustizie sociali, attanagliato dalla minaccia incombente della fame, l'immagine di una vita uniformemente sobria suonava come una protesta.

Nella terra faccio busi
per radice varie e strane
e di quel ungiamo i musi:
pur cen fosse ogni dimane
ch'assai manco mal saria.
Mala cosa è carestia,

si legge in un contemporaneo *Lamento de uno poveretto huomo sopra la carestia*.

Hor godiam e facciam festa
tutti quanti in compagnia
poi che l'empia carestia
non ci dona piú passion...
Viva il pan e viva il grano,
la divitia e l'abbondanza,
poverelli su cantiamo
che pur gionta è la speranza...
Dopo il scuro vien la luce,
dopo il mal ne vien il bene,
la divitia guida e duce
vien a trarci fuor di pene;
grano assai seco conduce:
questo è sol che ci mantiene,
il pan bianco bel e bon,

replica *L'universale allegrezza dell'abondantia*, che segue immediatamente. Questo contrasto in versi ci dà il controcanto realistico delle iperboliche fantasie sul paese di Cuccagna. Di fronte alle «radice varie e strane» dei tempi della carestia, «il pan bianco bel e bon» mangiato in compagnia nei periodi di abbondanza è una «festa». «È come si fa una festa», aveva detto Menocchio del paradiso: una festa senza fine, sottratta al periodico alternarsi di «scuro e luce», di carestia e abbondanza, di Quaresima e Carnevale. Il paese di Cuccagna al di là dell'Oceano era anch'esso un'unica enorme festa. Chissà fino a che punto il «mondo nuovo» desiderato da Menocchio gli rassomigliava.

In ogni caso, le parole di Menocchio portano per un attimo alla superficie le profonde radici *popolari* delle utopie, sia dotte sia popolareggianti, troppo spesso considerate mere esercitazioni letterarie. Forse quell'immagine di un «mondo nuovo» aveva in sé molto di vecchio, di legato a mitiche memorie di una remota età di benessere. Non rompeva, cioè, l'immagine ciclica della storia umana, tipica di un'età che aveva visto affermarsi i miti della *ri*nascita, della *ri*forma, della Nuova Gerusalemme. Tutto questo, non possiamo escluderlo. Ma resta il fatto che l'immagine di una società piú giusta era proiettata consapevolmente in un futuro non escatologico. Non il Figlio dell'Uomo alto sulle nubi, ma le lotte di uomini come Menocchio – i contadini di Montereale ch'egli aveva cercato inutilmente di convincere, per esempio – avrebbero dovuto portare un «mondo nuovo».

43.

Gli interrogatori si chiusero il 12 maggio. Menocchio fu riportato in carcere. Passarono alcuni giorni. Finalmente, il 17 maggio, rifiutò l'avvocato che gli era stato offerto e consegnò ai giudici una lunga lettera in cui chiedeva perdono dei passati errori – quella lettera che gli era stata inutilmente chiesta dal figlio tre mesi prima.

44.

«Al nome del Padre et del Fiolo et del Spiritu santo.

Io, Domenego Scandela cognominato Menochio de Montereal, io sono cristian batizato, et si ho vivesto senpre cristianamente et ho fato senpre opere da cristian, et senpre sono stato obidiente ali mei superiori et ali mei padri spirituali tanto che io o podesto, et senpre matina et sera io son segnato col segno de la santa croze, dicendo "al nome del Pare et del Fiolo et Spirito santo", et si o dito lo pater noster et lave Maria et lo credo con una orazion del Signor et una de la Madona, lé ben vero che io o pensato et creduto et dito come apar neli me costituti cose contra li comandamenti de Dio et de la santa Gesia. Io li o diti per voluntà del falso spirito el qual me aveva acecato lo inteleto et la memoria et la voluntà, a farme pensar et creder et dir el falso et non la verità, et cosí io confeso aver pensato et creduto et dito lo falso et non la verità, et cosí o dito la mia pinion ma non o dito chel sia la verità. Io volio piar quatro parole con brevità per mio esenpio da Iosep fiolo de Iacop che parlando col suo padre et con li soi fradeli de certi insogni che significavano che lori lo dovevano adorar, per questo li frateli lo piarno in urta et lo volevano amazar, ma non piase a Dio che lo amazasino, ma che lo vendesino, et cosí lo venderno a certi marcadanti de Egipto, li quali lo menorno in Egipto, et fu posto per certi erori in preson, et poi lo re Faraone feze uno insonio che li pareva veder sete vache grase et sete magre, et nisuno non li sapeva dichiarar questo sonio. Li fu dito che hera uno giovine in preson che ve saperà dichiarar, et cosí fu cavato de preson et menato avanti lo re, et lui li dise che quele grase significavano sete ani de gran bondanzia, et quele magre sete de gran caristia che non se trovarà grano per danari. Et cosí lo re li dete fede et lo feze prinzipe et governator de tuto lo reame de Egipto et cosí vene la bondanzia et Iosep provedete de grano per piú de vinti ani; poi vene la caristia che non se trovava grano per danari, et vene che in Canaan non se trovava grano per danari, et Iacop saveva che in Egipto se vendeva grano, manda dieze soi fioli con li animali in Egipto, et furno cognosuti dal fradelo, et per comisione del re mandò a tior il padre con tuta la sua familia et facultà. Et cosí vivevano insieme in Egipto et li frateli stavano de malavolia dubitando perché lo avevano venduto, et Iosep vedendoli star de malavolia li dise "Non stati de malavolia perché me vendesti, chel non fu vostra causa ma fu voluntà de Dio aziò provedese ala nostra nezesità, però stati alegri che io ve perdono con tuto il mio cor". Et cosí io parlando con li mei frateli et padri spirituali, lori me ano acusato come venduto al reverendisimo padre scuisitor, et lui me a fato condur a questo

Santo Ofizio et meso in preson, però io non dò causa a lori, ma lè stato voluntà de Dio, però io non so se sono frateli overo padri spirituali, però io li perdono a tuti che sono stati causa, cosí Idio me perdoni a me come io perdono a lori. Però Idio ha volesto che io sia conduto a questo Santo Ofizio per quatro cause: prima, per confesar li mei erori; secondo, per far penetenzia de li mei pecati; terzio, per liberarme de falso spirito; quarto, per dar esenpio a li mei fioli et a tuti li me fradeli spirituali, aziò non corano in questi erori. Però se io o pensato et creduto et dito et operato contra li comandamenti de Dio et de la santa Gesia, io son gramo et dolente, pintito et malcontento, cosí dicho "mea colpa mea masima colpa", et per remision de tuti li mei pecati io domando perdonanza et misericordia a la santisima Trinità, Padre et Fiolo et Spirito santo, et poi a la gloriosa vergine Maria et a tuti li santi et sante del paradiso, et cosí a la vostra santisima et reverendisima et inlustrisima iustizia che me voliati perdonar e aver misericordia, et cosí io ve prego per la pasion del nostro Signor Iesu Cristo che non voliati far sentenzia contra di me con ira né con iustizia, ma ben con amore et con carità et con misericordia. Voi sapete chel nostro Signor Iesu Cristo fu misericordioso et perdonevole, et è et sempre sarà: perdonò a Maria Madalena che fo pecatrize, perdonò a san Piero che lo negò, perdonò al ladron che aveva robato, perdonò ali Gudei che lo crozificorno, perdonò a san Tomaso che non vole creder per fin che non vedè et tochò: et cosí io credo fermamente che lui me perdonarà et averà de me misericordia. Io ho fato penitenzia in preson scura cento e quatro zorni con vergogna et con vituperio et con ruina et desperazion de casa mia et de mei fioli, però io vi prego per l'amor del nostro Signor Iesu Cristo et de la sua madre gloriosa vergine Maria che voliate canbiarmela in carità et in misericordia et non voler eser causa de seperarmi de la conpagnia et de li fioli che Dio me ha dato per mia alegreza et mia consolazion: et cosí io prometo de non corer mai piú in questi erori, ma ben de eser ubidiente a tuti li mei supiriori et a li mei padri spirituali de tuto quelo me comandarano, non altro. Io aspeto la vostra santisima et reverendisima et inlustrisima sentenzia con amaistramento de viver cristianamente, aziò posa amaistrar li mei fioli a eser veri cristiani. Questi sono stato causa de li mei erori: prima, io credeva a li doi comandamenti, amar Dio et amar il prosimo, et questo bastasi; secondo, per aver leto quel libro del Mandavila, de tante sorte de generazione et de diverse lege, che me aveva tuto travaliato; terzo, lo mio inteleto et memoria me mostrava de farme saver quelo non me bisognava; quarto, lo falso spirito senpre me molestava a farmi pensar lo falso et non la verità; quinto, la discordia che era tra mi e 'l nostro piovan; sesto, che io andava a lavorar et io me stracava et veniva debile et per questo non poteva far in tuto li comandamenti de Dio et de la santa Gesia. Et cosí io fazo le mie defese con avertimento de perdonanzo et de misericordia et non de ira né de iustizia, et cosí domando al nostro Signor Iesu Cristo et a voi misericordia et perdonanzia et né ira né iustizia. Et non guardati a la mia falsità et ignoranzia».

45.

L'aspetto stesso delle pagine vergate da Menocchio, con le loro lettere giustapposte, quasi prive di legature (come sono soliti fare, affermava un trattato contemporaneo di calligrafia, «gli oltramontani, le donne et i vecchi») mostra chiaramente che il loro autore non aveva molta familiarità con la penna. Ben diverso appare, al primo sguardo, il tracciato sciolto e nervoso della scrittura di don Curzio Cellina, notaio di Montereale, che sarebbe stato tra gli accusatori di Menocchio al tempo del secondo processo contro di lui.

Certo, Menocchio non aveva frequentato una scuola di tipo superiore: e imparare a scrivere doveva essergli costato una fatica enorme. Una fatica anche fisica, che traspare da certi segni, che sembrano piuttosto incisi nel legno che tracciati sulla carta. Con la lettura aveva evidentemente una consuetudine molto maggiore. Benché chiuso «in preson scura cento e quatro zorni», certo senza libri a disposizione, aveva ritrovato nella memoria le frasi lungamente, lentamente assimilate della storia di Giuseppe, letta nella *Bibbia* e nel *Fioretto*. A questa familiarità con la pagina scritta dobbiamo la singolare fisionomia della lettera inviata agli inquisitori.

In essa è possibile distinguere i seguenti passaggi: 1) Menocchio afferma di aver sempre vissuto da buon cristiano, pur riconoscendo di aver violato i comandamenti di Dio e della Chiesa; 2) dichiara che l'origine di questa contraddizione è nel «falso spirito» che l'ha indotto a credere e dire il falso – da lui presentato però come «pinion» e non come verità; 3) paragona se stesso a Giuseppe; 4) elenca quattro cause per cui Dio ha voluto che fosse imprigionato; 5) paragona i giudici a Cristo misericordioso; 6) implora il perdono dei giudici; 7) elenca le sei cause dei propri errori. A questa ordinata architettura esterna corrisponde, sul piano interno, un linguaggio fitto di corrispondenze, di allitterazioni, di figure retoriche come l'anafora o la derivatio. Basta esaminare la prima frase: «io sono *cristian* batizado, et si ho vivesto senpre *cristianamente* et ho fato senpre opere da *cristian*...»; «et si ho vivesto *senpre*..., et *senpre*..., et *senpre*...»; «et *se*npre matina et *se*ra io *so*n *se*gnato col *se*gno de la *sa*nta cro*ze*...» Naturalmente Menocchio faceva della retorica senza saperlo, cosí come ignorava che le prime quattro «cause» da lui elencate erano cause finali, e le altre sei, efficienti. Tuttavia la densità di allitterazioni e figure retoriche nella sua lettera non era casuale, bensí imposta dall'esigenza di elaborare un linguaggio in grado d'imprimersi facilmente nella memoria. Prima di disporsi sulla pagina sotto forma di segni, quelle parole erano state certo ruminate a lungo. Ma fin dall'inizio erano state pensate come parole scritte. Il «parlato» di Menocchio – cosí come possiamo congetturarlo dai verbali degli interrogatori redatti dai notai del Sant'Uffizio – era diverso, se non altro perché intriso di metafore, del tutto assenti invece nella lettera inviata agli inquisitori.

Il rapporto (constatato) tra Menocchio e Giuseppe, e quello (auspicato) tra i giudici e Cristo, non è infatti di tipo metaforico. La Scrittura fornisce una rete di *exempla* a cui la realtà presente si conforma o deve conformarsi. Ma proprio la formula dell'*exemplum* fa affiorare, al di là delle intenzioni di Menocchio, il contenuto latente della lettera. Menocchio si considera una sorta di Giuseppe, non solo perché vittima innocente, ma perché capace di rivelare verità ignote a tutti. Coloro che, come il pievano di Montereale, l'hanno accusato e fatto imprigionare, sono paragonabili ai fratelli di Giuseppe, coinvolti negli imperscrutabili disegni di Dio. Ma il protagonista è lui, Menocchio-Giuseppe. È lui che perdona i fratelli malvagi, in realtà ciechi strumenti di una volontà superiore. Questo parallelismo smentiva in anticipo le implorazioni di misericordia che chiudevano la lettera. Perfino Menocchio avvertí una stonatura: «però io non so se sono frateli overo padri spirituali» soggiunse, cercando di ristabilire un rapporto di reverenza filiale di fatto negato da tutti i suoi atteggiamenti. Tuttavia si guardò bene dall'uniformarsi ciecamente ai consigli del figlio, che per mano del pievano gli aveva suggerito di promettere «ogni obedienza alla santa Chiesa». Pur riconoscendo i propri errori, Menocchio da un lato li inseriva in una prospettiva provvidenziale, dall'altro li spiegava con motivi che, se si eccettua l'accenno al «falso spirito», non concedevano troppo al punto di vista degli inquisitori. Questi motivi erano elencati con ogni probabilità secondo un ordine d'importanza decrescente. Anzitutto, due rinvii testuali, uno implicito e uno esplicito: a un passo scritturale (Matteo 22.36-40) interpretato letteralmente, e ai *Viaggi* di Mandeville, letti nella chiave già vista. Poi due motivazioni di carattere interiore: l'assillo dell'«inteleto et memoria» e la tentazione di quel «falso spirito» che, aveva detto nel processo, abita la parte «scura» del cuore degli uomini. Infine, due circostanze esterne: l'inimicizia tra lui stesso e il pievano, la debolezza fisica altre volte invocata per giustificare le proprie violazioni dei digiuni di precetto. Dunque, i libri; le reazioni ai libri («credeva a li doi comandamenti... me aveva tuto travaliato»); le deduzioni tratte dai libri; i comportamenti. In quest'elenco solo apparentemente eterogeneo di motivi c'era un'indubbia concatenazione. Nonostante il patetico invito finale («Et non guardati a la mia falsità et ignoranzia») Menocchio non rinunciava a discutere, a argomentare.

46.

Lo stesso giorno in cui Menocchio consegnò la sua lettera, i giudici si riunirono per emettere la sentenza. Nel corso del processo il loro atteggiamento era insensibilmente cambiato. Prima, avevano fatto notare a Menocchio le contraddizioni in cui cadeva; poi avevano cercato di riportarlo sulla retta strada; infine, vista la sua ostinazione, avevano rinunciato a qualunque opera di convincimento e si erano limitati a porre domande esplorative, come se desiderassero giungere a un quadro completo delle sue aberrazioni. Ora, all'unanimità, dichiararono Menocchio «non modo formalem hereticum... sed etiam heresiarcam». Si arrivò cosí, il 17 maggio, alla sentenza.

Ciò che colpisce immediatamente in essa è la lunghezza, quattro o cinque volte maggiore di quella delle sentenze ordinarie. È un sintomo dell'importanza attribuita dai giudici al caso di Menocchio, e soprattutto della difficoltà di inserire le sue inaudite affermazioni nelle formule stereotipate di questo tipo di documenti. Lo stupore dei giudici era tale da trapelare al di sotto della secchezza del linguaggio giudiziario: «invenimus te... in multiplici *et fere inexquisita* heretica pravitate deprehensum». Questo processo eccezionale si chiudeva dunque con una sentenza (accompagnata dalla relativa abiura, anch'essa lunghissima) altrettanto eccezionale.

Fin dall'inizio i giudici sottolineavano che Menocchio aveva parlato delle sue eretiche opinioni e disputato contro la fede cattolica «non tantum cum religiosis viris, sed etiam cum simplicibus et idiotis» mettendo in pericolo la loro fede. Si trattava evidentemente di una circostanza aggravante: a ogni costo i contadini e gli artigiani di Montereale dovevano essere tenuti lontani da dottrine cosí pericolose. Seguiva una minuziosa confutazione delle tesi sostenute da Menocchio. Con un vero e proprio crescendo retorico, del tutto inconsueto in una sentenza inquisitoriale, i giudici insistevano sull'audacia e sull'ostinazione del reo: «ita pertinacem in istis heresibus», «indurato animo permansisti», «audacter negabas», «profanis et nefandis verbis... lacerasti», «diabolico animo affirmasti», «intacta non reliquisti sancta ieiunia», «nonne reperimus te etiam contra sanctas conciones latrasse?», «profano tuo iudicio... damnasti», «eo te duxit malignus spiritus quod ausus es affirmare», «tandem polluto tuo ore... conatus es», «hoc nefandissimum excogitasti», «et ne remaneret aliquod impollutum et quod non esset a te contaminatum... negabas», «tua lingua maledica convertendo... dicebas», «tandem latrabas», «venenum apposuisti», «et quod non dictu sed omnibus auditu horribile est», «non contentus fuit malignus et perversus animus tuus de his omnibus... sed errexit cornua et veluti gigantes contra sanctissimam ineffabilem Trinitatem pugnare cępisti», «expavescit celum, turbantur omnia et contremescunt audientes tam inhumana et horribilia quae de Iesu Christo filio Dei profano ore tuo locutus es». Non c'è dubbio che per mezzo di questi enfatici procedimenti letterari i giudici cercassero di esprimere un sentimento ben reale: lo stupore e l'orrore di fronte a un coacervo di eresie mai sentite, che doveva configurarsi ai loro occhi come un vero e proprio rigurgito infernale.

Ma «mai sentite» non è del tutto esatto. Certo, questi inquisitori avevano celebrato decine e decine di processi in Friuli contro luterani, streghe, benandanti, bestemmiatori, perfino anabattisti senza mai incontrare niente di simile. Solo a proposito dell'affermazione di Menocchio che per confessarsi bastava dire i propri peccati a Dio, essi richiamarono l'analoga tesi sostenuta dagli «eretici», cioè dai seguaci della Riforma. Riguardo al resto, cercarono sporadiche analogie e precedenti in un passato piú lontano, ricorrendo alla propria preparazione teologica e filosofica. Cosí, il richiamo di Menocchio al caos venne accostato alle dottrine di un non nominato filosofo antico: «in lucem redduxisti et firmiter affirmasti vera[m] fuisse alias reprobatam opinionem illam antiqui filosophi, asserentis ęternitatem caos a quo omnia prodiere quae huius sunt mundi». L'affermazione secondo cui «Idio è autore del bene ma non fa male, ma il diavolo è autore del male et non fa bene» fu ricondotta all'eresia dei Manichei: «tandem opinionem Manicheorum iterum in luce revocasti, de duplici principio boni scilicet et mali...» Con un analogo procedimento, la tesi dell'equivalenza di tutte le fedi fu identificata con la dottrina origeniana dell'apocatastasi: «heresim Origenis ad lucem revocasti, quod omnes forent salvandi, Iudei, Turci, pagani, christiani et infideles omnes, cum istis omnibus aequaliter detur Spiritus sanctus...» Certe asserzioni di Menocchio parvero ai giudici non solo eretiche, ma contrarie alla stessa ragione naturale, come quella che, «quando semo nel ventre della madre semo iusto come nulla et carne morta», o l'altra sulla non esistenza di Dio: «circa infusionem animae contrariaris non solum Ecclesiae sanctae, sed etiam omnibus filosofantibus... Id quod omnes consentiunt, nec quis negare audet, tu ausus es cum insipiente dicere "non est Deus"...»

Nel *Supplementum supplementi delle croniche* del Foresti, Menocchio aveva potuto leggere scarni accenni alle dottrine di Origene e dei manichei. Ma identificare in esse dei precedenti delle affermazioni di Menocchio era ovviamente una forzatura. La sentenza confermava il profondissimo fossato, evidente in tutto il processo, che separava la cultura di Menocchio da quella degli inquisitori.

Compito di questi ultimi era ricondurre a forza il reo nell'ambito della Chiesa. Menocchio fu condannato ad abiurare pubblicamente ogni eresia sostenuta, a compiere varie penitenze salutari, a portare per sempre un «habitello» crociato in segno di penitenza, a trascorrere in carcere, a spese dei figli, tutto il resto della propria vita («te sententialiter condemnamus ut inter duos parietes immureris, ut ibi semper et toto tempore vitae tuae maneas»).

47.

Per quasi due anni Menocchio rimase nel carcere di Concordia. Il 18 gennaio 1586 Ziannuto, suo figlio, presentò a nome dei fratelli e della madre una supplica al vescovo Matteo Sanudo e all'inquisitore di Aquileia e Concordia, che era allora fra Evangelista Peleo. La supplica era stata scritta da Menocchio stesso:

«Benché io povero Domenego Scandella prigione habbia altre volte suplicato il Santo Offitio della Inquisitione se sia stato fatto degno di gratia, forse per lassarmi piú far penitenza del mio errore, hora sforzato da estrema necessità ritorno per suplicarli havere in consideratione che corrono già li tre anni ch'io ne sono privo del mio loco, condanato in cosí crudel prigione che non so come non sia morto insieme per la malvagità de l'aria, privo di poter vedere la cara moglie per la lontananza del loco, carico di fameglia, di figlioli che per la povertà loro sarano sforzati abandonarmi, di che mi converà morire di necessità. Io dunque pentito et dolente di tanto mio fallo chiedo perdono prima al signore Iddio, di poi a questo santo tribunale, et pregoli mi vogliano far gratia di relassarmi, offerendoli io sicurtà idonea sí di vivere ne' precetti della Santa Romana Chiesa, come ancho di fare quella penitenza che per questo Santo Offitio mi sarà imposta, con che li prego de Nostro Signore ogni contento».

Dietro l'umiltà sterotipata di queste formule, ripulite dai soliti dialettismi («Chiesa» al posto di «Gesia», per esempio) s'intravede l'intervento di qualche avvocato. Ben diversamente si era espresso Menocchio allorché, due anni prima, aveva preso la penna in mano per scrivere le proprie difese. Ma questa volta il vescovo e l'inquisitore decisero di usare quella misericordia che in passato avevano rifiutato. Anzitutto, fecero chiamare il carceriere Giovan Battista de' Parvi. Questi informò che la prigione in cui Menocchio era chiuso era «forte et sicura», sbarrata da tre porte «forti e sicure», cosicché nessun «altro carcere piú forte o piú aspro di questo si trova nella città di Concordia». Di lí Menocchio non era mai uscito, se non per recitare l'abiura con una candela in mano sulla porta della cattedrale della città, il giorno della sentenza e il giorno della fiera di Santo Stefano, e per andare a sentir messa e a comunicarsi (ma il piú delle volte si era comunicato in prigione). Aveva digiunato molti venerdí, «eccetto nel tempo che è stato ammalato tanto gravemente che si dubitava ch'el non morisse». Dopo la malattia aveva interrotto i digiuni, «ma molte volte nelle altre vigilie, molte volte mi ha detto "Dimane non mi portate altro che un pane, ch'io voglio far vigilia, et non mi portate carne né cosa grassa"». «Piú volte, – soggiunse il carceriere, – mi son accostato alla porta della carcere tacitamente per sentir quel che faceva o diceva, et l'ho sentito a dir dell'orationi». Altre volte Menocchio era stato visto leggere un libro portatogli da un prete, o «un *Officio della Madonna* dove sono li sette salmi et altre orationi»; inoltre aveva chiesto «una imagine dove potesse fare le sue orationi, et cosí suo figliolo ghe la comprò». Solo pochi giorni prima aveva detto che «sempre [si] rimetteva a Dio, et riconoscendo che pativa per suoi peccati et errori, et che Iddio l'havea aiutato, perché esso non credeva di viver quindeci giorni patendo come pativa in prigione, et nondimeno è arrivato per finhora». Spesso aveva parlato col carceriere «di quelle sue pazzie che teneva di prima, dicendo che connosceva ben che erano state veramente pazzie, ma che non gli s'era mai accostato talmente che cosí credesse fermamente, ma che per tentatione del diavolo li cascavano in mente simili pensieri ben stravagantissimi». Insomma, sembrava proprio pentito, anche se (osservò prudentemente il carceriere) «il core degli huomini non si può connoscere cosí facilmente, eccetto che da Iddio». Allora il vescovo e l'inquisitore fecero comparire Menocchio. Piangeva, supplicava, prostrato a terra chiedeva umilmente perdono: «io son gravemente pentito di haver offeso il mio signor Iddio, et vorrei non haver detto quelle pazzie ch'io ho detto, nelle quali son incorso troppo ballordamente, accecato dal demonio et non sappendo io stesso quel che mi dicesse... Non solamente non mi ha rincresciuto di far la penitentia datami et di star in quella prigione, ma sentiva cosí gran giubilo, et Iddio cosí mi confortava facendo io sempre orationi a sua Divina Maiestà, che mi pareva di esser in paradiso». Se non fosse stato per la moglie e i figlioli, esclamò giungendo le mani e alzando gli occhi al cielo, sarebbe rimasto in prigione anche tutta la vita, pur di espiare le offese fatte a Cristo. Ma era «poverissimo»: con due mulini e due campi a livello doveva mantenere la moglie, sette figli, i nipoti. La prigione, «asprissima, terrena, oscura et humida» gli aveva rovinato completamente la salute: «steti quatro mesi a levarmi dal letto, et quest'anno hebbi le gambe infiate, et son restato anco gonfio nel viso, come mi vedete, et ho perso quasi l'udito, et fatto insipido et quasi fuor di me stesso». «Et vere» annotò il notaio del Sant'Uffizio «cum haec dicebat, aspectu et re ipsa videbatur insipiens, et corpore invalidus, et male affectus».

Il vescovo di Concordia e l'inquisitore del Friuli videro in tutto ciò i segni di un'autentica conversione. Convocarono subito il podestà di Portogruaro e alcuni nobili del luogo (tra cui il futuro storico del Friuli, Giovan Francesco Palladio degli Olivi) e commutarono la sentenza. Come carcere perpetuo fu assegnato a Menocchio il villaggio di Montereale, con divieto di allontanarsene. Gli era esplicitamente proibito di parlare o di far menzione delle sue cattive opinioni. Doveva confessarsi regolarmente, e portare sopra le vesti l'«habitello» crociato, segno della sua infamia. Un amico, Daniele de Biasio, si fece garante per lui impegnandosi a pagare 200 ducati in caso di contravvenzione della sentenza. Stroncato nel corpo e nell'animo, Menocchio tornò a Montereale.

48.

Riprese il suo posto nella comunità. Nonostante i guai che aveva avuto col Sant'Uffizio, nonostante la condanna infamante e la prigione, nel 1590 fu di nuovo nominato cameraro della chiesa di Santa Maria di Montereale. A questa nomina non doveva essere estraneo il nuovo pievano, che era Giovan Daniele Melchiori, amico d'infanzia di Menocchio (vedremo piú avanti che cosa fosse successo del pievano precedente, quell'Odorico Vorai che aveva denunciato Menocchio al Sant'Uffizio). Apparentemente nessuno trovava motivo di scandalo nel fatto che un eretico, anzi eresiarca, amministrasse i fondi della parrocchia: e del resto anche il pievano, come si ricorderà, aveva avuto a che fare con l'Inquisizione.

La carica di cameraro veniva spesso affidata ai mugnai, probabilmente perché erano in grado di anticipare il denaro necessario all'amministrazione della parrocchia. In ogni caso, i camerari tendevano a rivalersi tardando a rimborsare il corrispettivo delle decime versate dai fedeli. Allorché, nel 1593, Matteo Sanudo vescovo di Concordia capitò a Montereale nel corso di una visita all'intera diocesi, volle esaminare i conti dei camerari degli ultimi sette anni: risultò che tra i debitori c'era anche Domenico Scandella, cioè Menocchio, per 200 lire – il debito piú elevato, dopo quello di Bernardo Corneto. Si trattava di un fenomeno diffuso, regolarmente lamentato nelle visite pastorali friulane dello stesso periodo. Anche in questo caso il vescovo (che certo non avrà collegato il nome dello Scandella all'uomo che aveva condannato nove anni prima) cercò d'introdurre un'amministrazione piú rigorosa e accurata. Biasimò «la pocca regola osservata nel tener essi conti, non osstante che sopra ciò l'altra visita siano stati dati buoni ordini, li quali se fussero stati osservati non è dubbio alcuno che le cose della chiesa sarebbono passate molto meglio»; ordinò di comprare un «libro grande» dove il pievano, pena la sospensione *a divinis*, avrebbe dovuto registrare di anno in anno le entrate riscosse «a partita per partita, all'incontro quelli che pagano, la despensa del formento di giorno in giorno, la spesa che si farà per la chiesa, et poi li saldi delli camerari»; questi ultimi avrebbero dovuto annotare le entrate in una «vacchetta, dalla quale poi si riporti in esso libro». Ai camerari debitori ingiunse di saldare i conti «sotto pena d'esser privi dell'ingresso della chiesa, et in occasione di morte dell'ecclesiastica sepoltura»; entro sei mesi il pievano avrebbe dovuto portare a Portogruaro i conti del

1592, pena una multa e – ancora una volta – la sospensione *a divinis*. Se Menocchio finisse poi col pagare effettivamente il proprio debito, non sappiamo. Forse sí, visto che nella successiva visita pastorale, compiuta dallo stesso vescovo Sanudo nel 1599-1600, furono registrati, a proposito di Montereale, camerari debitori soltanto dal 1592 in poi.

Una testimonianza dello stesso periodo (1595) conferma l'intatto prestigio di Menocchio presso i compaesani. Tra il conte Giovan Francesco Montereale e un suo affittuario, Bastian de Martin, era nata «un pocha de difficultà» a proposito di due pezzi di terra e una casa colonica. Su richiesta del conte furono nominati due stimatori, per valutare l'entità delle migliorie apportate alla casa dagli affittuari precedenti: Piero della Zuanna, per il conte; Menocchio, per l'affittuario. La causa era difficile, dato che una delle parti era addirittura il signore del luogo: ma di Menocchio – della sua capacità di discutere, di controbattere – evidentemente ci si fidava.

Nello stesso anno Menocchio affittò, insieme con il figlio Stefano, un nuovo mulino, situato nella località chiamata «de sotto le siege de sora». L'affitto aveva una durata di nove anni: i locatori s'impegnavano a versare ogni anno 4 staia di frumento, 10 di segale, 2 di avena, 2 di miglio e 2 di grano saraceno, piú un maiale del peso di 150 libbre; una clausola specificava il corrispettivo in denaro (6 soldi per libbra) nel caso che il peso del maiale fosse stato inferiore o superiore a quello stabilito. Inoltre, erano previste le «onoranze»: un paio di capponi e mezzo panno di lino. Quest'ultimo era un tributo simbolico, trattandosi di un mulino impiegato per la follatura dei panni. I due locatori lo prendevano in consegna corredato di due asini «bonis atque idoneis», di una *leviera* e di sei gualchiere, e s'impegnavano a restituirlo «potius melioratum quam deterrioratum» ai locatari, che erano i tutori degli eredi del fu Pietro de Macris. Ad essi il precedente affittuario, Florito di Benedetto, risultato insolvente, promise di pagare entro cinque anni gli affitti arretrati: di ciò si dichiararono garanti, dietro sua richiesta, Menocchio e Stefano.

Tutto questo indica che le condizioni economiche dei due Scandella dovevano essere in quel momento abbastanza solide. Menocchio partecipava a pieno titolo alla vita della comunità. Sempre nel 1595 egli risulta latore al podestà di un messaggio del luogotenente della Patria del Friuli, nonché uno dei rappresentanti – quattordici persone in tutto, compreso il podestà – della «vicinía» di Montereale incaricati di eleggere i responsabili della redazione dell'estimo.

Qualche tempo dopo, però, Menocchio dovette trovarsi in difficoltà in seguito alla morte del figlio (Ziannuto, probabilmente) che lo manteneva. Cercò di provvedere a se stesso facendo altri mestieri: il maestro di scuola, il suonatore di chitarra nelle feste. A questo punto diventava piú urgente che mai liberarsi dallo stigma dell'«habitello» e dal divieto di allontanarsi da Montereale, che gli erano stati imposti dalla sentenza. Allora si recò a Udine dal nuovo inquisitore, fra Giovan Battista da Perugia, chiedendogli di essere dispensato da entrambi gli obblighi. Sulla questione dell'«habitello» ebbe una risposta negativa, «perché, – spiegò l'inquisitore in una lettera al vescovo di Concordia datata 26 gennaio 1597, – non cosí facilmente si deve venir a questa dispensa»; gli era concesso invece di «liberamente... praticar in ogni luogo, eccetto che in luoghi sospetti, aciò possi aiutare in qualche modo la povertà sua et della sua famiglia».

Gli strascichi del vecchio processo venivano a poco a poco cancellati. Ma intanto, all'insaputa di Menocchio, il Sant'Uffizio aveva ricominciato a occuparsi di lui.

49.

Nel carnevale dell'anno precedente, infatti, Menocchio aveva lasciato Montereale e si era recato a Udine, col permesso dell'inquisitore. Sulla piazza, all'ora del vespro, aveva incontrato un certo Lunardo Simon e si era messo a chiacchierare con lui. I due si conoscevano, perché Lunardo andava in giro per le feste suonando il violino, e Menocchio come abbiamo visto faceva lo stesso suonando la chitarra. Qualche tempo dopo, saputo della recente bolla contro gli eretici, Lunardo aveva scritto al vicario dell'inquisitore, fra Gerolamo Asteo, per riferire quella conversazione; a voce, quindi, aveva confermato con qualche variante la sostanza della lettera. Il dialogo sulla piazza si era svolto piú o meno cosí. «Intendo, – aveva detto Menocchio, – che tu vuoi andar frate: è vero?» E Lunardo: «Non è buona legenda?»

«No, perché è cosa da pittocco». Lunardo aveva replicato ritorcendo la battuta: «Non [devo] andar io frate per far il pittocco?» «Di tanti santi, heremiti et altri che han fatto vita santa, non si sa dove sian andati». «Il signor Iddio non vuole che noi adesso sappiamo questi secreti». «Se io fossi turco, non vorria diventar christiano, ma sono christiano, et non voglio diventar neanco turco». «*Beati qui non viderunt, et crediderunt*». «Io non credo se non vedo. Credo ben Iddio esser patre di tutto il mondo, et poter fare et disfare». «Anco li Turchi et Giudei credono, ma non credono che sia nato di Maria vergine». «Che vuol dire, che quando Christo era in croce, et li Giudei gli dissero "Se tu sei Christo discendi di croce", lui non discese?» «Ciò fu per non dar obedientia ai Giudei». «Ciò fu perché Christo non poté». «Adunque non credete nell'Evangelio?» «No, mi non credo. Chi credi tu che faccia questi Evangelii se non preti et frati, che non hanno altro che fare? Si van pensando queste cose et le mettono una dietro l'altra». «Li Evangelii non li fanno né preti né frati, ma avanti di adesso [furon] fatti», aveva obiettato allora Lunardo: e se n'era andato, giudicando il suo interlocutore «huomo heretico».

Dio padre e padrone, che può «fare et disfare»; Cristo uomo; i vangeli opera di preti e frati oziosi; l'equivalenza delle religioni. Dunque, nonostante il processo, l'abiura infamante, il carcere, le clamorose manifestazioni di pentimento, Menocchio aveva ricominciato a sostenere le vecchie opinioni, che evidentemente in cuor suo non aveva mai rinnegato. Ma di lui Lunardo Simon conosceva soltanto il nome («un Menocchio, molinaro da Montereale»): e nonostante la voce corrente che si trattasse di un recidivo, già condannato dal Sant'Uffizio «per lutherano», la denuncia fu lasciata cadere. Solo due anni dopo, il 28 ottobre 1598, per caso o in seguito a una revisione sistematica degli atti precedenti, gli inquisitori ebbero il dubbio che Menocchio e Domenico Scandella fossero in realtà la stessa persona. Allora la macchina del Sant'Uffizio si rimise in moto. Fra Gerolamo Asteo, che nel frattempo era diventato inquisitore generale del Friuli, cominciò a raccogliere nuove informazioni su Menocchio. Risultò che don Odorico Vorai, l'autore della denuncia che tanti anni prima aveva portato all'incarcerazione di Menocchio, aveva pagato cara la sua delazione: «è stato perseguitato dai parenti di Menocchio e scacciato da Montereale». Quanto a Menocchio, «si ha creduto et si crede che egli habbia l'istesse opinioni false che haveva prima». A questo punto l'inquisitore si recò a Montereale, e interrogò il nuovo pievano, don Giovan Daniele Melchiori. Costui riferí che Menocchio aveva smesso d'indossare l'«habitello» crociato e usciva dai confini del paese, trasgredendo le disposizioni del Sant'Uffizio (ciò che, come abbiamo visto, era solo in parte vero). Però si confessava e si comunicava piú volte all'anno: «io quanto a me lo tengo per christiano et per huomo da bene» concluse. Non sapeva che opinione avessero di lui gli abitanti del villaggio. Ma dopo aver fatto e firmato queste dichiarazioni, il Melchiori tornò indietro: evidentemente temeva di essersi esposto troppo. Alla frase «lo tengo per christiano et per huomo da bene» fece aggiungere «per quel che si vede esteriormente».

Don Curzio Cellina, cappellano di San Rocco e notaio del villaggio, fu piú esplicito. «Io lo tengo per christiano, perché io l'ho veduto che si confessa et si comunica», confermò. Ma dietro quest'apparente sottomissione vedeva trasparire l'antica inquietudine: «Questo Menocchio ha certi humori che quando vede la luna o stelle o altri pianeti e sente a tonare o altra cosa, subito vuol dir il suo parere sopra quella cosa occorsa: et infine si rimette al parer dei piú con dire che sa piú il mondo tutto di lui solo. Et io credo che questo suo humore sia cattivo, ma che si rimetti al parer d'altri per timore». Dunque la condanna e il carcere del Sant'Uffizio avevano lasciato una traccia profonda. Apparentemente Menocchio non osava piú – almeno in paese – parlare con l'insolente libertà d'una volta. Ma neanche la paura aveva potuto soffocare la sua indipendenza intellettuale: «subito vuol dir il suo parere». Nuova era invece l'amara e ironica consapevolezza del proprio isolamento: «si rimette al parer dei piú con dire che sa piú il mondo tutto di lui solo».

Era un isolamento soprattutto interiore. Lo stesso don Cellina osservò: «Io lo vedo a praticar con molti et credo che sia amico de tutti». Quanto a lui, dichiarò di non avere «né amicitia stretta né meno inimicitia con questo Menocchio: ma lo amo come christiano et mi servo di lui come faccio delli altri, quando ho bisogno di lui di qualche opera». Sul piano esterno, come abbiamo visto, Menocchio era stato pienamente reintegrato nella comunità del villaggio: per la seconda volta era stato nominato cameraro della parrocchia; insieme al figlio aveva affittato un terzo mulino. Ma nonostante tutto questo si sentiva un escluso – forse anche in seguito alle difficoltà economiche che aveva affrontato negli ultimi anni. Di questa esclusione, l'«habitello» era il simbolo tangibile. Menocchio ne era ossessionato. «Io so, – disse il Cellina, – che lui ha portato un habito con una croce datoli dal Santo Officio per un gran tempo, et lo poneva secreto sotto i suoi habiti». E Menocchio gli aveva raccontato «che voleva andar a trovar il Santo Officio acciò desse licentia di non portarlo piú, perché diceva che per il portar quel habito con quella croce li huomini si schivavano di praticar et conversar con lui». S'illudeva, certo – praticava con tutti, era amico di tutti in paese. Ma l'impossibilità di esprimere come in passato le proprie opinioni gli pesava. «Quando è stato sentito a parlar» della luna e delle stelle, osservò il Cellina «è stato detto che debba tacere». Che cosa affermasse precisamente a questo proposito, il Cellina non ricordava: neanche quando l'inquisitore gli suggerí che forse Menocchio attribuiva ai pianeti la capacità di costringere il libero arbitrio degli uomini. Comunque negò recisamente che Menocchio parlasse «da burla»: «Io credo che dichi da vero et che habbi cattivo humore».

Ancora una volta le indagini del Sant'Uffizio s'interruppero. Non è difficile capirne il motivo: in fondo, il mugnaio eresiarca era stato ridotto al silenzio, al conformismo esteriore; non rappresentava piú un pericolo per la fede dei compaesani. Nel gennaio del 1599 una congregazione del Sant'Uffizio friulano decise di interrogare il «reo», cioè Menocchio. Ma anche questo proposito fu lasciato cadere.

50.

Eppure il dialogo riferito da Lunardo indica che l'apparente ossequio di Menocchio ai riti e ai sacramenti della Chiesa mascherava un'ostinata fedeltà ai vecchi pensieri. All'incirca nello stesso periodo un certo Simon, un ebreo convertito che vagabondava chiedendo l'elemosina, capitò a Montereale, e fu ospitato da Menocchio. Per una notte intera i due parlarono di questioni religiose. Menocchio disse «cose grandissime circha la fede»: che i Vangeli erano stati scritti da preti e frati «perché stano in otio», e che la Madonna prima di sposare san Giuseppe «haveva fatto doi otre creature, et per questo santo Isepo non la voleva accetar per sua sposa». Erano in sostanza gli stessi temi su cui aveva attaccato discorso con Lunardo sulla piazza di Udine: la polemica contro il parassitismo del clero, il rifiuto del Vangelo, la negazione della divinità di Cristo. Oltre a questo, però, aveva parlato quella notte di un «libro bellissimo» che purtroppo aveva perduto, e che Simon «giudicò essere l'*Alcorano*».

Forse era stato il rifiuto dei dogmi centrali del cristianesimo – primo fra tutti quello trinitario – a indurre Menocchio, come altri eretici dello stesso periodo, a volgersi con curiosità al *Corano*. Purtroppo l'identificazione di Simon non è certa: e comunque non sappiamo che cosa Menocchio traesse da quel misterioso «libro bellissimo». Certo, egli era convinto che prima o poi la sua eterodossia sarebbe stata scoperta: «lui sapeva di morir per questo», confidò a Simon. Ma non voleva fuggire, perché un suo compare, Daniele de Biasio, quindici anni prima si era reso garante per lui di fronte al Sant'Uffizio: «altrimente saria fugito in Genevera». Cosí aveva deciso di rimanere a Montereale. Pensava già alla propria fine: «morendo, deli luterani lo saveranno, che verano a pigliar delle sue ceneri».

Chissà a quali «luterani» pensava Menocchio. Forse a un gruppo con cui aveva mantenuto legami clandestini – o a qualche individuo incontrato magari molti anni prima, e poi perso di vista? La luce di martirio in cui Menocchio vedeva avvolta la propria morte fa pensare che tutto questo discorso fosse soltanto la patetica fantasticheria di un vecchio. Del resto, non gli rimaneva altro. Era rimasto solo: la moglie era morta, il figlio piú caro era morto. Con gli altri figli doveva essere in urto: «Et se li *miei* figlioli volessero far a suo modo, che beatti loro» dichiarò sprezzantemente a Simon. Ma la mitica Ginevra, la patria (egli pensava) della libertà religiosa, era troppo lontana. Questo – e la tenace solidarietà verso l'amico che gli era stato vicino in un momento difficile, l'avevano trattenuto dalla fuga. Soffocare dentro di sé l'appassionata curiosità per le cose della fede, evidentemente non poteva. Cosí rimaneva lí aspettando i propri persecutori.

51.

Alcuni mesi dopo, infatti, pervenne all'inquisitore una nuova denuncia contro Menocchio. A quanto pare egli aveva pronunciato una frase blasfema che era passata di bocca in bocca, da Aviano a Pordenone, suscitando reazioni scandalizzate. Fu interrogato un oste di Aviano, Michele del Turco detto Pignol: sette o otto anni prima (gli avevano riferito) Menocchio aveva esclamato «se Christo fosse stato Iddio sarebbe stato uno... a lassiarsi mettere in croce». «Non expresse che cosa Christo sarrebbe stato, – soggiunse l'oste, – ma io intesi che volesse dire che Christo sarrebbe stà uno coglione, per dire questa brutta parola... Quando io sentiva queste parole me si drizzavano li cappelli, et mutai subito raggionamento per non sentire queste cose, perché io l'ho per peggior d'un Turco». Menocchio – concluse – era «ostinato in quelle sue antique opinioni».

Ormai non erano piú soltanto gli abitanti di Montereale a raccontarsi l'un l'altro le frasi pronunciate da Menocchio: la notorietà di questo mugnaio, che neanche la prigione del Sant'Uffizio era riuscita a riportare sulla retta via, aveva varcato la cerchia ristretta del villaggio. Le sue domande provocatorie, i suoi scherzi blasfemi venivano riferiti magari a distanza di anni: «O come volete creder che Christo o Domenedio fosse figliuol della vergine Maria se essa vergine Maria era una puttana?» «Come voi tu che Christo sia conceto de Spirito santo se egli è nato da una putana?» «San Crestofolo è da piú de Dio, atteso che ha portato tutto il mondo addosso». (È strano che la stessa battuta ricorra in un libro che certo Menocchio non vide mai: la raccolta di emblemi, fitti di sottintesi eterodossi, dell'umanista bolognese Achille Bocchi). «Credo havesse cattivo animo, et non havea ardire di parlare per paura», disse Zannuto Fasseta di Montereale, che aveva sentito Menocchio «musicare». Ma il solito impulso spingeva di nuovo Menocchio a parlare di questioni religiose con i compaesani. Un giorno, tornando da Menins a Montereale, aveva chiesto a Daniel Jacomel: «Che pensi tu sia Iddio?» «Io non so» aveva replicato l'altro, impacciato o stupito. «Non è l'altro che l'aere». Rimuginava attorno ai vecchi pensieri, non si dava per vinto. «Che credi tu, l'inquisitori non vogliono che sappiamo quello che sanno loro». Lui, però, si sentiva in grado di fronteggiarli: «Vorrei dire quatro parole del *Pater noster* avanti il padre inquisitore, et stare a vedere quello che dicesse et respondesse».

Questa volta l'inquisitore dovette pensare che era troppo. Verso la fine del giugno 1599 Menocchio fu arrestato e chiuso nel carcere di Aviano. Dopo qualche tempo fu trasferito a Portogruaro. Il 12 luglio comparve di fronte all'inquisitore, fra Gerolamo Asteo, al vicario del vescovo di Concordia, Valerio Trapola, al podestà del luogo, Pietro Zane.

52.

«Eductus e carceribus quidam senex...», scrisse il notaio. Erano passati quindici anni da quando Menocchio era stato interrogato per la prima volta dal Sant'Uffizio. In mezzo c'erano stati anche i tre anni di prigione. Era ormai un vecchio: magro, coi capelli bianchi, la barba grigia tendente al bianco, vestito come sempre da mugnaio, con un abito e un berretto color grigio chiaro. Aveva sessantasette anni. Dopo la condanna aveva fatto molti mestieri: «ho fatto il segador, il munaro, et hostaria, ho tenuto scolla di abacho et di legere et scrivere a putti, et sono ancho la citara alle feste». Insomma, aveva cercato di arrangiarsi mettendo a frutto le sue capacità – compresa quella di saper leggere e scrivere, che aveva contribuito a metterlo nei guai. All'inquisitore che gli chiedeva se fosse mai stato processato dal Sant'Uffizio, rispose infatti: «fui chiamato... et fui interrogado sopra il Credo, et altre fantasie che mi erano venute in testa, per haver letto la *Bibia* et per havere l'ingegno acuto; ma sempre son stato christiano, et sono».

Il tono era remissivo – «fantasie» – accompagnato però dalla solita orgogliosa consapevolezza delle proprie capacità intellettuali. Minutamente spiegò di aver adempiuto alle penitenze impostegli, di essersi confessato e comunicato, di aver lasciato ogni tanto Montereale solo col permesso degli inquisitori. Solo riguardo all'«habitello» si scusò: «Io giuro alla fede mia, le feste qualche volte io me lo meteva et qualche volta no; et li giorni d'opera d'inverno, quando era fredo, io lo portava sempre ma di sotto», giacché indossandolo «io perdeva molti guadagni d'esser chiamato alle stime et alle opere... perché gli huomini mi haveano per escomunicato vedendomi quel'habito, però io non lo portava». Inutilmente aveva supplicato il padre inquisitore: «non mi volse dar licenza di lasciar l'habito».

Ma quando gli chiesero se aveva ancora avuto dubbi sulle questioni per le quali era stato condannato, Menocchio non seppe mentire. Anziché negare recisamente, ammise: «Mi sono venute in testa molte fantasie, ma non ho mai voluto darli fede, né mai ho insegnato male ad alcuno». E all'inquisitore che l'incalzava chiedendogli se avesse mai «raggionato con alcuno delli articoli della fede? et chi sian questi, et quando, et dove?» rispose di aver parlato «delli articoli della santa fede con alcuni burlando, ma alla fé non so con chi, né dove, né quando». Una risposta incauta. L'inquisitore lo rimproverò con severità: «Come burlavate della cosa della fede? si conviene burlare delle cose della fede? come l'intendete questa parola "burlando"?» «Dicendo qualche buggia», obiettò debolmente Menocchio. «Che buggia dicevate? dite su chiaramente!» «Non so dir veramente».

Ma l'inquisitore insisteva nelle sue domande. «Non so, – disse Menocchio, – qualchuno potria haverlo interpretato in mala parte, ma io non ho mai sentito al contrario della fede». Cercò di ribattere colpo su colpo. Non aveva detto che Cristo non era stato capace di scendere dalla croce: «Io credo che Christo havesse potenza da discendere». Non aveva detto di non credere al Vangelo: «credo che l'Evangelio è la verità». E qui fece un nuovo passo falso: «Ho ben detto che li preti et li frati li quali hanno studiato, hanno fatto li Evangelii per bocha del Spiritu santo». L'inquisitore, fulmineo: davvero aveva detto questo? quando, dove, a chi? e chi erano quei frati? E Menocchio, esasperato: «Che voleti ch'io sapi, alla fé no che non lo so». «Perché l'havete detto se non lo sapete?» «Il diavolo qualche volta tenta che si dica qualche parola...»

Ancora una volta Menocchio cercava di attribuire i suoi dubbi, il suo arrovellarsi a una tentazione diabolica – per rivelarne però, subito, il fondo razionale. Nel *Supplementum* del Foresti aveva letto che «varii hanno fatto delli Evangelii come san Pietro, san Iacomo et altri, li quali la giustitia ha anichilati». Ancora una volta aveva operato nella sua mente la forza corrosiva dell'analogia. Se alcuni Vangeli sono apocrifi, opera umana e non divina, perché non tutti? In questo modo venivano alla luce tutte le implicazioni di ciò che aveva sostenuto quindici anni prima, e cioè che la Scrittura era riducibile a «quattro parole». Evidentemente in tutto quel tempo aveva continuato a seguire il filo delle sue vecchie idee. E ora, di nuovo aveva la possibilità di esprimerle a chi (pensava) era in grado d'intenderle. Ciecamente dimenticò ogni prudenza, ogni cautela: «Io credo che Iddio habbi fatto tutte le cose, cioè la terra, l'aqua et l'aria». «Ma il fuoco dove lo lasciate, – interloquí con ironica superiorità il vicario del vescovo di Concordia, – chi l'ha fatto?» «È per tutto il fuocho, come è Dio, ma quelli altri tre ellementi sono le tre persone: il Padre è l'aria, il Figliolo è la terra, et lo Spirito santo è l'aqua». E aggiunse: «A me par cosí; ma non so se sii la verità; et credo che quei spiriti che sono nell'aria combatono tra loro, et che li fulmini siino le alterazioni».

Cosí, nel suo faticoso viaggio a ritroso, Menocchio aveva ritrovato senza saperlo, al di là dell'immagine cristiana del cosmo, quella degli antichi filosofi greci. Nel fuoco, mobilissimo e indistruttibile, questo Eraclito contadino aveva scorto l'elemento primordiale. La realtà intera, per Menocchio, ne era permeata («è per tutto»): una realtà unitaria, pur nella varietà delle sue manifestazioni, percorsa da spiriti, intrisa di divinità. Per questo affermava che il fuoco era Dio. È vero, Menocchio aveva escogitato anche una capziosa, minuziosa corrispondenza tra gli altri tre elementi e le persone della Trinità: «Io credo che il Padre sii l'aria, perché l'aria è ellemento piú alto dell'aqua et della terra; io dico poi che il Figliolo è la terra perché il Figliolo è prodotto dal Padre; et sí come l'aqua vien dall'aria et dalla terra, cosí il Spirito santo dal Padre et dal Figliolo». Ma dietro questo parallelismo, subito con tardiva e inutile prudenza rinnegato («ma io queste cose non le voglio mantenere») affiorava la convinzione piú profonda di Menocchio: che Dio è uno, ed è il mondo. E su questo punto l'inquisitore vibrò il suo attacco: credeva dunque che Dio avesse un corpo? «Io so che Christo havea corpo», replicò Menocchio, elusivo. Aver ragione di un simile interlocutore non era facile. Dal suo armamentario scolastico l'inquisitore tirò fuori un sillogismo. «Voi ditte che lo Spirito santo è aqua; l'aqua è corpo; adunque seguitarebbe che lo Spirito santo fusse corpo?» «Io dico queste cose per similitudine», rispose Menocchio. Forse con un po' di sufficienza: anche lui sapeva discutere, sapeva servirsi degli strumenti della logica e della retorica.

Allora l'inquisitore tornò alla carica: «Appar in processo che voi havete detto che Iddio non è altro che l'aria». «Io non so di haver detto questo, ma ben ho detto che Dio è tutte le cose». «Credete voi che Dio sii tutte le cose?» «Messeri sí, alla fé che lo credo». Ma in che senso? L'inquisitore non si raccapezzava. «Io credo che Dio sii tutto quello che vuole» spiegò Menocchio. «Può esser Dio un sasso, serpente, diavolo et simil cose?» «Iddio può esser tutto quello che è buono». «Adunque Dio potria esser creatura, stante che sono le creature buone?»

«Io non so che dire», rispose Menocchio.

53.

In realtà la distinzione tra creatore e creature, e l'idea stessa di un Dio creatore, gli era profondamente estranea. Aveva ben chiaro in testa che le sue idee erano diverse da quelle dell'inquisitore: ma le parole per esprimere questa diversità a un certo punto gli mancavano. Certo, le trappole logiche di fra Gerolamo Asteo non potevano convincerlo di essere nel torto, cosí come non avevano potuto convincerlo i giudici che l'avevano processato quindici anni prima. Del resto, cercò subito di riprendere il sopravvento, addirittura rovesciando il meccanismo dell'interrogatorio: «Ascoltatemi di gratia, signore...» Attraverso l'esposizione della leggenda dei tre anelli, Menocchio, come abbiamo visto, ribadí quella dottrina della tolleranza che aveva già formulato nel primo processo. Allora, però, l'argomentazione era religiosa: tutte le fedi si equivalgono (comprese le eresie) in quanto «Dio ha dato il Spirito santo a tutti». Ora, invece, l'accento batteva piuttosto sull'equivalenza tra le varie chiese in quanto realtà legate alla vita sociale: «Signor sí che credo che ognun creda che sii la sua fede buona, ma non si sapi qual sii la buona: ma perché mio avo, mio padre et li miei sono stati christiani, io voglio star christiano, et creder che questa sii la buona». L'invito a rimanere nell'ambito delle religioni tradizionali era giustificato col richiamo alla leggenda dei tre anelli: ma è difficile non vedere in queste parole il frutto amaro dell'esperienza vissuta da Menocchio dopo la condanna del Sant'Uffizio. Meglio simulare, meglio aderire esternamente a quei riti avvertiti interiormente come «mercanzie». Questo ripiegamento portava Menocchio a porre in secondo piano il tema dell'eresia, del distacco aperto e consapevole dalla religione tradizionale. Nello stesso tempo, però, egli finiva col considerare, molto piú che non in passato, la religione come una realtà puramente mondana. Affermare che si è cristiani soltanto per caso, per tradizione, presupponeva un distacco critico molto grande – quello stesso distacco che negli stessi anni portava Montaigne a scrivere «Nous sommes Chrestiens à mesme titre que nous sommes ou Perigordins ou Alemans». Ma come abbiamo visto tanto Montaigne che Menocchio, ciascuno a suo modo, erano passati attraverso l'esperienza sconvolgente della relatività di credenze e istituzioni.

Quest'adesione – consapevole, non passiva – alla religione degli avi era comunque soltanto esterna. Menocchio andava a messa, si confessava e si comunicava: ma dentro di sé rimuginava vecchi e nuovi pensieri. All'inquisitore dichiarò di pensare «d'esser fillosopho, astrologo et prophetta», pur aggiungendo sommessamente a propria discolpa che «ancho li prophetti fallavano». E spiegò: «Io pensava d'esser prophetta, perché il spirito cativo mi faceva veder vanità et sogni, et mi persuadeva di sapere la natura de cieli, et cose simili: et credo che li prophetti parlassero quello gli detavano gl'angeli».

Nel primo processo, come si ricorderà, Menocchio non si era mai richiamato a rivelazioni soprannaturali. Ora, invece, alludeva a esperienze di tipo mistico, sia pure sconfessandole ambiguamente – «vanità», «sogni». Forse aveva agito in lui la lettura di quel *Corano* (il «libro bellissimo» identificato dall'ebreo convertito Simon) che l'arcangelo Gabriele aveva dettato al profeta Maometto. Forse, nel dialogo apocrifo tra il rabbino Abdallah ibn Sallam e Maometto, inserito nel primo libro della traduzione italiana del *Corano*, aveva creduto di scoprire la «natura de cieli»: «Disse, procedi piú oltre, e dimmi perché il cielo si chiami cielo. Rispose, perché egli è creato di fumo, e il fumo dal vapor del mare. Disse, di donde ha il verde? Rispose, dal monte Caf, e il monte Caf lo ha dagli smeraldi del paradiso, il qual monte cingendo intorno il cerchio della terra sostiene il cielo. Disse, il cielo ha porta? Rispose, ha porte che pendono. Disse, e le porte hanno chiavi? Rispose, hanno le chiavi le quali son del thesoro di Dio. Disse, di che son le porte? Rispose, d'oro. Disse, tu dí il vero, ma dimmi, questo nostro cielo d'onde è creato? Rispose: il primo d'acqua verde, il secondo d'acqua chiara, il terzo di smeraldi, il quarto d'oro purissimo, il quinto di giacinto, il sesto di una lucidissima nuvola, il settimo di splendor di fuoco. Disse, e di questo tu dí il vero. Ma sopra a questi sette cieli, che vi è? Rispose, un mar vivifico, e di sopra un mar nebuloso, e cosí procedendo per ordine, vi è il mar aereo, e di sopra il mar penoso, e di sopra il mar tenebroso, e di sopra il mar di sollazzo, e di sopra la Luna, e di sopra il Sole, e di sopra il nome di Dio, e di sopra la sopplicatione...» e cosí via.

Si tratta di semplici congetture. Non abbiamo la prova che il «libro bellissimo» di cui Menocchio aveva parlato con entusiasmo fosse davvero il *Corano*; e anche se l'avessimo, non potremmo ricostruire la lettura fattane da Menocchio. Un testo cosí totalmente remoto dalla sua esperienza e dalla sua cultura doveva riuscirgli indecifrabile – e proprio per questo indurlo a proiettare sulla pagina pensieri e fantasticherie. Ma di questa proiezione (se ci fu) non sappiamo niente. E in generale, di quest'ultima fase della vita intellettuale di Menocchio possiamo intravedere pochissimo. Diversamente da quindici anni prima, la paura lo indusse a poco a poco a rinnegare quasi tutto quello che gli veniva rinfacciato dall'inquisitore. Ma ancora una volta mentire gli costava fatica: solo dopo essere rimasto «aliquantulum cogitabundus» affermò di non aver mai «dubitato che Christo sii stato Dio». Successivamente si contraddisse, dicendo «che Christo non havea la potenza del padre, essendo corpo humano». «Questa è una confusione», gli obiettarono. E Menocchio: «Io non so di haverlo detto, et io son uno ignorante». Umilmente affermò che quando aveva detto che i Vangeli erano stati scritti da «preti et frati che haveano studiato», intendeva gli evangelisti «quali credo che tutti habbino studiato». Cercava di dire tutto quello che volevano da lui: «È vero che li inquisitori et altri nostri maggiori non vogliono che noi sapiamo quello che loro sano, et però che bisogna che taciamo». Ma a tratti non riusciva a trattenersi: «Io non credeva che il paradiso fosse, perché non sapeva dove fosse».

Alla fine del primo interrogatorio Menocchio consegnò un foglio che aveva scritto a proposito delle parole del *Pater noster* «et ne nos inducas in tentationem, sed libera nos a malo», soggiungendo: «Et cosí io voleva adimandar questa gratia di esser liberato di questi miei travagli». Poi, prima di esser riportato in carcere, firmò con mano tremante di vecchio.

54.

Ecco che cosa aveva scritto:

«Al nome del nostro Signor Iesu Christo et de la sua madre vergine Maria et de tuti li santi del paradiso io chiamo in aiuto et consilio.

Ho magno omnipotente et santo Idio creator del cielo et de la tera, io ti prego per la tua santisima bontà et misericordia infinita che tu voli inluminar lo spiritu mio et l'anima mia et il corpo mio a pensar et dir et far tuto quelo che sia grato a la tua divina maestà: et cosí sia al nome de la santisima trinità, Padre Fiolo et Spiritu santo e amen. Io Menego Scandela disgraziato cascato in disgrazia del mondo et de li miei supiriòri a ruvina de casa mia et de la mia vita et de tuta la mia povera familia, sí che io no so piú né che dir né che far se non dir queste poche parole. Prima: "Set libera nos a malo et ne nos inducas in tentazionem et demite nobis debita nostra sicut ne nos dimitimus debitoribus nostris, panem nostrum cotidianum da nobis hodie": et cosí io prego il nostro Signor Iesum Cristo et li miei supiriori che per sua misericordia che me volia dar qualche aiuto con pocho suo dano. Et io Menego Scandela dove io andarò io pregarò tuti li fideli cristiani a voler oservar tuto quelo che li comanda la nostra Santa Madre Gesia Catolicha Romana et li soi supiriori, ziové li inquisitori, vescovi et vicarii et piovani et capelani et curati de le sue diozie, et che lori tolia la mia esperienzia. Io Menego pur pensava che la morte me tolese fuora de questi pavori, de non dar fastidio a nisuno, ma lei a fato tuto al contrario, lei a tolto uno mio fiolo lo qual era bastante a tiorme ogni fastidio et travai; poi a volesto tiorme la moier la qual era lo mio governo; et questi fioli et fiole che me son rimasti me trano ne li chochi che io son stato la sua rovina, che cosí è la verità, che fus'io cosí morto a quindese ani, che lori sariano senza fastidiio de mi povero disgraziato.

Et se io ho auto qualche pensiero cativo overo qualche parola dita vanamente, io non li o mai creduto né mancho operato contra la Santa Chiesia, perché il Signor Idio me a fato creder che tuto quelo io pensava et diceva era vanità et non sapienzia.

Et cosí io credo sia la verità, però io non volio pensar né creder se non quelo che crede la Santa Gesia et far quelo me comandarà li mei curati et li mei superiori».

55.

Questa «scrittura» recava in calce alcune righe del pievano di Montereale, Giovan Daniele Melchiori, scritte su richiesta di Menocchio e datate 22 gennaio 1597. In esse si dichiarava che «si interioribus credendum est per exteriora» Menocchio conduceva una vita «cristiana e ortodossa». Questa cautela, come sappiamo (e come forse sapeva anche il pievano) era quanto mai opportuna. Ma la volontà di sottomissione espressa nella «scrittura» era certo sincera. Respinto dai figli che lo consideravano un peso, un'onta di fronte al villaggio, una rovina per la famiglia, Menocchio cercava affannosamente di essere reintegrato nella Chiesa che una volta l'aveva allontanato da sé, contrassegnandolo anche visibilmente come reprobo. Per questo faceva un patetico atto di ossequio ai «supiriori»: «inquisitori» (al primo posto, comprensibilmente) e poi giú giú «vescovi et vicarii et piovani et capelani et curati». Un atto d'ossequio inutile, in un certo senso, perché nel momento in cui era stato scritto le indagini del Sant'Uffizio sul conto di Menocchio non erano ancora ricominciate. Ma la spinta irrefrenabile a «cercar le cose alte» tormentava Menocchio, lo riempiva di «travagli», lo faceva sentire colpevole di fronte al mondo, «cascato in disgrazia del mondo». E allora invocava disperatamente la morte. Ma la morte l'aveva dimenticato: «Lei a fato tuto al contrario, lei a tolto uno mio fiolo..., poi a volesto tiorme la moier».

Allora si malediva: «Fus'io cosí morto [d]a quindese ani» – da quando cioè, per disgrazia sua e dei suoi figli, erano cominciati i suoi guai col Sant'Uffizio.

56.

Dopo un nuovo interrogatorio (19 luglio) fu chiesto a Menocchio se voleva un avvocato. Rispose: «Io non voglio fare altre diffese, se non che adimando misericordia; pure se si potesse havere un avocato io lo torei, ma son povereto». Al tempo del primo processo Ziannuto si era battuto in favore del padre, gli aveva procurato un avvocato: ma Ziannuto era morto, e gli altri figli non mossero un dito. A Menocchio fu assegnato un difensore d'ufficio, Agostino Pisensi, che il 22 luglio presentò ai giudici una lunga difesa «pauperculi Dominici Scandella». In essa si affermava che le testimonianze raccolte erano di seconda mano, divergenti tra loro, o viziate da evidente animosità, e che da esse risultava la «mera simplicitas et ignorantia» dell'imputato, di cui pertanto si chiedeva l'assoluzione.

Il 2 agosto la congregazione del Sant'Uffizio si riuní: Menocchio fu decretato all'unanimità «relapso», cioè recidivo. Il processo era finito. Si decise tuttavia di sottoporre il reo alla tortura per strappargli i nomi dei complici. Ciò avvenne il 5 agosto; il giorno prima era stata fatta una perquisizione in casa di Menocchio, dove, alla presenza di testimoni, erano state aperte tutte le casse e confiscati «tutti i libri et scriture». Di quali «scriture» si trattasse, purtroppo non sappiamo.

57.

Gli chiesero di confessare chi erano i suoi complici, se non voleva andare incontro alla tortura. Rispose: «Signor, non mi racordo d'haver raggionato». Fu fatto spogliare e visitare, per vedere – come prescrivevano i regolamenti del Sant'Uffizio – se era idoneo alla tortura. Intanto continuavano a fargli domande. Rispose: «Io ho raggionato con tanti, che hora non mi racordo». Allora lo fecero legare, e di nuovo gli chiesero di dir la verità sui propri complici. Di nuovo rispose: «Non mi racordo». Lo portarono nella camera della tortura, sempre ripetendo la solita domanda. «Io mi son pensato et imaginato, – disse, – per ricordarmi con chi io havessi raggionato, ma mai ho potuto ricordarmi». Lo prepararono al tormento della fune: «O Signor Iesu Christo, misericordia, Iesu misericordia, non so d'haver raggionato con alcuno, poss'io morire se ho scolle né compagni, ma ho letto da mia posta, o Giesu misericordia». Gli diedero una prima strappata: «O Iesu o Iesu, o povero me, o povero me». «Con chi havete raggionato» gli dissero. Rispose: «Iesu Iesu non so niente». Lo incitarono a dir la verità: «Io la direi volontieri, lasciatemi zoso che mi pensarò bene».

Allora lo fecero discendere. Rimase un po' sopra pensiero, poi: «Non so d'haver raggionato con alcuno, né so che alcuno habbi le mie opinioni, et non so certo niente». Ordinarono che gli venisse data un'altra strappata. Mentre lo sollevavano in aria, disse: «Oimè oimè martire, o Signor Iesu Christo». Poi: «Signor, lasciatemi che dirò qualche cosa». Rimesso a terra, disse: «Io ho racontato al signor Zuan Francesco Montareale, dicendoli che non si sapeva qual era la buona fede». (Il giorno dopo precisò: «Il sopradetto signor Gio. Francesco mi riprese delle mie pazzie»). Non si riuscí a ottenere altro. Allora fu slegato e ricondotto in prigione. Il notaio osservò che la tortura si era svolta «cum moderamine». Era durata mezz'ora.

Lo stato d'animo dei giudici, dietro la monotona ripetizione della stessa domanda, si può soltanto immaginare. Forse era quello, mescolato di noia e di disgusto, testimoniato negli stessi anni dal nunzio Bolognetti, allorché a proposito del Sant'Uffizio lamentava «il fastidio di star a sentire l'inettie di molti mentre si scrivono di parola in parola, spetie di tortura a chi non è impastato di sola flemma». L'ostinato silenzio del vecchio mugnaio doveva apparir loro incomprensibile.

Cosí neppure il dolore fisico era riuscito a piegare Menocchio. Non aveva fatto nomi – o meglio ne aveva fatto uno, quello del signore di Montereale, che sembrava fatto apposta per distogliere i giudici da un'indagine troppo approfondita. Senza dubbio aveva qualcosa da nascondere: ma quando affermava di aver «letto da *sua* posta» probabilmente non si allontanava troppo dalla verità.

58.

Col suo silenzio Menocchio volle sottolineare fino all'ultimo di fronte ai giudici che i suoi pensieri erano nati nell'isolamento, a contatto soltanto con i libri. Ma come abbiamo visto egli proiettava sulla pagina a stampa elementi tratti dalla tradizione orale.

È questa tradizione, profondamente radicata nelle campagne europee, che spiega la tenace persistenza di una religione contadina insofferente ai dogmi e alle cerimonie, legata ai ritmi della natura, fondamentalmente precristiana. Spesso si trattava di vera e propria estraneità al cristianesimo, come nel caso di quei guardiani d'armenti delle campagne di Eboli che a metà del Seicento apparvero ai padri gesuiti costernati «huomini, che d'huomo non haveano che la figura, nella capacità e scienza poco dissomiglianti a quelle bestie medesime che custodivano: affatto ignoranti, non che dell'orationi, o altri misterii particolari della santa Fede, anche della stessa cognitione di Dio». Ma anche in situazioni di minore isolamento geografico e culturale è possibile scoprire le tracce di questa religione contadina, che aveva assimilato e riplasmato gli apporti estranei – a cominciare da quelli cristiani. Il vecchio contadino inglese che pensava a Dio come a un «buon vecchio», a Cristo come a un «bel giovanotto», all'anima come a «un grosso osso confitto nel corpo», e all'aldilà come a un «bel prato verde» dove sarebbe andato se avesse agito bene, non ignorava certo i dogmi del cristianesimo: semplicemente, li ritraduceva in immagini che aderivano alla sua esperienza, alle sue aspirazioni, alle sue fantasie.

Anche nelle confessioni di Menocchio assistiamo a un'analoga traduzione. Certo, il suo caso è molto piú complesso: sia perché implica la mediazione della pagina a stampa, sia perché presuppone lo sgretolamento di gran parte della religione tradizionale sotto i colpi delle tendenze piú radicali della Riforma. Ma il procedimento è lo stesso. E non si tratta di un caso eccezionale.

Una ventina d'anni prima del processo contro Menocchio,

un ignoto popolano della campagna lucchese, che si nascondeva sotto lo pseudonimo di Scolio, parlò delle proprie visioni in un lungo poema di argomento religioso e morale, qua e là punteggiato di echi danteschi, rimasto manoscritto: il *Settennario*. Il tema centrale, insistentemente martellato, è che le varie religioni hanno un nocciolo comune, costituito dai dieci comandamenti. Apparendo in una nube d'oro Dio spiega a Scolio:

> ... Piú profeti io già mandai
> diversi, perché varii eran coloro
> a chi li miei profeti indirizzai
> e li dé varia ancor la legge loro
> come vari i costumi ritrovai,
> come il medico varie purgagioni
> dà secondo le varie compressioni.
> Manda l'imperador tre capitani
> nell'Affrica, in ell'Asia e ne l'Europia:
> alli Giudei, a Turchi ed a Christiani
> fa ciaschedun da di sua legge copia,
> e secondo i costumi varii e strani
> dà varia a ciaschedun sua legge propia:
> ma dà a ciascun dieci comandamenti
> stessi, ma fan poi varii i lor commenti.
> Ma Dio è solo, e sola è la sua fede...

Tra i «capitani» inviati dall'«imperatore» c'è dunque anche Maometto, «reputato dai rei tra buoni un rio: | pur fu profeta e gran guerrier di Dio», posto a conclusione di un elenco che comprende Mosè, Elia, Davide, Salomone, Cristo, Giosuè, Abramo e Noè. Turchi e cristiani devono smettere di combattersi, e arrivare a una conciliazione:

> Tu Turco e tu Cristian per mio decreto
> piú non andate com'andaste inante:
> il Turco un passo faccisi piú avanti
> e tu Christiano fatti un passo arieto.

Ciò è possibile in quanto i dieci comandamenti costituiscono la base non solo delle tre grandi religioni mediterranee (si avverte il ricordo della favola dei tre anelli) ma anche delle religioni che sono venute e che verranno: la quarta, non specificata, la quinta che «a giorni nostri Idio ci diede» e che è rappresentata dalla profezia di Scolio, e le due future che compiranno il fatidico numero di sette.

Il contenuto religioso della profezia di Scolio è, come si

vede, semplicissimo. Basta rispettare i dieci comandamenti, i «gran precetti di natura». I dogmi sono negati, a cominciare da quello trinitario:

> Non si adori né credi ch'un Dio solo
> non ha compagno, amico né figliuolo:
> ognuno è suo figliuolo e servo e amico
> che fa i precetti suoi e ch'è ditto e dico.
> Non adorate altrui né Spirto santo:
> se ben son Dio, Dio è per tutto quanto.

Gli unici sacramenti menzionati sono il battesimo e l'eucarestia. Il primo è riservato agli adulti:

> Si circoncidi ognun l'ottavo giorno
> e si battezzi poi su li trent'anni,
> come Idio e i profeti comandorno
> e come fece a Cristo san Giovanni.

La seconda è sostanzialmente svalutata: «E s'io vi dissi», afferma Cristo

> ch'el pan benedetto
> fusse il mio corpo, e 'l vino 'l sangue mio,
> io ve lo dissi perché m'era accetto
> e ch'era un cibo e un sacrificio pio,
> ma non v'el comandai come precetto
> ma perché 'l pan e 'l vin simiglia Idio.
> Ma hor che importa oymè che contendiate
> purché i dieci precetti voi facciate.

Non si tratta soltanto di insofferenza per le discussioni teologiche sulla presenza reale; per bocca di Cristo, Scolio arriva a negare qualsiasi efficacia sacramentale al battesimo e all'eucarestia:

> Il battesimo mio col sacrificio,
> mia morte e l'hostia e mi comunione,
> non fu comandamento, ma un officio
> da far talvolta in mia recordatione.

Ciò che conta ai fini della salvezza è, ancora una volta, soltanto l'osservanza letterale dei dieci comandamenti, senza «glosa né commento alcuno», senza interpretazioni dettate da «syllogismo o loica stravagante». Le cerimonie religiose sono inutili; il culto dev'essere semplicissimo:

> Non vi sia né colonne, né figure,
> né organi, né musich'o stormenti,
> né campanil, campane né pitture,

né rilevi, né fregi, n'ornamenti:
tutte le cose sian semplici e pure
e sol s'odino i dieci mandamenti...

Semplicissima è la parola di Dio, il quale ha voluto che Scolio scrivesse il suo libro in una lingua non «gonfia, scura, dotta od affettata | ma larga e piana».

Nonostante certe affinità (probabilmente indipendenti da legami diretti, comunque non documentati) con le dottrine degli anabattisti, le affermazioni di Scolio sembrano scaturire piuttosto da quella corrente sotterranea di radicalismo contadino a cui abbiamo ricondotto anche Menocchio. Per Scolio il papa non è l'Anticristo (anche se, come vedremo subito, in futuro la sua figura è destinata a sparire); l'esercizio dell'autorità non è (come per gli anabattisti) intrinsecamente condannabile. Certo, i detentori del potere devono governare paternamente:

S'el Signor mio ti fece suo fattore
e che ti desse l'amministratione,
se ti fé duca, papa o imperatore,
ti diede humanitade e discretione,
se ti dé forza, ingegno, gratia, honore,
tu ci dei esser padre e difensore,
ché non è tuo quel c'hai, è d'altri e mio,
dall'honesto tuo in fuora, anzi è di Dio.

La società sognata da Scolio è infatti quella, pia e austera, delle utopie contadine: resa sgombra dalle professioni inutili («non sian botteghe od arte manuali | se non le piú importanti e principali; | stimate vanitade ogni scienzia | di medici e dottor fatene senza»), imperniata su agricoltori e guerrieri, retta da un unico sovrano, che sarà poi Scolio stesso.

... Ch'el gioco, le puttane e l'hostaria,
el bevone e 'l buffon sian tolti via,
e chi fa l'arte dell'aggricoltore
avanzi ogn'arte d'util e d'honore;
che quelli che combatten per la fede
sian degni di gran laude e gran mercede;
superbia, pompa, crapula con boria,
superstition sia tolta e vanagloria.
... Sian vietati i gran pranzi e le gran cene
perché d'hebrezza e crapula son piene,
che suoni e danze, odori, bagni e giochi,
vestir, calzar, sian poveri e sian pochi;
un sol monarca sia, un huom carnale,

del temporale e del spirituale,
un huom sia sol monarca e sol signore
e sia un solo ovile e un sol pastore.

In questa società futura le ingiustizie scompariranno: ritornerà l'«età dell'oro». La legge, «breve, chiara e comune» sarà

in man di tutti
perché per questo produran buon frutti;
e sia volgar, ch'ognun la intendi bene,
acciò fugghino il mal, seguino 'l bene.

Un rigido egualitarismo abolirà le disparità economiche:

Sia homo o donna, basta che sia bocca
e la sua parte a vivere li tocca.
E non lice ad alcun haver piú inanzi
che l'honesto del vitto o del vestire,
per pranzar meglio o vestir meglio o stanzi,
che chi vuol comandar debb'obbedire.
È cosa empia e inhumana che ti avanzi
né ch'altri o io debbi per te patire;
Idio ci ha fatti ricchi e non già servi:
perché vuoi chi t'ingrassi e chi ti servi?
... E chi nasce in città, villa o castello
e sia di basso o sia d'alto lignaggio,
differentia non sia tra questo e quello
e nessun habbi un minimo vantaggio.

Ma questa società sobria e pia è soltanto una faccia – la faccia terrena – dell'utopia contadina di Scolio. L'altra, quella ultraterrena, è ben diversa: «Sol è licito in ciel, non in questo mondo | lo starsi abbondantissim'e giocondo». L'aldilà che viene rivelato a Scolio in una delle sue prime visioni è infatti un regno di abbondanza e di godimento:

Dio m'indusse in el sabbato seguente
s'un monte tal che tutto 'l mondo vede,
dov'era un paradiso, e sí bel luoco
era cinto di mur, di ghiaccio e fuoco.
Bellissimi palagi e bei giardini
e horti e selve e prati e fiumi e stagni,
cibi celesti e pretiosi vini
v'erano, e cen' e pranzi, e gran guadagni;
d'oro le stanze, di seta e di lini,
donzelle scelte, e paggi, e letti, e magni
gli arbori, e l'herbe, e gli animali, e tutti
dieci volte ogni dí rinnovan frutti.

Si sente l'eco del paradiso del *Corano* – qui assimilato a un sogno contadino di opulenza materiale, che caratteristicamente si esprime subito dopo in tratti che richiamano un mito già incontrato. Il Dio che appare a Scolio è una divinità androgina, una «donnhoma», con «le mani aperte e i diti rilevati». Da ogni dito, simboleggiante uno dei dieci comandamenti, sgorga un fiume a cui si abbeverano gli esseri viventi:

Il primo fiume è pien di mel suave,
duro e liquido zuccaro il secondo,
d'ambrosia il terzo, e nettar'il quart'have,
il quinto manna, il sesto pan ch'al mondo
mai non fu né 'l piú candido e men grave
ch'ogn'huom defunto fa tornar giocondo.
Ben disse il vero un hom de luogo pio
che la faccia del pan presenta Dio.
Il settimo son d'aqque preciose,
l'ottavo è frescho e candido butiro,
pernici il nono grasse e saporose,
se tali son, dal paradiso usciro,
latte il decimo, e pietre preciose
son i lor letti dov'io sempr'aspiro,
le rive gigli e rose, oro e viuole,
argento e fiori ed isplendor di sole.

Questo paradiso (e Scolio lo sapeva bene) somigliava molto al paese di Cuccagna.

59.

Le analogie tra le profezie di Scolio e i discorsi di Menocchio sono evidenti. Esse non si spiegano, è ovvio, con la presenza di fonti comuni – la *Commedia*, il *Corano* – note certamente a Scolio e probabilmente a Menocchio. L'elemento decisivo è dato da uno strato comune di tradizioni, miti, aspirazioni tramandati oralmente da generazioni. In entrambi i casi, era stato il contatto con la cultura scritta, avvenuto attraverso la scuola, a far affiorare questo strato profondo di cultura orale. Menocchio doveva aver frequentato una scuola d'abbaco; Scolio scriveva di sé:

Io fui fatto pastore e poi scholaro,
poi fatto artieri e poi fatto pastore
di tutte sorte bestie, e poi scholaro,

e poi artiere e poi tornai pastore,
e sett'arte mechaniche imparai
e poi pastor, e poi scholar tornai.

«Fillosopho, astrologo et prophetta» si definiva Menocchio; «astrologo, filosofo e poeta», nonché «profeta de' profeti», Scolio. E tuttavia, alcune differenze sono evidenti. Scolio appare serrato in un ambiente contadino privo, o quasi, di contatti con la città; Menocchio viaggia, si reca piú volte a Venezia. Scolio nega ogni valore ai libri che non siano i quattro libri sacri, cioè il vecchio e il nuovo Testamento, il *Corano*, e il suo *Settennario*:

Con l'obbedir a Dio ti puoi addottare
e non coi libri e non con lo studiare.
E sia vietato e tolto ogni dottore,
che non possi compuoner o studiare,
lettor, componitore e stampatore
che possi libro scriver o stampare,
loico, disputator, predicatore
che non possin dispuorr' o predicare
che li tre libri santi ch'ho dett'io,
e questo libro mio, anzi di Dio.

Menocchio compra il *Fioretto della Bibbia* ma si fa prestare anche il *Decameron* e i *Viaggi* di Mandeville; afferma che la Scrittura potrebbe essere riassunta in quattro parole, ma sente anche l'esigenza di appropriarsi del patrimonio di cognizioni dei suoi avversari, gli inquisitori. S'intravede insomma, nel caso di Menocchio, un atteggiamento libero e aggressivo, deciso a fare i conti con la cultura delle classi dominanti; nel caso di Scolio, una posizione piú chiusa, che esaurisce la propria carica polemica nella condanna moralistica della cultura cittadina e nel vagheggiamento di una società egualitaria e patriarcale. Anche se i lineamenti del «mondo nuovo» desiderato da Menocchio ci sfuggono, siamo tentati d'immaginarlo almeno in parte diverso da quello raffigurato nell'utopia disperatamente anacronistica di Scolio.

Piú vicina alla figura di Menocchio appare quella di un altro mugnaio, Pellegrino Baroni detto Pighino «el grasso», che abitava in un paese dell'Appennino modenese, Savignano sul Panaro. Nel 1570 fu processato dal Sant'Uffizio di Ferrara; ma già nove anni prima era stato costretto a abiurare certi errori in materia di fede. I compaesani lo ritenevano «mal christiano», «heretico», «lutherano»; qualcuno lo definiva «un fantastico e cerevelino», o addirittura «piú tosto... persona sciocha che altrimente». In realtà Pighino era tutt'altro che sciocco: nel corso del processo seppe tener testa agli inquisitori dimostrando, oltre a una grande fermezza d'animo, un'intelligenza sottile e quasi capziosa. Ma lo sconcerto degli abitanti del villaggio e lo sdegno del pievano di fronte ai discorsi di Pighino non è difficile da capire. Egli negava l'intercessione dei santi, la confessione, i digiuni prescritti dalla Chiesa – e fin qui, saremmo nell'ambito di un «luteranesimo» generico. Ma poi affermava che tutti i sacramenti, compresa l'eucarestia (non il battesimo, apparentemente) erano stati istituiti dalla Chiesa e non da Cristo, e che anche senza di essi ci si poteva salvare. Inoltre, che in paradiso «saremmo tutti pari, che tanto haverà gratia il grande quanto il picolo»; che Maria vergine «era nata da una serva»; che «non vi fusse inferno né purgatorio, e che erano inventione de preti e frati per guadagnare»; che «se Christo fusse stato huomo da bene, non seria stato crucifisso»; che «morto il corpo morta l'anima», e che «tutte le fedi erano buone a chi le osservava inviolabilmente». Benché torturato piú volte, Pighino negò ostinatamente di avere dei complici, asserendo che le proprie opinioni erano frutto di un'illuminazione ricevuta leggendo i Vangeli in volgare – uno dei quattro libri che aveva letto. Gli altri tre erano il Salterio, la grammatica di Donato e il *Fioretto della Bibbia*.

Il destino di Pighino fu diverso da quello di Menocchio. Condannato a risiedere in perpetuo nel paese di Savignano, ne fuggí per sottrarsi all'ostilità dei compaesani; quasi subito, però, si ripresentò al Sant'Uffizio di Ferrara, ai suoi torturatori, chiedendo perdono. Era un uomo ormai vinto. L'inquisitore, caritatevolmente, finí col procurargli un posto di servitore presso il vescovo di Modena.

La fine di questi due mugnai fu dunque dissimile; ma le analogie tra le loro vite sono sorprendenti. Probabilmente si tratta di qualcosa di piú di una straordinaria coincidenza.

Nell'Europa preindustriale lo scarso sviluppo delle comunicazioni faceva sí che anche centri abitati molto piccoli avessero almeno un mulino, a acqua o a vento. Quello del mugnaio era dunque uno dei mestieri piú diffusi. La presenza massiccia dei mugnai nelle sette ereticali del Medioevo, e piú ancora tra gli anabattisti, non ha quindi nulla di stupefacente. E tuttavia, quando a metà del Cinquecento un poeta satirico come il già ricordato Andrea da Bergamo affermava che «un ver monnaro è mezzo lutherano», sembrava alludere a una connessione piú specifica.

La secolare ostilità tra contadini e mugnai aveva consolidato un'immagine del mugnaio furbo, ladro, imbroglione, destinato per definizione alle pene infernali. È uno stereotipo negativo largamente testimoniato da tradizioni popolari, leggende, proverbi, fiabe, novelle. «Andai all'inferno e vidi l'Anticristo», dice un canto popolare toscano

> e per la barba aveva un molinaro,
> e sotto i piedi ci aveva un tedesco,
> di qua e di là un oste e un macellaro:
> gli domandai quale era il piú tristo,
> e lui mi disse: «Attento, or te l'imparo.
> Riguarda ben chi con le man rampina:
> è il mulinar dalla bianca farina.
> Riguarda ben chi con le mani abbranca,
> è il mulinar dalla farina bianca.
> Dalla quartina se ne va allo staio;
> il piú ladro fra tutti è il mulinaio.

Con questo stereotipo l'accusa di eresia si accordava benissimo. Ad alimentarla contribuiva il fatto che il mulino era un luogo d'incontri, di rapporti sociali, in un mondo prevalentemente chiuso e statico. Un luogo di circolazione d'idee, anche, come l'osteria e la bottega. Certo, tra i contadini che si accalcavano alla porta del mulino, sul «terren molle e 'l fango, brutto | del piscio delle mule del paese» (è sempre Andrea da Bergamo che parla) per far macinare il loro grano, si sarà parlato di tante cose. E il mugnaio avrà detto la sua. Non è difficile immaginare scene come quella svoltasi un giorno davanti al mulino di Pighino. Costui, rivolgendosi a un gruppo di contadini, si era messo a mormorare «de preti e di frati» – finché un compaesano, Domenico de Masafiis, era tornato indietro e aveva convinto tutti a andarsene, dicendo «O figliuoli, faresti bene a lassar dire l'officio a pretti e frati, et non dire mal di loro, et lassare andare Pelegrino di Grassi» (cioè Pighino). Le stesse condizioni di lavoro facevano dei mugnai – analogamente agli osti, ai tavernieri, agli artigiani itineranti – un gruppo professionale tendenzialmente aperto alle idee nuove e propenso a diffonderle. Inoltre, i mulini, situati generalmente fuori dall'abitato e lontani da sguardi indiscreti, erano adattissimi a ospitare raduni clandestini. Il caso di Modena, in cui nel 1192 la persecuzione lanciata contro i Catari portò all'abbattimento dei *molendina paterinorum*, non dovette essere eccezionale.

La particolare posizione sociale dei mugnai, infine, tendeva a isolarli dalla comunità in cui vivevano. All'ostilità dei contadini abbiamo già accennato. Ad essa bisogna aggiungere il vincolo di dipendenza diretta che tradizionalmente legava i mugnai ai feudatari locali, rimasti per secoli i detentori del privilegio di molitura. Non sappiamo se questo fosse anche il caso di Montereale: il mulino per follare i panni preso in affitto da Menocchio e da suo figlio era, per esempio, proprietà di privati. Tuttavia, un tentativo come quello di convincere il signore del villaggio, Giovan Francesco dei conti di Montereale, che «non si sapeva qual era la vera fede», sulla base della novella dei tre anelli, era reso possibile verosimilmente proprio dall'atipicità della figura sociale di Menocchio. La sua professione di mugnaio lo distingueva immediatamente dalla folla anonima dei contadini, con cui Giovan Francesco di Montereale non si sarebbe sognato di discutere di questioni religiose. Ma Menocchio era anche un contadino che lavorava la terra – «un contadino vestito di bianco», come lo descrisse l'ex avvocato Alessandro Policreto che l'aveva incontrato fuggevolmente prima del processo. Tutto ciò aiuta forse a capire il complesso rapporto tra Menocchio e la comunità di Montereale. Anche se nessuno, eccettuato Melchiorre Gerbas, aveva approvato le sue idee (ma è difficile valutare l'eventuale reticenza delle testimonianze inquisitoriali) molto tempo era passato, forse addirittura trent'anni, senza che Menocchio fosse denunciato alle autorità religiose. E chi infine l'aveva denunciato era stato il pievano del villaggio, istigato da un altro prete. Nonostante la loro singolarità, le affermazioni di Menocchio non dovevano apparire ai contadini di Montereale estranee alla loro esistenza, alle loro credenze, alle loro aspirazioni.

60.

Nel caso del mugnaio di Savignano sul Panaro, i rapporti con ambienti colti e socialmente elevati erano stati ancora piú stretti. Nel 1565 fra Gerolamo da Montalcino, che stava conducendo per conto del vescovo di Modena una visita della diocesi, incontrò Pighino, che gli era stato segnalato come «concubinario lutherano». Nel resoconto della visita il frate lo definí «un povaro contadino infermo, bruttissimo, basso di statura», e aggiunse: «parlando con esso mi faceva stupire dicendo alcune cose false ma ingegniose, per il che ho giudicato che l'habbia imparate in casa di qualche gentilhuomo». Cinque anni dopo, allorché fu processato dal Sant'Uffizio ferrarese, Pighino affermò di avere fatto il servitore in casa di alcuni gentiluomini bolognesi: Natale Cavazzoni, Giacomo Mondino, Antonio Bonasone, Vincenzo Bolognetti, Giovanni d'Avolio. Quando gli fu chiesto se in casa di qualcuno di loro si svolgessero colloqui su argomenti religiosi, negò recisamente, benché minacciato di tortura. Allora fu posto a confronto con il frate che l'aveva incontrato anni prima a Savignano. Fra Gerolamo dichiarò che in quella circostanza Pighino aveva detto di aver imparato quelle cose «false ma ingegniose» in casa di un gentiluomo bolognese, da un personaggio che vi teneva delle «lectiones» non meglio specificate. Il frate non ricordava bene: era passato troppo tempo. Aveva dimenticato il nome sia del gentiluomo in questione, sia di colui – un prete, pensava – che aveva pronunciato quelle «lectiones». Ma Pighino negò tutto: «Padre, io non me ne racordo in modo niuno». Neanche la tortura del fuoco a cui fu sottoposto (quella della fune gli fu risparmiata, perché soffriva d'ernia) lo indusse a confessare.

Ma sulla sua reticenza non ci possono essere dubbi. Forse è possibile scalfirla. Il giorno dopo il confronto col frate (11 settembre 1570) gli inquisitori chiesero di nuovo a Pighino i nomi dei gentiluomini bolognesi in casa dei quali aveva prestato servizio. Egli ripeté l'elenco, con una variante che passò inosservata: al posto di Vincenzo Bolognetti nominò Vincenzo Bonini. Viene il dubbio che fosse proprio il Bolognetti il gentiluomo che Pighino cercava di coprire col suo silenzio. Se cosí era (non ne abbiamo la certezza) chi aveva pronunciato quelle «lectiones» che avevano colpito tanto Pighino?

Potrebbe trattarsi del famoso eretico Paolo Ricci, piú noto come Camillo Renato. Arrivato a Bologna nel 1538, il Ricci (che allora si faceva chiamare col nome umanistico di Lisia Fileno) vi rimase per due anni come precettore dei figli di alcuni nobili cittadini: i Danesi, i Lambertini, i Manzoli, i Bolognetti. Proprio ai Bolognetti alluse in un passo dell'*Apologia* scritta nel 1540, per difendersi dalle accuse del Sant'Uffizio. In esso, il Fileno prendeva lo spunto dalle credenze ingenuamente antropomorfiche dei contadini e del volgo che attribuiscono alla Madonna un potere uguale o superiore a quello di Cristo, per proporre una religione cristocentrica, sgombra da superstizioni: «Iterum rustici fere omnes et cuncta plebs, et ego his meis auribus audivi, firmiter credit parem esse divae Mariae cum Iesu Christo potestatem in distribuendis gratiis, alii etiam maiorem. Causa est quia inquiunt: terrena mater non solum rogare sed etiam cogere filium ad praestandum aliquid potest; ita namque ius maternitatis exigit, maior est filio mater. Ita, inquiunt, credimus esse in coelo inter beatam Virginem Mariam et Iesum Christum filium». In margine annotò: «Bononiae audita MDXL in domo equitis Bolognetti». Si tratta, come si vede, di un ricordo preciso. Che uno dei «rustici» incontrati dal Fileno in casa Bolognetti fosse Pighino? In questo caso potremmo cogliere nelle reticenti confessioni fatte dal mugnaio di Savignano agli inquisitori ferraresi un'eco dei discorsi intesi dal Fileno trent'anni avanti. È vero che Pighino fece risalire le proprie opinioni ereticali a una data meno lontana – prima undici, poi venti o ventidue anni prima – coincidente con la prima lettura dei Vangeli in volgare. Ma la stessa incertezza su questa data potrebbe nascondere un proposito deliberato di confondere le idee agli inquisitori. Quanto al fatto che Paolo Ricci - Lisia Fileno fosse un frate sfratato, anziché un prete come aveva affermato fra Gerolamo da Montalcino, non costituisce problema, dato che quest'ultima era una mera supposizione.

Certo, anche la possibilità di un incontro, e di un colloquio, tra il raffinato umanista Lisia Fileno e il mugnaio Pighino Baroni detto «el grasso», costituisce una supposizione, sia pure affascinante. Certo è che nell'ottobre 1540 il Fileno fu catturato «sopra el Modenese, che andava suvertendo li villani», come scrisse Giovanni Domenico Sigibaldi al cardinal Morone. Insieme al Fileno era un altro personaggio che «faceva el medesimo officio lutheranesco»: «el nome era el Turchetto, figlio d'un Turcho aut Turcha». Con ogni probabilità si tratta di Giorgio Filaletto detto Turca, l'autore di quella fantomatica traduzione italiana del *De Trinitatis erroribus* di Serveto, che forse Menocchio ebbe tra le mani. Per un verso o per l'altro ci si imbatte nei fili sottilissimi che legarono in questo periodo eretici di formazione umanistica e mondo contadino.

Ma dopo quanto abbiamo detto fin qui sarà inutile insistere sull'impossibilità di ridurre questi fenomeni di radicalismo religioso contadino a un influsso proveniente dall'esterno – e dall'alto. Anche i discorsi di Pighino testimoniano un accoglimento non passivo dei temi che circolavano allora negli ambienti ereticali. Le sue affermazioni piú originali – quella sull'origine servile di Maria, quella sull'eguaglianza di «grandi» e «piccoli» in paradiso – riflettono chiaramente l'egualitarismo contadino espresso negli stessi anni dal *Settennario* di Scolio. Cosí come ispirata da un istintivo materialismo contadino appare la convinzione che «morto il corpo morta l'anima». In questo caso però l'itinerario percorso da Pighino era piú complesso. Anzitutto, la tesi della mortalità dell'anima appariva contraddetta da quella dell'eguaglianza dei beati in paradiso. All'inquisitore che gli faceva notare questa contraddizione, Pighino spiegò: «Io credeva che le anime beate dovessero stare in paradiso un gran tempo, ma che perho una volta, quando piacessi a Dio, havessero a sospirare in niente, senza d'havere dolere di niente». Poco prima aveva ammesso di aver creduto «che l'anima havessi a finire una volta et a risolversi in niente: e questo per queste parole del Signor, qual dice "Il cielo e la terra passarano, ma la parola mia non passarà", dove io concludevo che se il cielo havessi a finire una volta, molto piú l'anima nostra». Tutto ciò richiama la tesi del sonno delle anime dopo la morte che era stata sostenuta negli ambienti bolognesi dal Fileno, come risulta dalla sua *Apologia* del 1540. Si tratterebbe quindi di un ulteriore elemento a favore dell'identificazione dell'ignoto «maestro» di Pighino con il Fileno. Ma è notevole che la formulazione di Pighino fosse molto piú radicalmente materialistica di quelle circolanti negli ambienti ereticali del tempo, poiché asseriva l'annullamento finale delle anime dei *beati* – e non dei *dannati*, come sostenevano invece gli anabattisti veneti, riservando alle anime dei giusti la resurrezione nel giorno del Giudizio. Può darsi che Pighino deformasse, soprattutto a tanta distanza di tempo, il significato dei discorsi, zeppi magari di astrusa terminologia filosofica, intesi a Bologna. Ma in ogni caso era una deformazione significativa, come anche l'argomentazione di tipo scritturale da lui impiegata. Il Fileno nell'*Apologia* scriveva di aver visto coi propri occhi accenni alla tesi del sonno delle anime non solo nella patristica, ma nella stessa Scrittura, pur non precisando dove. Ma Pighino, anziché richiamarsi a un passo come quello in cui san Paolo conforta i fratelli della chiesa di Tessalonica parlando della resurrezione finale dei dormienti in Cristo, ricorreva a un passo molto meno ovvio, in cui l'anima non era nemmeno menzionata. Perché dedurre l'annichilimento definitivo dell'anima dall'annichilimento del mondo? Molto probabilmente Pighino aveva riflettuto su una serie di passi del *Fioretto della Bibbia* – uno dei pochissimi libri da lui letti, come si ricorderà (anche se in un primo tempo aveva affermato, forse per prudenza, che lo possedeva ma «no'l legeva»).

«Et tutte le cose che Dio creò di niente, – affermava il *Fioretto*, – sono eterne et sempre dureranno: et queste sono quelle che sono eterne, cioè angeli, luce, mondo, huomo, anima». Poco piú avanti, però, veniva avanzata una tesi diversa: «... Alcuna cosa è che ha principio et harà fine: et questo si è il mondo, et le cose create che sono visibile. Altre sono che hanno principio et non haranno fine, et questi sono gli angeli et l'anime nostre che non haranno mai fine». Successivamente, come abbiamo già visto, si menzionava, tra i «forti errori» sostenuti da «molti philosophi» a proposito della creazione delle anime, il seguente: «... che tutte l'anime sono una et che gli elementi sono cinque, gli quatro che sono decti di sopra, et di sopra un altro che è chiamato *orbis*: et dicono che di questo *orbis* Dio fece l'anima in Adam et tutte l'altre. Et per questo dicono che il mondo mai non finirà, perché morendo l'huomo torna alli elementi suoi». Se l'anima è immortale, il mondo è eterno, sostenevano i filosofi (averroisti) confutati dal *Fioretto*; se il mondo è perituro (come affermava a un certo punto il *Fioretto*) l'anima è mortale, «concludeva»

Pighino. Questo rovesciamento radicale presupponeva una lettura del *Fioretto* almeno in parte simile a quella che ne aveva fatto Menocchio: «Io credo che tutto il mondo, cioè aere, terra et tutte le bellezze de questo mondo sia Dio...: perché si dice che l'homo è formato a imagine et similitudine de Dio, et nel homo è aere, foco, terra et acqua, et da questo seguita che l'aere, terra, foco et acqua sia Dio». Dall'identità tra l'uomo e il mondo, basata sui quattro elementi, Menocchio aveva dedotto («et da questo seguita») l'identità tra il mondo e Dio. La deduzione di Pighino («io concludevo») della mortalità finale dell'anima a partire dalla non eternità del mondo, implicava l'identità tra l'uomo e il mondo. Della relazione tra Dio e il mondo, Pighino, piú reticente di Menocchio, non faceva parola.

Attribuire a Pighino una lettura del *Fioretto* analoga a quella di Menocchio potrà sembrare arbitrario. Ma è significativo che entrambi incappassero nella stessa contraddizione, immediatamente rilevata dagli inquisitori, in Friuli come a Ferrara: che senso ha parlare di paradiso se si nega l'immortalità dell'anima? Abbiamo visto come quest'obiezione gettasse Menocchio in un viluppo inestricabile di ulteriori contraddizioni. Pighino tagliò il nodo parlando di un paradiso temporaneo, seguito dall'annichilimento finale delle anime.

In verità questi due mugnai, vissuti a centinaia di chilometri di distanza e morti senza essersi mai conosciuti, parlavano la stessa lingua, respiravano la stessa cultura. «...Io non ho letto altri libri che quelli ho detto di sopra, né ho imparato questi errori da persona alcuna, ma fantasticando da per me, o ch'el diavolo m'habbia messo queste cose ne l'animo, come io credo: perché piú volte m'ha persequitato et ho combatuto in alcune apparitione e visione, tanto di notte quanto di giorno, combatendo contra di lui come s'el fosse un homo. A l'ultimo m'avedevo che era un spirito», disse Pighino. E Menocchio: «Non ho mai praticato con alcuno che fusse heretico, ma io ho il cervel sutil, et ho voluto cercar le cose alte et che non sapeva... Quelle parole da me predette le diceva per tentation... è stato il spirito maligno che me faceva creder cosí quelle cose... Il diavolo o qualcosa mi tentava... Lo falso spirito senpre me molestava a farmi pensar lo falso et non la verità... Io pensava d'esser prophetta, perché il spirito cativo mi faceva veder vanità et sogni... Poss'io morir se ho scolle né compagni, ma ho letto da mia posta...» Pighino, ancora: «... Io voleva inferrire che ogni homo era obligato stare sotto la sua fede, intendendo de l'hebrea, della turchesca et d'ogni altra fede...» E Menocchio: «Sí come se combatessero insieme quatro soldati, duoi per banda, et uno d'una banda s'acostasse all'altra, non sarebbe egli un traditore? cosí ho creduto che s'un turcho abandonasse la sua lege facendosi christiano, facesse male, et cosí ancho credeva che un giudeo facesse male a farsi turcho o christiano, et ogn'uno a lasciar la sua lege...» Secondo un testimone, Pighino aveva sostenuto «che non vi fusse né inferno né purgatorio, e che erano inventione de preti e frati per guadagnare...» Agli inquisitori spiegò: «Io non ho mai negato il paradiso, ho ben detto "O Dio, dove può essere l'inferno e il purgatorio?" parendomi che sotto terra sia pieno di terra e d'aqua e non vi possa essere inferno né purgatorio, ma che uno e l'altro sia qua sopra terra mentre che viviamo...» Menocchio: «Il predicar che li homini vivano in pace mi piace, ma il predicar dell'inferno, Paulo dice cosí, Piero dice de là, credo che sia marcantia, inventione de homini che sano piú delli altri... Io non credeva che il paradiso fosse, perché non sapeva dove fosse».

61.

Piú volte abbiamo visto affiorare, al di sotto della profondissima differenza di linguaggio, sorprendenti analogie tra le tendenze di fondo della cultura contadina che abbiamo cercato di ricostruire, e quelle dei settori piú avanzati dell'alta cultura cinquecentesca. Spiegare queste analogie con una mera diffusione dall'alto verso il basso significa aderire senz'altro alla tesi, insostenibile, secondo cui le idee nascono esclusivamente nell'ambito delle classi dominanti. Il rifiuto di questa spiegazione semplicistica, d'altra parte, implica un'ipotesi molto piú complessa sui rapporti che intercorsero in questo periodo tra cultura delle classi dominanti e cultura delle classi subalterne.

Piú complessa e, in parte, indimostrabile. Lo stato della documentazione rispecchia, com'è ovvio, lo stato dei rapporti di forza tra le classi. Una cultura quasi esclusivamente orale come quella delle classi subalterne dell'Europa preindustriale tende a non lasciare tracce, o a lasciare tracce deformate di sé. Di qui il valore sintomatico di un caso limite come quello di Menocchio. Esso ripropone con forza un problema di cui solo ora si comincia a intravvedere la portata: quello delle radici popolari di gran parte dell'alta cultura europea, medievale e postmedievale. Figure come Rabelais e Bruegel non furono probabilmente splendide eccezioni. Tuttavia esse chiusero un'età caratterizzata dalla presenza di fecondi scambi sotterranei, in entrambe le direzioni, tra alta cultura e cultura popolare. Il periodo successivo fu contrassegnato invece sia da una sempre piú rigida distinzione tra cultura delle classi dominanti e cultura artigiana e contadina, sia dall'indottrinamento a senso unico delle masse popolari. Possiamo porre la cesura cronologica tra questi due periodi durante la seconda metà del Cinquecento, in significativa coincidenza con l'accentuarsi delle differenziazioni sociali sotto l'impulso della rivoluzione dei prezzi. Ma la crisi decisiva si era verificata qualche decennio prima, con la guerra dei contadini e il regno anabattista di Münster. Allora si pose drammaticamente alle classi dominanti l'esigenza di recuperare, anche ideologicamente, le masse popolari che minacciavano di sottrarsi ad ogni forma di controllo dall'alto – mantenendo però, anzi sottolineando le distanze sociali.

Questo rinnovato sforzo egemonico assunse forme diverse nelle varie parti d'Europa: ma l'evangelizzazione delle campagne ad opera dei gesuiti, e l'organizzazione religiosa capillare, su basi familiari, compiuta dalle chiese protestanti, possono essere ricondotte a un'unica tendenza. Ad essa corrisposero, sul piano repressivo, l'intensificarsi dei processi di stregoneria e il rigido controllo sui gruppi marginali come i vagabondi e gli zingari. È su questo sfondo di repressione e cancellazione della cultura popolare che s'inserisce il caso di Menocchio.

62.

Nonostante la conclusione del processo, la vicenda di Menocchio non era ancora finita; la parte piú straordinaria, in un certo senso, cominciò proprio allora. Vedendo accumularsi per la seconda volta le deposizioni contro Menocchio, l'inquisitore di Aquileia e Concordia aveva scritto a Roma, alla congregazione del Sant'Uffizio, per informarla dell'accaduto. Il 5 giugno 1599 uno dei membri piú autorevoli della congregazione, il cardinale di Santa Severina, rispose insistendo perché si arrivasse al piú presto alla carcerazione di «quel tale della diocese di Concordia che *aveva* negata la divinità di Christo signor nostro», «per essere la sua causa gravissima, massime che altre volte è stato condannato per heretico». Ordinava inoltre che si confiscassero i suoi libri e le sue «scritture». La confisca avvenne; si trovarono, come abbiamo visto, anche delle «scritture» – non sappiamo di quale natura. Visto l'interesse di Roma per il caso, l'inquisitore friulano inviò alla congregazione una copia di tre denunce contro Menocchio. Il 14 agosto, nuova lettera del cardinale di Santa Severina: «quel relasso... ne' suoi essamini si scuopre atheista», quindi bisogna procedere «co' debiti termini di giustitia anco per trovare i complici»; la causa è «gravissima», perciò «Vostra Reverentia mandi copia del suo processo o almeno sommario». Il mese successivo arrivò a Roma la notizia che Menocchio era stato condannato a morte; ma la sentenza non era stata ancora eseguita. Probabilmente per un tardivo senso di clemenza l'inquisitore friulano esitava. Il 5 settembre scrisse alla congregazione del Sant'Uffizio una lettera (che non ci è rimasta) per comunicare i suoi dubbi. La risposta spedita il 30 ottobre dal cardinale di Santa Severina, a nome dell'intera congregazione, fu durissima: «le dico per ordine della Santità di Nostro Signore ch'ella non manchi di procedere con quella diligenza che ricerca la gravità della causa, a ciò che non vada impunito de' suoi horrendi et essecrandi eccessi, ma co 'l debito et rigoroso castigo sia essempio agli altri in coteste parti: però non manchi di esseguirlo con ogni sollecitudine et rigore di animo, che cosí ricerca l'importanza della causa, et è mente espressa di Sua Beatitudine».

Il capo supremo della cattolicità, il papa in persona, Clemente VIII, si chinava verso Menocchio, divenuto membro infetto del corpo di Cristo, per esigere la sua morte. Negli stessi mesi a Roma si andava concludendo il processo contro l'ex frate Giordano Bruno. È una coincidenza che può simboleggiare la duplice battaglia, verso l'alto e verso il basso, condotta dalla gerarchia cattolica in questi anni, per imporre le dottrine approvate dal concilio di Trento. Di qui l'accanimento, altrimenti incomprensibile, contro il vecchio mugnaio. Poco tempo dopo (13 novembre) il cardinale di Santa Severina tornò alla carica: «Non manchi Vostra Reverentia di procedere nella causa di quel contadino della diocese di Concordia, inditiato di haver negata la virginità della beatissima sempre Vergine Maria, la divinità di Christo signor nostro, et la providenza d'Iddio, secondo già le scrissi per ordine espresso di Sua Santità: perché la cognitione di cause di tanta importanza non si può in modo alcuno rivocare in dubbio che sia del Santo Ufficio. Però esseguisca virilmente tutto quello che conviene secondo i termini di giustitia».

Resistere a pressioni cosí forti era impossibile: e di lí a poco Menocchio fu ucciso. Lo sappiamo con certezza dalla deposizione di un certo Donato Serotino, che il 6 luglio 1601 disse al commissario dell'inquisitore del Friuli di essersi trovato a Pordenone poco dopo che vi era «stato giustitiato per il Santo Officio... il Scandella», e di avervi incontrato un'ostessa da cui aveva saputo che «in detta villa... era un certo huomo che era nominato Marcato, o vero Marco, qual teneva che morto il corpo fusse morta ancho l'anima».

Di Menocchio sappiamo molte cose. Di questo Marcato, o Marco – e di tanti altri come lui, vissuti e morti senza lasciare tracce – non sappiamo niente.

Note

Abbreviazioni

ACAU	Archivio della Curia Arcivescovile di Udine
ACVP	Archivio della Curia Vescovile di Pordenone
ASM	Archivio di Stato di Modena
ASP	Archivio di Stato di Pordenone
ASVen	Archivio di Stato di Venezia
ASVat	Archivio Segreto Vaticano
BCU	Biblioteca Comunale di Udine
BGL	Biblioteca Governativa di Lucca

1.

p. 3 *Menocchio*: è il nome che ricorre nei documenti inquisitoriali. Altrove è chiamato anche «Menoch», «Menochi».

Al tempo del primo processo: cfr. ACAU, proc. n. 126, c. 15*v*.

Montereale: oggi Montereale Cellina, è un borgo collinare (m 317 sul livello del mare) situato all'imbocco della Val Cellina. Nel 1584 la parrocchia era costituita da seicentocinquanta anime: cfr. AVP, *Sacrarum Visitationum Nores ab anno 1582 usque ad annum 1584*, c. 168*v*.

In seguito a una rissa: cfr. ACAU, proc. n. 126, c. 20*r*.

L'abito tradizionale dei mugnai: «indutus vestena quadam et desuper tabaro ac pileo aliisque vestimentis de lana omnibus albo colore» (ivi, c. 15*v*). Questo tipo di abbigliamento era ancora in uso tra i mugnai dell'Italia dell'Ottocento: cfr. C. CANTÚ, *Portafoglio d'un operajo*, Milano 1871, p. 68.

Un paio d'anni dopo: cfr. ACAU, *Sententiarum contra reos S. Officii liber II*, c. 16*v*.

Doi campi a livello: sui contratti livellarii in questo periodo, cfr. G. GIORGETTI, *Contadini e proprietari nell'Italia moderna. Rapporti di produzione e contratti agrari dal secolo XVI a oggi*, Torino 1974, pp. 97 sgg. Non sappiamo se si trattasse di livelli «perpetui» o di durata piú breve (per esempio, ventinove o, com'è piú probabile, nove anni). Sull'imprecisione della terminologia dei contratti di questo periodo, che rende talvolta difficile distinguere tra enfiteusi, livello e locazione, cfr. le osservazioni di G. CHITTOLINI, *Un problema aperto: la crisi della proprietà ecclesiastica fra Quattro e Cinquecento*, in «Rivista storica italiana», LXXXV, 1973, p. 370. La probabile ubicazione di questi due campi risulta da un documento posteriore: un estimo redatto nel 1596 su richiesta del luogotenente veneziano (cfr. ASP, Notarile, b. 488, n. 3785, cc. 17*r*-22*r*). Tra le 255 particelle situate a Montereale e a Grizzo (un villaggio vicino) figurano (c. 18*r*): «9. Aliam petiam terrę arativę positam in pertinentis Monteregalis in loco dicto alla via del'homo dictam la Longona, unius iug. in circa, tentam per Bartholomeum Andreae: a mane dicta via, a meridie terrenum ser Dominici Scandellę, a sero via de sotto et a montibus terrenum tentum per heredes q. Stephani de Lombarda»; (c. 19*v*): «Aliam petiam terrae unius iug. in circa in loco dicto... il campo del legno: a mane dicta laguna, a meridie terenum M. d. Horatii Montis Regalis tentum per ser Jacomum Margnanum, a sero terrenum tentum per ser Dominicum Scandelle et a montibus suprascriptus ser Daniel Capola». Non è stato possibile riscontrare con precisione i toponimi indicati. L'identificazione di queste due particelle con i «doi campi a livello» menzionati da Menocchio dodici anni prima (1584) non è certissima: tra l'altro, solo per la seconda particella si parla in maniera esplicita di «terrenum *tentum*», cioè presumibilmente allivellato. Si noti che in un estimo del 1578 (ASP, Notarile, b. 40, n. 332, cc. 115*r* sgg.) il nome di Domenico Scandella non appare, a differenza di quello di un Bernardo Scandella (non sappiamo se fossero parenti; il padre di Menocchio si chiamava Giovanni) menzionato piú volte. Il cognome Scandella, sia detto incidentalmente, è ancora oggi diffuso a Montereale.

3 *Affitto, verosimilmente in natura*: cfr. A. TAGLIAFERRI, *Struttura e politica sociale in una comunità veneta del '500 (Udine)*, Milano 1969, p. 78 (affitto di un mulino con abitazione, a Udine: nel 1571, per esempio, esso ammonta a 61 staia di frumento, piú due prosciutti). Cfr. anche il contratto d'affitto di un nuovo mulino stipulato da Menocchio nel 1596 (cfr. oltre, p. 113).

A Arba bandito: cfr. ACAU, proc. n. 126, costituto del 28 aprile 1584 (carte non numerate).

Quando sua figlia Giovanna...: cfr. ASP, Notarile, b. 488, n. 3786, cc. 27*r*-27*v*, 26 gennaio 1600. Lo sposo si chiamava Daniele Colussi. Per un confronto con altre doti, cfr. ivi, b. 40, n. 331, cc. 2*v* sgg.: 390 lire e 10 soldi; ivi, cc. 9*r* sgg.: 340 lire circa; ivi, b. 488, n. 3786, cc. 11*r*-*v*: 300 lire; ivi, cc. 20*v*-21*v*: 247 lire e 2 soldi; ivi, cc. 23*v*-24*r*: 182 lire e 15 soldi. L'esiguità di quest'ultima dote era dovuta certo al fatto che la sposa, Maddalena Gastaldione di Grizzo, passava a seconde nozze. Purtroppo non abbiamo indicazioni sulla posizione sociale o la professione degli individui nominati in questi contratti. – La dote di Giovanna Scandella era costituita dai seguenti oggetti (si tenga presente che «entima» significa saccone, e «intimelli», federe; «neranzin» equivale a arancione chiaro):

«Uno letto con entima nova con un paro de lentiolli de lino de meza vitta con intimelli, cussini et cauzal novi; con una coltra, qual promette detto ser Stefano comprarglila nova	L. 69	s. 4
Una camisa da pelle nova	5	10
Uno drappo de spalle lavorado, con l'incavi	4	–
Uno vestido de griso	11	–
Una mezalanna imbalottada con il casso de pano rovan nova	12	–
Un'altra mezalana simille alla sopradetta	12	–
Uno vestido de griso de meza vitta	10	–
Una mezalana biancha, listada de fustagno biancho, con franze dal pié	12	10
Uno camisotto de meza lana	8	10
Uno paro de manige de pano neranzin con cordelli de seda	4	10
Uno paro de manige de pano arzentin	1	10
Uno paro de manige de bombasino fodrade de tella	1	–
Lentiolli novi n. 3 de stoppa	15	–
Uno lenziol sottil de meza vita	5	–
Intimelle nove n. 3	6	–

	L.	s.
Drappi da spalle n. 6	4	–
Drappi da spalle n. 4	6	–
Fazziolli novi n. 3	4	10
Fazziolli de meza vitta n. 4	3	–
Uno grembial lavorado	4	–
Drappi da spalle n. 3	5	10
Uno drappo de bombaso	1	10
Uno grembial vecchio, un drappo da spalle, et un de bombaso	3	–
Uno fazziol da testa novo lavorado	3	10
Fazzoletti da naso n. 5	6	–
Uno mantil da testa de meza vitta	3	–
Scuffie nove n. 2	1	10
Camise da pelle nove n. 5	15	–
Camise de meza vitta n. 3	6	–
Cordelle de seda n. 9 d'ogni color	4	10
Cengoli de diversi collori n. 4	2	–
Uno grembial novo de tella grossa	–	15
Uno bancho senza seradura	5	–
	256	9

Non ho potuto consultare L. D'ORLANDI e G. PERUSINI, *Antichi costumi friulani – Zona di Maniago*, Udine 1940.

3 *La posizione di Menocchio...*: andranno tenute presenti le osservazioni fatte a proposito della campagna lucchese da M. Berengo (*Nobili e mercanti nella Lucca del Cinquecento*, Torino 1965): nei comuni piú piccoli «si cancella ogni effettiva distinzione sociale poiché tutti traggono la loro sussistenza dallo sfruttamento di terre collettive. E anche se qui come dovunque si continuerà a parlare di ricchi e di poveri... non vi sarà però certo alcuno che non possa essere opportunamente definito come villico o, addirittura, come contadino»; un caso a parte è tuttavia quello dei mugnai, «presenti in tutti i centri di qualche rilievo..., creditori assai spesso del comune e dei privati, non partecipi alla coltivazione della terra, piú ricchi degli altri uomini» (*ibid.*, pp. 322, 327). – Sulla figura sociale del mugnaio, cfr. pp. 137-39.

4 *Nel 1581... podestà*: cfr. ASP, Notarile, b. 40, n. 333, c. 89*v*: ingiunzione rivolta da Andrea Cossio, nobile udinese, «potestati, iuratis, communi, hominibus Montisregalis» perché gli vengano pagati gli affitti dovuti per certe terre. Il 1° giugno l'ingiunzione è trasmessa «Dominico Scandellae vocato Menochio de Monteregali... potestati ipsius villae». In una lettera di Ziannuto, figlio di Menocchio (cfr. sopra, pp. 9-10) si dice che questi era stato «podestà et retor de vile cinque» (per i loro nomi cfr. *Leggi per la Patria, e Contadinanza del Friuli*, Udine 1686, introduzione, c. d 2*r*) e «camararo» della pieve.

Il vecchio sistema della rotazione delle cariche: cfr. G. PERUSINI, *Gli statuti di una vicinia rurale friulana del Cinquecento*, in «Memorie storiche forogiuliesi», XLIII, 1958-59, pp. 213-19. La «vicinía», cioè l'assemblea dei capifamiglia, è quella di un piccolissimo paese presso Tricesimo, Bueris; i capifamiglia che ne facevano parte nel 1578 erano sei.

4 *Leggere...*: cfr. ACAU, Sant'Uffizio, proc. n. 126, c. 15*v*.

I camerari...: cfr. G. MARCHETTI, *I quaderni dei camerari di s. Michele a Gemona*, in «Ce fastu?», 38, 1962, pp. 11-38. Il Marchetti osserva (p. 13) che i camerari non appartenevano al clero o al tabellionato, cioè al ceto «litterato»; erano, per lo piú, «borghesi o popolani che avevano potuto frequentare la scuola pubblica del Comune»: e cita il caso, probabilmente eccezionale, di un fabbro analfabeta, cameraro nel 1489 (p. 14).

Scuole di questo genere...: cfr. G. CHIUPPANI, *Storia di una scuola di grammatica dal Medio Evo fino al Seicento (Bassano)*, in «Nuovo archivio veneto», XXIX, 1915, p. 79. A Aviano avrebbe insegnato l'umanista Leonardo Fosco, che era originario di Montereale: cfr. F. FATTORELLO, *La cultura del Friuli nel Rinascimento*, in «Atti dell'Accademia di Udine», 6ª serie, I, 1934-35, p. 160. La notizia però non figura nel profilo biografico del Fosco tracciato da A. BENEDETTI, in «Il Popolo», settimanale della diocesi di Concordia-Pordenone, 8 giugno 1974. – Una ricerca sulle scuole comunali in questo periodo sarebbe molto utile. Si trattava spesso di comuni piccolissimi: cfr. per esempio A. RUSTICI, *Una scuola rurale della fine del secolo XVI*, in «La Romagna», n. s., I, 1927, pp. 334-38. Sulla diffusione dell'insegnamento nella campagna lucchese, cfr. BERENGO, *Nobili e mercanti* cit., p. 322.

Denunciato...: cfr. ACAU, proc. n. 126, carta non numerata: «fama publica deferente et clamorosa insinuatione producente, non quidem a malevolis orta sed a probis et honestis viris catolicaeque fidei zelatoribus, ac fere per modum notorii devenerit quod quidam Dominicus Scandella...» (è la formula di rito).

Sempre contrasta...: ivi, c. 2*r*.

Sol disputare...: ivi, c. 10*r*.

Lui conosceva: ivi, c. 2*r*.

Il pievano... l'aveva condotto a Concordia: ivi, cc. 13*v*, 12*r*.

In piazza, all'osteria...: ivi, cc. 6*v*, 7*v*, carta non numerata (costituto di Domenico Melchiori), c. 11*r*, ecc.

5 *Sole...*: ivi, c. 8*r*.

2.

5 *He, Menocchio...*: ivi, c. 10*r*.

Giuliano Stefanut...: ivi, c. 8*r*.

Il prete Andrea Bionima...: ivi, c. 11*v*.

Giovanni Povoledo...: ivi, c. 5*r*. Com'è noto, in questo periodo il termine «luterano» aveva in Italia un valore quanto mai generico.

Chi da trenta o quarant'anni...: ivi, c. 4*v* (Giovanni Povoledo); c. 6*v* (Giovanni Antonio Melchiori, da non confondersi con Giovanni Daniele Melchiori, vicario di Polcenigo); c. 2*v* (Francesco Fasseta).

Daniele Fasseta...: ivi, c. 3*r*.

Molti anni: ivi, c. 13*r* (Antonio Fasseta); c. 5*v* (Giovanni Povoledo, che disse in un primo tempo di conoscere Menocchio da quarant'anni, e poi da venticinque o trenta). L'unico ricordo databile con precisione è il seguente, di Antonio Fasseta (c. 13*r*): «venendo una volta da montagna con Menochio al tempo che passava la imperatrice, ragionando di essa disse: "Questa imperatrice è da piú della vergine Maria"». Ora, l'imperatrice Maria d'Austria venne in Friuli nel 1581 (cfr. G. F. PALLADIO DEGLI OLIVI, *Historie della Provincia del Friuli*, Udine 1660, II, p. 208).

5 *La gente se li ripeteva*: cfr. ACAU, proc. n. 126, c. 6*r*, ecc.

6 *Io lo vedo a praticare*...: ivi, proc. n. 285, costituto di pre Curzio Cellina, 17 dicembre 1598, carta non numerata.

Da quattro anni Menocchio...: ivi, proc. n. 126, c. 18*v*.

Non mi posso recordare...: ivi, c. 14*r*.

Era stato proprio il Vorai: lo ricordò egli stesso al Sant'Uffizio nel costituto del 1° giugno 1584 (cfr. ivi, proc. n. 136) rammaricandosi per non averlo fatto prima.

Da un altro prete, don Ottavio...: ivi, proc. n. 284, carta non numerata (costituto dell'11 novembre 1598).

Che papi...: ivi, proc. n. 126, c. 10*r*.

Quasi col contrapporsi...: cfr. un analogo caso friulano cit. da G. MICCOLI, *La storia religiosa*, in *Storia d'Italia*, vol. II, tomo I, Torino 1974, p. 994.

Smisuratamente: cfr. ACAU, proc. n. 126, c. 10*r*.

Ognuno fal il suo mestier...: ivi, c. 7*v*: «Grapar» significa «erpicare»: cfr. *Il Nuovo Pirona*, Udine 1935, *ad vocem*.

7 *L'aere è Dio*...: cfr. ACAU, proc. n. 126, c. 3*r* (Daniele Fasseta); c. 8*r* (Giuliano Stefanut); c. 2*r* (Francesco Fasseta); c. 5*r* (Giovanni Povoledo); c. 3*v* (Daniele Fasseta).

Sempre va disputando...: ivi, c. 11*v* (pre Andrea Bionima).

Giovanni Daniele Melchiori: ivi, proc. n. 134, costituto del 7 maggio 1584. Sul processo svoltosi in precedenza contro il Melchiori, e sui suoi rapporti con Menocchio, cfr. sopra, pp. 86-88. Sia il Melchiori che il Policreto furono processati dal Sant'Uffizio (rispettivamente nel marzo e nel maggio 1584) sotto l'accusa di aver cercato d'influenzare con i loro suggerimenti la causa contro Menocchio: cfr. ACAU, proc. n. 134 e proc. n. 137. Entrambi si dichiararono innocenti. Al Melchiori fu ingiunto di tenersi a disposizione del tribunale, e il caso finí lí; al Policreto fu imposta una purgazione canonica. In favore del Policreto testimoniarono il podestà di Pordenone, Gerolamo de' Gregori, e personaggi della nobiltà locale, come Gerolamo Popaiti. Risulta che il Policreto era legato alla famiglia Mantica-Montereale, a cui appartenevano anche i signori di Montereale: nel 1583 fu nominato arbitro (succedendo in questa funzione al padre, Antonio) in una lite tra Giacomo e Giovan Battista Mantica da un lato, e Antonio Mantica dall'altro (cfr. BCU, ms. 1042).

Menar con le manete: cfr. ACAU, proc. n. 126, c. 15*v*.

3.

8 *È vero che*: ivi, cc. 16*r*-*v*.

Io ho detto...: ivi, cc. 17*r*-*v*.

Poteva aver detto qualcosa del genere: ivi, c. 6*r* (Giovanni Povoledo).

4.

9 *Da dovero*: ivi, cc. 2*v*-3*r*. Le manifestazioni di eterodossia religiosa da

parte di gente indotta venivano spesso considerate frutto di follia: cfr. per esempio MICCOLI, *La vita religiosa* cit., pp. 994-95.

9 *In cervello*: cfr. ACAU, proc. n. 126, c. 6*v*.

Ziannuto...: ivi, proc. n. 136, costituto del 14 maggio 1584, carte non numerate.

Cento o centocinquant'anni piú tardi...: cfr. FOUCAULT, *Folie et déraison* cit., pp. 121-22 (caso di Bonaventure Forcroy), p. 469 (nel 1733 un uomo è tenuto rinchiuso come pazzo nell'ospedale Saint-Lazare perché affetto da «sentiments extraordinaires»).

5.

9 La lettera di Ziannuto all'avvocato Trappola e quella scritta materialmente dal pievano su suggerimento di Ziannuto sono entrambe inserite nel fascicolo del primo processo contro Menocchio (ACAU, proc. n. 126). Le versioni (prevedibilmente diverse ma non contraddittorie) fornite da Ziannuto e dal pievano delle circostanze in cui fu scritta la lettera a Menocchio, fanno parte invece del processo contro il pievano stesso (proc. n. 136). I reati contestati al Vorai, oltre all'aver scritto a Menocchio suggerendogli una linea di difesa, furono: aver aspettato dieci anni a denunciare Menocchio al Sant'Uffizio, pur ritenendolo eretico; aver affermato, parlando con Nicolò e Sebastiano conti di Montereale, che la chiesa militante, per quanto governata dallo Spirito santo, può sbagliare. Il processo, molto breve, si concluse con la purgazione canonica del reo. Nell'interrogatorio del 19 maggio 1584 il pievano aveva dichiarato tra l'altro: «io mi son mosso a scriver questa littera per il timor che io haveva della mia vita, perché li figlioli di questo Scandella passavano appresso di me et si mostravano alterato, non mi salutavano piú secondo il solito, anzi era stato avisato da miei amici che mi guardasse perché era opinione che io havesse denuntiato il predetto ser Domenego et mi haverian potuto far qualche dispiacere...» Tra coloro che avevano accusato il Vorai di delazione c'era quel Sebastiano Sebenico che aveva consigliato Ziannuto di spargere in giro la voce che Menocchio era matto o spiritato (cfr. sopra, p. 9).

10 *Le attribuí invece a Domenego Femenussa*: l'attribuzione era stata suggerita, a quanto pare, da Ziannuto: cfr. proc. n. 126, c. 38*v*.

Signor...: ivi, c. 19*r*.

Consta in processo: ivi.

Secondo Giuliano Stefanut: ivi, c. 8*r*.

11 *Io ho detto*...: ivi, c. 19*r*.

Non cercate di parlar troppo...: ivi, proc. n. 134, costituto del 7 maggio 1584.

Fra Felice da Montefalco: cfr. GINZBURG, *I benandanti* cit., indice.

Il contrasto tra i due poteri...: cfr. P. PASCHINI, *Venezia e l'Inquisizione Romana da Giulio III a Pio IV*, Padova 1959, pp. 51 sgg.; A. STELLA, *Chiesa e Stato nelle relazioni dei nunzi pontifici a Venezia*, Città del Vaticano 1964, soprattutto pp. 290-91.

Mi ha detto...: cfr. ACAU, proc. n. 126, c. 3*r*.

Detto Domenego...: ivi, c. 4*r*.

È vero che io ho detto...: ivi, c. 27*v*.

6.

12 *Io ho questa opinione...*: ivi, cc. 27*v*-28*v*.

13 *Volete farvi dei in terra*: cfr. *Salmi* LXXXI 6.

Del matrimonio...: qui Menocchio manifesta la sua insofferenza nei confronti della regolamentazione dei matrimoni introdotta dal Concilio di Trento: cfr. A. C. JEMOLO, *Riforma tridentina nell'ambito matrimoniale*, in AA. VV., *Contributi alla storia del Concilio di Trento e della Controriforma*, «Quaderni di Belfagor», I, 1948, pp. 45 sgg.

Della confessione era solito dire...: cfr. ACAU, proc. n. 126, c. 11*v*.

Se quel arboro...: ivi, c. 38*r*.

14 *Pofar la vergine Maria*: ivi, c. 6*v*.

Non vedo lí altro: ivi, c. 11*v*.

Io ho detto...: ivi, c. 18*r*.

Mi piace il sacramento...: ivi, cc. 28*r-v*.

15 *Credo che la Scrittura...*: ivi, cc. 28*v*-29*r*.

Mi disse anco che lui...: cfr. ivi, c. 2*v*.

Io credo che li santi...: cfr. ivi, c. 29*r*.

Ha giovato...: cfr. ivi, c. 33*r* (correggo una svista: «Christo», anziché «Dio»).

Di quella istessa natura...: cfr. ivi, c. 17*v*.

Se uno ha peccati...: cfr. ivi, c. 33*r*.

16 *Parlaria tanto...*: cfr. ivi, c. 4*r*.

Non ho mai praticato...: cfr. ivi, cc. 26*v*-27*r*.

Dir assai...: cfr. ivi, c. 3*r*.

Signori, io vi prego...: cfr. ivi, cc. 29*v*-30*r*.

Nel constituto di sopra...: cfr. ivi, c. 30*r*.

7.

16 Sul Friuli in questo periodo, a parte P. PASCHINI, *Storia del Friuli*, II, Udine 1954, che si occupa esclusivamente delle vicende politiche, cfr. anzitutto i numerosi studi di P. S. LEICHT: *Un programma di parte democratica in Friuli nel Cinquecento*, in *Studi e frammenti*, Udine 1903, pp. 107-21; *La rappresentanza dei contadini presso il veneto Luogotenente della Patria del Friuli*, ivi, pp. 125-144; *Un movimento agrario nel Cinquecento*, in *Scritti vari di storia del diritto italiano*, I, Milano 1943, pp. 73-91; *Il parlamento friulano nel primo secolo della dominazione veneziana*, in «Rivista di storia del diritto italiano», XXI, 1948, pp. 5-50; *I contadini ed i Parlamenti dell'età intermedia*, in *IXe Congrès International des Sciences Historiques... Etudes présentées à la Commission Internationale pour l'histoire des assemblées d'états*, Louvain 1952, pp. 125-28. Tra i lavori recenti cfr. in primo luogo A. VENTURA, *Nobiltà e popolo nella società veneta del '400 e '500*, Bari 1964, soprattutto pp. 187-214; cfr. anche A. TAGLIAFERRI, *Struttura* cit.

17 *La servitú... di «masnada»*: cfr. A. BATTISTELLA, *La servitú di masnada in Friuli*, in «Nuovo archivio veneto», XI, 1906, p. II, pp. 5-62; XII, 1906, p. I, pp. 169-91, p. II, 320-31; XIII, 1907, p. I, pp. 171-84, p. II, pp. 142-57; XIV, 1907, p. I, pp. 193-208; XV, 1908, pp. 225-37.

Le ultime tracce di quest'istituzione scomparvero verso il 1460: ma negli statuti friulani di un secolo dopo rimanevano rubriche come *De nato ex libero ventre pro libero reputando* (con la correlativa affermazione «Quicumque vero natus ex muliere serva censeatur et sit servus cuius est mulier ex qua natus est, etiam si pater eius sit liber») o *De servo communi manumissio*. Cfr. anche G. SASSOLI DE BIANCHI, *La scomparsa della servitú di masnada in Friuli*, in «Ce Fastu?», 32, 1956, pp. 145-50.

17 *Nelle mani dei luogotenenti veneziani*: cfr. ora *Relazioni dei rettori veneti in Terraferma*, I: *La Patria del Friuli (luogotenenza di Udine)*, Milano 1973 (ma su quest'edizione cfr. la recensione di M. Berengo, in «Rivista storica italiana», LXXXVI, 1974, pp. 586-90).

Già nel 1508...: cfr. G. PERUSINI, *Vita di popolo in Friuli. Patti agrari e consuetudini tradizionali*, Firenze 1961 (Biblioteca di «Lares», VIII), pp. XXI-XXII.

Sui fatti del 1511, cfr. LEICHT, *Un movimento agrario* cit., e VENTURA, *Nobiltà e popolo* cit.

18 Sulla Contadinanza, cfr. sempre LEICHT, *La rappresentanza dei contadini* cit. Si avverte la mancanza di uno studio moderno su questo argomento.

Negli statuti della Patria...: cfr. *Constitutiones Patrie Foriiulii cum additionibus noviter impresse*, Venetiis 1524, cc. LX*v*, LXVIII*v*. Le stesse rubriche ritornano nell'edizione del 1565.

Cadeva... la finzione giuridica...: cfr. LEICHT, *I contadini ed i Parlamenti* cit., che sottolinea l'eccezionalità del caso friulano: in nessun'altra parte d'Europa, infatti, la rappresentanza dei contadini si affianca al parlamento, o assemblea degli stati.

La serie dei provvedimenti...: cfr. *Leggi per la Patria* cit., pp. 638 sgg., 642 sgg., 207 sgg.

19 *Cercò di trasformare i livelli...*: cfr. PERUSINI, *Vita di popolo* cit., p. XXVI, e in generale GIORGETTI, *Contadini e proprietari* cit., pp. 97 sgg.

La popolazione complessiva... diminuí: cfr. TAGLIAFERRI, *Struttura* cit., pp. 25 sgg. (con bibliografia).

Le relazioni dei luogotenenti: cfr. *Relazioni* cit., pp. 84, 108, 115.

20 *La decadenza di Venezia*: cfr. AA. VV., *Aspetti e cause della decadenza economica veneziana nel secolo XVII*, Venezia-Roma 1961; *Crisis and Change in the Venetian Economy in the Sixteenth and Seventeenth Centuries*, a cura di B. Pullan, London 1968.

8.

20 *Un'immagine nettamente dicotomica...*: cfr. il libro, molto bello, di S. OSSOWSKI, *Struttura di classe e coscienza sociale*, trad. it. Torino 1966, soprattutto pp. 23 sgg.

Mi par ancho...: cfr. ACAU, proc. n. 126, cc. 27*v*-28*r*.

21 *Tutto è de Chiesa...*: cfr. ivi, c. 27*v*.

Da un estimo del 1596...: cfr. ASP, Notarile, b. 488, n. 3785, cc. 17*r* sgg., in particolare c. 19*v*. Purtroppo non abbiamo per questo periodo un inventario dei beni ecclesiastici esistenti in Friuli, come quello, estremamente analitico, redatto nel 1530 per ordine del luogotenente Giovanni Basadona (cfr. BCU, ms. 995): alle cc. 62*v*-

64*v* c'è un elenco di fittavoli della chiesa di Santa Maria di Montereale, tra i quali non ricorre alcun Scandella).

21 *Alla fine del '500 la consistenza della proprietà ecclesiastica...*: cfr. A. STELLA, *La proprietà ecclesiastica nella Repubblica di Venezia dal secolo* XV *al* XVII, in «Nuova rivista storica», XLII, 1958, pp. 50-77; A. VENTURA, *Considerazioni sull'agricoltura veneta e sull'accumulazione originaria del capitale nei secoli* XVI *e* XVII, in «Studi storici», IX, 1968, pp. 674-722; e ora, in generale, l'importante saggio di CHITTOLINI, *Un problema aperto* cit., pp. 353-93.

9.

22 *Credo che sia lutherano...*: cfr. ACAU, proc. n. 126, c. 27*r*. Sulla questione del compare di Menocchio che si era offerto come garante, cfr. sopra, p. 118.

De li luterani...: cfr. ivi, proc. n. 285, carte non numerate.

Nel complesso quadro religioso...: la bibliografia è ovviamente sterminata. Sulle tendenze radicali in generale, cfr. G. H. WILLIAMS, *The Radical Reformation*, Philadelphia 1962. Sull'anabattismo, cfr. ora C.-P. CLASEN, *Anabaptism, A Social History (1525-1618): Switzerland, Austria, Moravia, South and Central Germany*, Ithaca-London 1972. Per l'Italia, si veda la ricca documentazione raccolta da A. STELLA, *Dall'anabattismo al socinianesimo nel Cinquecento veneto*, Padova 1967, e ID., *Anabattismo e antitrinitarismo in Italia nel* XVI *secolo*, Padova 1969.

23 *Credo che subito nati...*: cfr. ACAU, proc. n. 126, c. 28*v*.

Stroncato a metà del '500...: cfr. STELLA, *Dall'anabattismo* cit., pp. 87 sgg.; ID., *Anabattismo e antitrinitarismo* cit., pp. 64 sgg. E cfr. anche C. GINZBURG, *I costituti di don Pietro Manelfi*, Firenze-Chicago 1970 («Biblioteca del "Corpus Reformatorum Italicorum"»).

Ma alcune conventicole sparse...: sulla situazione religiosa del Friuli nel Cinquecento cfr. P. PASCHINI, *Eresia e Riforma cattolica al confine orientale d'Italia*, in «Lateranum», nuova serie, XVII, nn. 1-4, Romae 1951; L. DE BIASIO, *L'eresia protestante in Friuli nella seconda metà del secolo* XVI, in «Memorie storiche Forogiuliesi», LII, 1972, pp. 71-154. Sugli artigiani di Porcía cfr. STELLA, *Anabattismo e antitrinitarismo* cit., pp. 153-54.

Un anabattista... non avrebbe mai pronunciato...: cfr. per esempio che cosa scriveva nel 1552 Marco tintore, anabattista pentito: «et miano predicato [gli anabattisti] che non se de' credere ali perdon che manda el papa perché loro dicono che le sono bage...» (ASVen, Sant'Uffizio, b. 10).

Credo che siano boni...: cfr. ACAU, proc. n. 126, c. 29*r*.

24 *In modo che fuor di quello...*: cfr. STELLA, *Anabattismo e antitrinitarismo* cit., p. 154. Cfr. anche quanto disse lo stracciarolo bergamasco Ventura Bonicello, processato come anabattista: «altri libri oltre che della Sacra Scrittura mi sono in abominacion» (ASVen, Sant'Uffizio, b. 158, «libro secondo», c. 81*r*).

Un caratteristico dialogo: cfr. ACAU, proc. n. 126, cc. 37*v*-38*r*.

25 *Il fachin...*: cfr. ANDREA DA BERGAMO [P. NELLI], *Il primo libro delle satire alla carlona*, in Vinegia 1566, c. 31*r*.

I cuoiai napoletani...: cfr. P. TACCHI VENTURI, *Storia della Compagnia di Gesú in Italia*, I, Roma 1938, pp. 455-56.

25 *Nella supplica rivolta da una prostituta...*: cfr. F. CHABOD, *Per la storia religiosa dello Stato di Milano...*, ora in ID., *Lo Stato e la vita religiosa a Milano nell'epoca di Carlo V*, Torino 1971, pp. 335-36.

Riguardano tutti, o quasi...: testimonianze come la seguente, inserita in una lettera dell'ambasciatore veneziano a Roma, M. Dandolo (14 giugno 1550) sono assai rare: «... alchuni frati inquisitori... qui referiscano cose grande di Bressa et forse anche maggiori di Bergomo, tra le quali di alchuni artesani che vanno la festa per le ville et montano sopra i alberi a predicare la setta lutherana a popoli et contadini...» (cfr. PASCHINI, *Venezia* cit., p. 42).

La conquista religiosa delle campagne...: riprendo qui un tema che ho sfiorato in un precedente saggio (*Folklore, magia, religione*, in *Storia d'Italia*, I, Torino 1972, pp. 645 sgg., 656 sgg.) e che conto di sviluppare altrove.

Ciò non significa...: quanto segue cerca di precisare, e in parte di correggere, quanto ho scritto in *Folklore* cit., p. 645.

26 *Un filone autonomo di radicalismo contadino*: pur diffidando delle disquisizioni terminologiche, ritengo opportuno precisare perché ho preferito quest'espressione a «razionalismo popolare», «Riforma popolare», «anabattismo». 1) Il termine «razionalismo popolare» è stato usato dal Berengo (*Nobili e mercanti* cit., pp. 435 sgg.) per definire fenomeni sostanzialmente coincidenti con quelli studiati qui. Tuttavia esso appare poco appropriato a atteggiamenti solo in parte riconducibili al nostro concetto di «ragione» – a cominciare dalle visioni di Scolio (cfr. pp. 130 sgg.). 2) Il radicalismo contadino che cerco di ricostruire è certo una delle componenti fondamentali della «Riforma popolare» delimitata dal Macek («movimenti *autonomi* che accompagnano la storia europea del XV e XVI secolo e che possono essere intesi come una Riforma popolare o radicale»: J. MACEK, *La Riforma popolare*, Firenze 1973, p. 2; il corsivo è mio). Va tenuto presente, però, che esso è piú antico del secolo XV (cfr. nota successiva) e che non può essere ridotto a un corrispettivo popolare della Riforma ufficiale. 3) Il termine «anabattismo» come etichetta comprensiva di tutti i fenomeni di radicalismo religioso cinquecentesco era stato proposto dal Cantimori (*Eretici italiani del Cinquecento*, Firenze 1939, pp. 31 sgg.) che poi l'abbandonò, accogliendo le critiche del Ritter. Recentemente esso è stato riproposto dal Rotondò per designare la «mescolanza di profetismo, di radicalismo antiecclesiastico, di antitrinitarismo e di egalitarismo sociale... dilagata tra notai e medici e maestri di grammatica, fra monaci e mercanti, fra artigiani delle città e contadini delle campagne italiane del Cinquecento» (cfr. *I movimenti ereticali nell'Europa del Cinquecento*, in «Rivista storica italiana», LXXVIII, 1966, pp. 138-39). Questa estensione appare inopportuna, perché induce a sottovalutare le profonde differenze che esistevano sia tra religione popolare e religione colta, sia tra radicalismo delle campagne e radicalismo delle città. Certo, fumose «tipologie» e «sensibilità» come quelle accennate da A. Olivieri (*Sensibilità religiosa urbana e sensibilità religiosa contadina nel Cinquecento veneto: suggestioni e problemi*, in «Critica storica», nuova serie, IX, 1972, pp. 631-50) non aiutano molto, anche perché riconducono sotto il segno dell'anabattismo fenomeni del tutto estranei ad esso – comprese le processioni in onore della Madonna. Compito della ricerca sarà piuttosto quello di ricostruire i nessi, ancora oscuri, tra le varie componenti della «Riforma popolare», dando soprattutto

il giusto peso al sostrato religioso e culturale delle campagne, non solo italiane ma europee, del Cinquecento – quel sostrato che traspare nelle confessioni di Menocchio. Per definirlo ho parlato di «radicalismo contadino», pensando non tanto alla *Radical Reformation* del Williams (su cui cfr. i rilievi del Macek) quanto piuttosto alla frase di Marx, secondo cui il radicalismo «prende le cose alla radice» – un'immagine, dopo tutto, singolarmente adatta al contesto.

26 *Molto piú antico della Riforma*: cfr. il denso saggio di W. L. WAKEFIELD, *Some Unorthodox Popular Ideas of the Thirteenth Century*, in «Medievalia et Humanistica», nuova serie, n. 4, 1973, pp. 25-35, basato su documenti inquisitoriali della zona di Tolosa, nei quali sono riferiti «statements often tinged with rationalism, skepticism, and revealing something of a materialistic attitude. There are assertions about a terrestrial paradise for souls after death and about the salvation of unbaptized children; the denial that God made human faculties; the derisory quip about the consumption of the host; the identification of the soul as blood; and the attribution of natural growth to the qualities of seed and soil alone» (pp. 29-30). Queste affermazioni sono convincentemente ricondotte, anziché a un influsso diretto della propaganda catara, a un filone di idee e credenze autonome. (Il catarismo avrà semmai contribuito a portarle alla luce, sia direttamente sia indirettamente, scatenando le inchieste degli inquisitori). È significativo, per esempio, che la tesi, rinfacciata a un notaio cataro della fine del Trecento, «quod Deus de celo non facit crescere fructus, fruges et herbas et alia, quae de terra nascuntur, sed solummodo humor terre», venisse riecheggiata quasi alla lettera da un contadino friulano di tre secoli dopo: «che le beneditioni de sacerdoti quali fanno sopra i campi, et l'acqua benedetta, che sopra quelli se sparge il giorno dell'Epifania, non giovano in modo alcuno alle vite et alberi per fargli producere il frutto, ma solo il lettame, et l'industria dell'homo» (cfr. rispettivamente A. SERENA, *Fra gli eretici trevigiani*, in «Archivio veneto-tridentino», III, 1923, p. 173, e GINZBURG, *I benandanti* cit., pp. 38-39, da correggere nel senso anzidetto). Ovviamente, qui il catarismo non c'entra. Piuttosto, si tratta di affermazioni che «may well have arisen spontaneously from the cogitations of men and women searching for explanations that accorded with the realities of the life in which they were enmeshed» (WAKEFIELD, *Some Unorthodox* cit., p. 33). Esempi analoghi a quelli citati si potrebbero facilmente moltiplicare. È a questa tradizione culturale, che riaffiora a distanza di secoli, che si vuol alludere con l'espressione «radicalismo contadino» (o «popolare»). Alle componenti elencate dal Wakefield – razionalismo, scetticismo, materialismo – bisognerà aggiungere l'utopismo a sfondo egualitario, e il naturalismo religioso. La combinazione di tutti, o quasi, questi elementi, dà luogo ai ricorrenti fenomeni di «sincretismo» contadino – che si potrebbero definire piú esattamente fenomeni di sostrato: vedi, per esempio, il materiale archeologico raccolto da J. BORDENAVE e M. VIALELLE, *Aux racines du mouvement cathare: la mentalité religieuse des paysans de l'Albigeois médiéval*, Toulouse 1973.

10.

26 *Detto da dovero*: ACAU, proc. n. 126, cc. 2*v*-3*r*.
Signor...: ivi, c. 21*v*.

26 *Don Ottavio Montereale...*: ivi, proc. n. 285, carte non numerate (11 novembre 1598).

Era emerso durante il primo processo: ivi, proc. n. 126, c. 23*v*. Nessun Nicola da Porcía è menzionato negli studi a me noti sulla pittura friulana del Cinquecento. Antonio Forniz, che sta conducendo una serie di ricerche sui pittori purliliesi, m'informa gentilmente, in una lettera del 5 giugno 1972, di non aver trovato tracce né di un «Nicola da Porcía» né di un «Nicola de Melchiori» (cfr. oltre). – Va notato che l'incontro tra il pittore e il mugnaio poteva essere legato a rapporti non solo religiosi ma professionali. Nei registri delle patenti veneziane non è raro infatti il caso di pittori, scultori e architetti che chiedono la privativa per la costruzione di mulini. Talvolta si tratta di nomi noti, come quelli dello scultore Antonio Riccio e dell'architetto Giorgio Amadeo, o di Jacopo Bassano, che ottennero dal Senato, rispettivamente nel 1492 (i primi due) e nel 1544 (il terzo) una privativa per certi mulini: cfr. G. MANDICH, *Le privative industriali veneziane (1450-1550)*, in «Rivista del diritto commerciale», XXXIV, 1936, p. I, pp. 538, 545; ma cfr. anche p. 541. Casi analoghi per un periodo posteriore ho potuto rintracciare sulla base delle fotocopie del fondo ASVen, Senato Terra, messe gentilmente a mia disposizione da Carlo Poni.

27 *Possono essere...*: cfr. ACAU, proc. n. 285, carte non numerate (costituto del 19 luglio 1599).

Un paio di settimane dopo...: cfr. ivi, carte non numerate (costituto del 5 agosto 1599).

Ignoriamo...: dal processo contro il gruppo di Porcía (cfr. ASVen, Sant'Uffizio, b. 13 e b. 14, fasc. *Antonio Deloio*) non risulta nessun Nicola.

Homo eretichissimo: cfr. ASVen, Sant'Uffizio, b. 34, fasc. *Alessandro Mantica*, costituto del 17 ottobre 1571. Nicola era andato a casa del Rorario «a tor alcune spaliere per dipenzer».

28 *So...*: cfr. ACAU, Sant'Uffizio, proc. n. 126, c. 23*v*.

«Il sogno dil Caravia»: colophon: «In Vinegia, nelle case di Giovann'Antonio di Nicolini da Sabbio, ne gli anni del Signore, MDXLI, dil mese di maggio». Manca uno studio specifico su questo scritto: ma cfr. di V. ROSSI, *Un aneddoto della storia della Riforma a Venezia*, in *Scritti di critica letteraria*, III: *Dal Rinascimento al Risorgimento*, Firenze 1930, pp. 191-222, e l'introduzione premessa a *Novelle dell'altro mondo. Poemetto buffonesco del 1513*, Bologna 1929 («Nuova scelta di curiosità letterarie inedite o rare», 2) che illuminano in maniera esemplare la figura del Caravia e il filone letterario in cui il *Sogno* in parte s'inserisce. Sui viaggi all'inferno di buffoni o altre figure comiche popolari, cfr. BACHTIN, *L'œuvre de François Rabelais* cit., p. 393.

Voi mi parete...: cfr. *Il sogno* cit., c. A III*r*. L'iconografia del frontespizio è quella consueta del «melanconico»: ma la dipendenza dall'incisione di Dürer, ben nota negli ambienti veneziani, sembra indubbia. Cfr. R. KLIBANSKY, F. SAXL e E. PANOFSKY, *Saturn and Melancholy. Studies in the History of Natural Philosophy, Religion and Art*, London 1964.

Oh quanto a charo...: cfr. *Il sogno* cit., c. B II*v*.

29 *Io so che Farfarel...*: ivi, cc. G*v* - G II*r*.

Sgnieffi...: ivi, c. G III*r*.

29 *Mostrandogli...*: ivi, c. G IIv.
Gli è un certo Martin...: ivi, cc. F IVr-v (qui e in seguito, i corsivi sono miei).

30 *La prima causa...*: ivi, c. Bv.
Molti ignoranti...: ivi, c. B IIIv. «Stornire» significa «stordire».

31 *Mercato...*: ivi, c. B IVr.
L'implicita negazione...: Zanpolo non descrive il Purgatorio; a un certo punto si accenna in maniera ambigua alle «pene | de l'inferno là giú, over purgatorio» (ivi, c. IVr).
Ad arte...: ivi, c. C IIv.
Chiese sontuose: ivi, c. Er. Su questo punto il Caravia insiste particolarmente, biasimando tra l'altro la grandiosità della fabbrica della Scuola di San Rocco.
Gli santi...: ivi, c. D IIIv.

32 *Confessar vuolsi...*: ivi, c. Er.
Papisti...: ivi, c. B IVv.
Per uomini come il Caravia...: sulla sua produzione successiva al *Sogno* cfr. ROSSI, *Un aneddoto* cit. Nel 1557 il Caravia subí un processo inquisitoriale, nel corso del quale gli fu rinfacciato anche il *Sogno*, in quanto composto «in derision della religione» (cfr. ivi, p. 220; il caratteristico testamento, datato 1° maggio 1563, è riprodotto in parte alle pp. 216-17).
In un periodo molto anteriore...: datare l'inizio dell'eterodossia di Menocchio è, come abbiamo visto, impossibile. Va notato comunque che egli affermò di non osservare la quaresima da vent'anni (ACAU, proc. n. 126, c. 27r) – data pressoché coincidente con quella del bando che l'aveva allontanato da Montereale. Menocchio potrebbe avere avuto contatti con ambienti luterani durante il periodo passato in Carnia – una zona di confine dove la penetrazione della Riforma era particolarmente cospicua.

11.

33 *Volete che vi insegni...*: cfr. ivi, cc. 16r-v.
Questo che ho detto...: cfr. ivi, c. 19r.
Il diavolo...: cfr. ivi, c. 21v.
Dai profeti...: cfr. CHABOD, *Per la storia* cit., pp. 299 sgg.; D. CANTIMORI, *Eretici italiani del Cinquecento*, Firenze 1939, pp. 10 sgg.; M. REEVES, *The Influence of Prophecy in the Later Middle Ages. A Study in Joachimism*, Oxford 1969; e ora G. TOGNETTI, *Note sul profetismo nel Rinascimento e la letteratura relativa*, in «Bullettino dell'Istituto storico italiano per il Medio Evo», n. 82, 1970, pp. 129-57. Su Giorgio Siculo, cfr. CANTIMORI, *Eretici* cit., pp. 57 sgg.; C. GINZBURG, *Due note sul profetismo cinquecentesco*, in «Rivista storica italiana», LXXVIII, 1966, pp. 184 sgg.

34 *Havendomi piú volte...*: cfr. ACAU, proc. n. 126, c. 16r.

12.

34 *Al momento dell'arresto...*: cfr. ivi, c. 14v, 2 febbraio 1584; «inveni [è il notaio che parla] quosdam libros qui non erant suspecti neque prohibiti, ideo R. p. inquisitor mandavit sibi restitui».

35 *La «Bibbia»...*: a giudicare dalla bibliografia curata da G. Spini, non

dovrebbe trattarsi della traduzione del Brucioli (cfr. «La Bibliofilia», XLII, 1940, pp. 138 sgg.).

35 *«Il fioretto della Bibbia»*: cfr. H. SUCHIER, *Denkmäler Provenzalischer Literatur und Sprache*, I, Halle 1883, pp. 495 sgg.; P. ROHDE, *Die Quellen der Romanische Weltchronik*, ivi, pp. 589-638; F. ZAMBRINI, *Le opere volgari a stampa dei secoli* XIII *e* XIV, Bologna 1884[4], col. 408. Com'è stato notato, le stampe hanno un'ampiezza varia: alcune si arrestano alla nascita, altre all'infanzia o alla passione di Cristo. Quelle che ho rintracciato (senza però fare una ricerca sistematica) vanno dal 1473 al 1552; quasi tutte sono veneziane. Non sappiamo quando precisamente Menocchio acquistò il *Fioretto*. L'opera continuò a circolare a lungo: l'indice del 1569 incluse i «Flores Bibliorum et doctorum» (cfr. F. H. REUSCH, *Die Indices librorum prohibitorum des sechszehnten Jahrhunderts*, Tübingen 1886, p. 333). Nel 1576 il commissario del Sacro Palazzo, fra Damiano Rubeo, rispose ai dubbi dell'inquisitore di Bologna invitandolo a togliere dalla circolazione i *Fioretti della Bibia* (cfr. A. ROTONDÒ, *Nuovi documenti per la storia dell'«Indice dei libri proibiti» (1572-1638)*, in «Rinascimento», XIV, 1963, p. 157).

«Il Lucidario»: Menocchio parlò prima di *Lucidario della Madonna*; in seguito si corresse: «non mi arricordo bene se si chiamasse quel libro *Rosario* o *Lucidario*, ma era in stampa» (cfr. ACAU, proc. n. 126, cc. 18*r*, 20*r*). Del *Rosario* di Alberto da Castello conosco una quindicina di stampe, che vanno dal 1521 al 1573. Anche in questo caso, come negli altri, non ho fatto una ricerca sistematica. Se il libro letto da Menocchio era proprio il *Rosario* (come si dirà piú avanti, l'identificazione non è sicura) rimarrebbe da spiegare il «Lucidario»: si tratta del ricordo inconsapevole di qualche *Lucidario*, piú o meno derivato da quello di Onorio di Autun? (Su questa letteratura, cfr. Y. LEFÈVRE, *L'*Elucidarium *et les lucidaires*, Paris 1954).

«Il Lucendario»: anche in questo *lapsus* va vista forse un'interferenza della lettura di qualche *Lucidario* (cfr. sopra). Le stampe della versione in volgare della *Legenda aurea* sono innumerevoli. Menocchio avrà potuto vedere, per esempio, un esemplare di quella apparsa a Venezia nel 1565.

«Historia del Giudicio»: cfr. *La poesia religiosa. I cantari agiografici e le rime di argomento sacro*, a cura di A. Cioni, Firenze 1963 (Biblioteca bibliografica italica, 30) pp. 253 sgg. Il testo letto da Menocchio faceva parte del gruppo in cui il cantare sulla storia del giudizio è preceduto da un altro piú breve sulla venuta dell'Anticristo (*inc.*: «A te ricorro eterno Creatore»). Ne conosco quattro esemplari. Tre sono conservati presso la Biblioteca Trivulziana di Milano (cfr. M. SANDER, *Le livre à figures italien depuis 1467 jusqu'à 1530*, II, Milano 1942, nn. 3178, 3180, 3181); il quarto, presso la Biblioteca Universitaria di Bologna (*Opera nuova del giudicio generale, qual tratta della fine del mondo*, stampato in Parma, et ristampato in Bologna, per Alexandro Benacci, con licentia della Santissima Inquisitione, 1575; su questo esemplare, cfr. oltre, p. 167). In queste quattro stampe ricorre il passo, parafrasato dal Vangelo di Matteo, ricordato da Menocchio (cfr. pp. 44 e sgg.); esso manca invece nelle versioni piú brevi conservate alla Biblioteca Marciana di Venezia (cfr. A. SEGARIZZI, *Bibliografia delle stampe popolari italiane della R. Biblioteca nazionale di S. Marco di Venezia*, I, Bergamo 1913, nn. 134, 330).

35 *«Il cavalier...»*: su quest'opera esiste una copiosa letteratura. Cfr. l'edizione piú recente a me nota (*Mandeville's Travels*, a cura di M. C. Seymour, Oxford 1967) nonché le interpretazioni contrastanti di M. H. I. Letts (*Sir John Mandeville. The Man and His Book*, London 1949) e di J. W. Bennett (*The Rediscovery of Sir John Mandeville*, New York 1954, dove si cerca di dimostrare, con argomenti poco convincenti, che Mandeville è storicamente esistito). I *Viaggi*, tradotti in latino e poi in tutte le lingue europee, ebbero un'enorme diffusione, manoscritta e a stampa. Soltanto della versione italiana esistono, al British Museum, venti stampe comprese tra il 1480 e il 1567.

«Zampollo»: sul *Sogno dil Caravia*, cfr. gli studi di V. Rossi citati sopra, p. 162.

«Il Supplimento...»: del volgarizzamento della cronaca del Foresti conosco una quindicina di stampe, apparse tra il 1488 e il 1581. Sull'autore, cfr. E. PIANETTI, *Fra' Iacopo Filippo Foresti e la sua opera nel quadro della cultura bergamasca*, in «Bergomum», XXXIII, 1939, pp. 100-9, 147-74; A. AZZONI, *I libri del Foresti e la biblioteca conventuale di S. Agostino*, ivi, LIII, 1959, pp. 37-44; P. LACHAT, *Une ambassade éthiopienne auprès de Clement V, à Avignon, en 1310*, in «Annali del pontificio museo missionario etnologico già lateranensi», XXXI, 1967, p. 9, nota 2.

«Lunario...»: il Sander (*Le livre à figures* cit., II, nn. 3936-43) ne elenca otto stampe, apparse tra il 1509 e il 1533.

36 *Il «Decameron»*: sul fatto che Menocchio ne lesse una stampa immune da censure controriformistiche, cfr. sopra, pp. 58-60. Su queste ultime, cfr. F. H. REUSCH, *Der Index der verbotenen Bücher*, I, Bonn 1883, pp. 389-91; ROTONDÒ, *Nuovi documenti* cit., pp. 152-153; C. DE FREDE, *Tipografi, editori, librai italiani del Cinquecento coinvolti in processi d'eresia*, in «Rivista di storia della Chiesa in Italia», XXIII, 1969, p. 41; P. BROWN, *Aims and Methods of the Second «Rassettatura» of the Decameron*, in «Studi secenteschi», VIII, 1967, pp. 3-40. Sulla questione in generale cfr. ora A. ROTONDÒ, *La censura ecclesiastica e la cultura*, in *Storia d'Italia*, vol. V, tomo II, Torino 1973, pp. 1399-1492.

Il «Corano»: cfr. C. DE FREDE, *La prima traduzione italiana del Corano sullo sfondo dei rapporti tra Cristianità e Islam nel Cinquecento*, Napoli 1967.

13.

36 *Quale... comprai*: cfr. ACAU, proc. n. 126, c. 20*r*.

Il «Supplementum»: cfr. ivi, proc. n. 285, carte non numerate (costituto del 12 luglio 1599).

Il «Lucidario»: cfr. ivi, proc. n. 126, cc. 18*r*, 20*r*.

Suo figlio, Giorgio Capel: cfr. ivi, carte non numerate (28 aprile 1584).

La «Bibbia»: cfr. ivi, c. 21*v*.

Il «Mandavilla»: cfr. ivi, cc. 22*r*, 25*v*.

37 *Il «Sogno dil Caravia»*: cfr. ivi, c. 23*v*.

Quel Nicola de Melchiori: cfr. ivi, proc. n. 285, carte non numerate (costituto del 5 agosto 1599).

Menocchio l'aveva prestato: cfr. ivi, proc. n. 126, carte non numerate (28 aprile 1584).

37 *Si sa che a Udine*: cfr. A. BATTISTELLA, cit. in TAGLIAFERRI, *Struttura* cit., p. 89.

Scuole di livello...: cfr. CHIUPPANI, *Storia di una scuola* cit. Su questi problemi, data la scarsità di studi recenti, sempre utile il vecchio lavoro di G. MANACORDA, *Storia della scuola in Italia*, I: *Il Medioevo*, Milano-Palermo-Napoli 1914.

Stupisce... che in un piccolo paese...: va rilevato comunque che la storia dell'alfabetizzazione è ancora agli inizi. Il rapido panorama complessivo tracciato da C. Cipolla (*Literacy and Development in the West*, London 1969) è già invecchiato. Tra gli studi recenti cfr. L. STONE, *The Educational Revolution in England, 1560-1640*, in «Past and Present», n. 28, luglio 1964, pp. 41-80; ID., *Literacy and Education in England, 1640-1900*, ivi, n. 42, febbraio 1969, pp. 69-139; A. WYCZANSKI, *Alphabétisation et structure sociale en Pologne au XVI*[e] *siècle*, in «Annales ESC», XXIX, 1974, pp. 705-13; F. FURET e W. SACHS, *La croissance de l'alphabétisation en France – XVIII*[e]*-XIX*[e] *siècle*, ivi, pp. 714-37. Particolarmente interessante, ai fini di una comparazione con il caso che stiamo esaminando, il saggio di Wyczanski. Dall'analisi di una serie di documenti fiscali della regione di Cracovia risalenti al biennio 1564-65, risulta che il 22 per cento dei contadini in essi menzionati sapeva tracciare la propria firma. L'autore avverte che la cifra va valutata con cautela, giacché si riferisce a un campione molto esiguo (diciotto persone) per di piú costituito da contadini agiati, che spesso detenevano cariche nel villaggio (era il caso, per l'appunto, di Menocchio); tuttavia conclude che «l'insegnamento di tipo elementare non era inesistente tra i contadini» (*Alphabétisation* cit., p. 710). Si attendono con curiosità i risultati delle ricerche in corso di B. Bonnin (*Le livre et les paysans en Dauphiné au XVII*[e] *siècle*) e di J. Meyer (*Alphabétisation, lecture et écriture: essai sur l'instruction populaire en Bretagne du XVI*[e] *siècle au XIX*[e] *siècle*).

14.

38 *Menocchio sapeva di latino...*: cfr. ACAU, proc. n. 126, c. 16*r*: «Respondit: "Io so dir il *credo*, et anchò il *credo* che si dice nella messa l'ho sentito dire, et aiutato cantare nella chiesa di Monte Reale". Interrogatus: "Sapendo voi il *credo* come dite, sopra quel articolo 'et in Iesum Christum filium eius unicum dominum nostrum qui conceptus est de Spiritu santo, natus ex Maria virgine', che cosa per il passato voi havete raggionato et creduto, et che cosa al presente credete?" Et ei dicto: "Intendete pur queste parole 'qui conceptus est de Spiritu santo, natus ex Maria virgine?' respondit: 'Signor sí che io intendo'"». L'andamento del dialogo registrato dal notaio del Sant'Uffizio sembra indicare che Menocchio capisce soltanto allorché le parole del *Credo* gli vengono ripetute, forse piú lentamente. Il fatto che sapesse anche il *Pater noster* (ivi, proc. n. 285, carte non numerate, 12 luglio 1599) non contraddice la supposizione che abbiamo formulata. Meno ovvie, invece, le parole di Cristo al ladrone che Menocchio cita («hodie mecum eris in paradiso»: cfr. proc. n. 126, c. 33*r*): ma concludere su quest'unica base che egli avesse una conoscenza approfondita del latino, sarebbe veramente arrischiato.

Consumati a vari livelli sociali: purtroppo non abbiamo indagini sistematiche sui libri diffusi tra le classi subalterne nell'Italia del Cinquecento – piú precisamente, tra la minoranza dei membri di queste classi in grado di leggere. Una ricerca sulla base dei testamenti, degli inventari *post mortem* (come quelle intraprese dal Bec soprattutto per gli ambienti mercantili) e dei processi inquisitoriali sarebbe molto utile. Cfr. anche le testimonianze raccolte da H.-J. MARTIN, *Livre, pouvoirs et société à Paris au* XVIIe *siècle (1598-1701)*, I, Genève 1969, pp. 516-18, e, per un periodo successivo, J. SOLÉ, *Lecture et classes populaires à Grenoble au dix-huitième siècle: le témoignage des inventaires après décès*, in *Images du peuple au* XVIIIe *siècle – Colloque d'Aix-en-Provence, 25 et 26 octobre 1969*, Paris 1973, pp. 95-102.

38 *Il Foresti e il Mandeville*...: per il primo cfr. LEONARDO DA VINCI, *Scritti letterari*, a cura di A. Marinoni, nuova ed., Milano 1974, p. 254 (si tratta di una congettura, verosimilmente fondata). Per il secondo, cfr. E. SOLMI, *Le fonti dei manoscritti di Leonardo da Vinci*, Torino 1908, suppl. n. 10-11 del «Giornale storico della letteratura italiana», p. 205 (sulla reazione di Leonardo al Mandeville, cfr. sopra, p. 54). In generale cfr., oltre all'edizione cit. del Marinoni, pp. 239 sgg., E. GARIN, *Il problema delle fonti del pensiero di Leonardo*, in *La cultura filosofica del Rinascimento italiano*, Firenze 1961, pp. 388 sgg., e C. DIONISOTTI, *Leonardo uomo di lettere*, in «Italia medioevale e umanistica», V, 1962, pp. 183 sgg. (che si è cercato di tener presente anche sul piano del metodo).

39 *E l'«Historia del Giudicio»*...: si tratta dell'esemplare dell'*Opera nuova del giudicio generale* conservato presso la Biblioteca Universitaria di Bologna (segnatura: Aula V, Tab. I, J.I., vol. 51.2). Sul frontespizio la scritta «Ulyssis Aldrovandi et amicorum». Altre scritte, sempre sul frontespizio e sull'ultima carta, non sembrano di mano dell'Aldrovandi. Sulle vicende inquisitoriali di quest'ultimo, cfr. A. ROTONDÒ, *Per la storia dell'eresia a Bologna nel secolo* XVI, in «Rinascimento», XIII, 1962, pp. 150 sg., con bibliografia.

Fantastice opinioni: cfr. ACAU, proc. n. 126, c. 12*v*.

15.

39 *Come li leggeva?*: sulla questione della lettura – quasi sempre sorprendentemente trascurata dagli studiosi di questi problemi – cfr. le giuste osservazioni di U. ECO (*Il problema della ricezione*, in *La critica tra Marx e Freud*, a cura di A. Ceccaroni e G. Pagliano Ungari, Rimini 1973, pp. 19-27) in gran parte convergenti con quanto è detto qui. Materiale molto interessante emerge dall'inchiesta di A. ROSSI e S. PICCONE STELLA, *La fatica di leggere*, Roma 1963.
Sull'«errore» come esperienza metodologicamente cruciale (ciò che è dimostrato anche nel caso delle letture di Menocchio) cfr. C. GINZBURG, *A proposito della raccolta dei saggi storici di Marc Bloch*, in «Studi medievali», 3[a] serie, VI, 1965, pp. 340 sgg.

40 *Opinioni*...: cfr. ACAU, proc. n. 126, c. 21*v*.

16.

40 *Si chiamava vergine*...: cfr. ivi, cc. 17*v*-18*r*.

Contempla...: cito dall'edizione veneziana del 1575 (appresso Dominico de' Franceschi, in Frezzaria al segno della Regina), c. 42*r*.

41 *Il Calderari*: cfr. J. FURLAN, *Il Calderari nel quarto centenario della morte*, in «Il Noncello», n. 21, 1963, pp. 3-30. Il vero nome del pittore era Giovanni Maria Zaffoni. Non so se sia stato notato che il gruppo femminile sulla destra, nella scena di Giuseppe con i preten-

denti, ricalca un gruppo analogo dipinto dal Lotto a Trescore, nell'affresco che raffigura la vestizione di santa Chiara.

17.

41 *Io credo...*: cfr. ACAU, proc. n. 126, c. 29*v*.
Signor sí: cfr. ivi.

42 *Furono etiam*: cito dall'edizione veneziana del 1566 (appresso Girolamo Scotto), p. 262. Incidentalmente si può notare che tra le scene affrescate dal Calderari a San Rocco c'è anche quella della morte di Maria.

18.

43 *Perché tanti homini...*: cfr. ACAU, proc. n. 126, c. 16*r*.
Nel capitolo CLXVI *del «Fioretto»*: cito dalla stampa veneziana del 1517 (per Zorzi di Rusconi milanese ad instantia de Nicolò dicto Zopino et Vincentio compagni), c. O v*v*.
Christo era un homenato: cfr. ACAU, proc. n. 126, c. 9*r*.
Se era Dio: cfr. ivi, c. 16*v*.

19.

44 *Sempre va disputando*: cfr. ivi, c. 11*v*.
Mi dico: cfr. ivi, cc. 22*v*-23*r*.
O benedetti: cito, correggendo un paio di sviste materiali, da *Iudizio universal overo finale*, in Firenze, appresso alle scale di Badia, s. d. (ma 1570-80), esemplare conservato presso la Biblioteca Trivulziana. La stampa bolognese del 1575 (cfr. sopra, p. 167) presenta varianti di poco conto.

46 *Anche il vescovo anabattista...*: cfr. STELLA, *Anabattismo* cit., p. 75.
Perché fa male...: cfr. ACAU, proc. n. 126, c. 21*v*.
Io vi insegno: cfr. ivi, c. 9*r*.
Ma nell'interrogatorio... del 1° maggio: cfr. ivi, cc. 33*v*-34*r*.

47 *«Alcune ragioni del perdonare»*: in Vinegia per Stephano da Sabbio, 1537. Sul Crispoldi, cfr. A. PROSPERI, *Tra evangelismo e Controriforma: G. M. Giberti (1495-1543)*, Roma 1969, indice. Sull'opuscolo cit., cfr. ora C. GINZBURG e A. PROSPERI, *Giochi di pazienza. Un seminario sul «Beneficio di Cristo»*, Torino 1975.
Questo rimedio...: [CRISPOLDI], *Alcune ragioni* cit., cc. 34*r*-*v*.

48 *Ne conosce... la versione piú coerente*: cfr. ivi, cc. 29 sgg., in particolare cc. 30*v*-31*r*: «Et certo et loro [soldati e signori] et ogni stato et conditione di persone et ogni republica et regno è degno di perpetua guerra et di non haver mai riposo, dove siano molti che habbino in odio il perdonare, overo dicono et stimano male di chi perdona. Digni sono che ogniuno si faccia et vendetta et ragione da se stesso, et che non vi sia né giudice né officiale publico, accioché con assai loro mali vedano quanto grande male sia che ogniun si faccia ragione da sé, et come le vendette per bene et pace del publico vivere sono commesse a li officiali publici da le leggi anco de gentili, et che appresso quelli anco era honesta cosa il perdonare, massime quando per bene de la republica overo di altra persona privata ciò si faceva: come se alcuno perdonasse ad un padre, acioché li figlioletti non fussero privati di quello aiuto. Et pensa quanto maggior

causa è ciò fare perché Dio cosí vole. Questa ragione del publico ben vivere è distesamente ditta altrove et da molti». E cfr. i capitoli XI-XV del I libro dei *Discorsi* (stampati per la prima volta nel 1531).

48 *Non il Machiavelli appiattito*...: cfr. l'introduzione di G. Procacci a N. MACHIAVELLI, *Il Principe e Discorsi sopra la prima deca di Tito Livio*, Milano 1960, pp. LIX-LX.

20.

49 *Tutti li suoi compagni*...: cfr. ACAU, proc. n. 126, c. 27*r*.

In una lettera inviata ai giudici...: cfr. p. 104.

«Viaggi»: cfr. la bibliografia essenziale ricordata sopra, p. 165.

50 *Si sa che... la diffusione delle descrizioni della Terra Santa*: cfr. G. ATKINSON, *Les nouveaux horizons de la Renaissance française*, Paris 1935, pp. 10-12.

Diverse mainiere de christiani: cito dall'edizione veneziana del 1534 (JOANNE DE MANDAVILLA, *Qual tratta delle piú maravegliose cose*), c. 45*v*.

Dicono...: cfr. ivi, cc. 46*r-v*.

51 *Se quel arboro*: cfr. ACAU, proc. n. 126, c. 38*r*.

Tra tutti i propheti: cfr. MANDAVILLA, *Qual tratta* cit., c. 51*v*.

Io dubitavo...: cfr. ACAU, proc. n. 126, c. 16*v*.

Però che non fu mai crucifixo: cfr. MANDAVILLA, *Qual tratta* cit., c. 52*r*.

Non è vero che Christo...: cfr. ACAU, proc. n. 126, c. 13*r*.

52 *Mi pareva gran cosa*...: cfr. ivi, c. 16*v*.

Elli...: cfr. MANDAVILLA, *Qual tratta* cit., cc. 53*r-v*.

21.

52 *Le gente*...: cfr. ivi, c. 63*r*. «Channe» è Thana, una località situata nell'isola di Salsette, a nord-est di Bombay (per l'identificazione delle località nominate da Mandeville, mi servo del commento di M. C. Seymour all'edizione cit.).

53 *Sono gente de picola statura*: cfr. ivi, c. 79*v*. Su questo passo come possibile fonte di Swift, cfr. BENNETT, *The Rediscovery* cit., pp. 255-56.

Tante sorte...: cfr. ACAU, proc. n. 126, carte non numerate; ivi, c. 22*r*.

Michel de Montaigne: sui limiti del relativismo di Montaigne, cfr. S. LANDUCCI, *I filosofi e i selvaggi, 1580-1780*, Bari 1972, pp. 363-364, e *passim*.

54 *In questa isola*...: cfr. MANDAVILLA, *Qual tratta* cit., cc. 76*v*-77*r*. Dondina (Dondun): forse una delle isole Andamane.

Come colpí Leonardo: cfr. SOLMI, *Le fonti* cit., p. 205.

Ditemi...: cfr. ACAU, proc. n. 126, cc. 21*v*-22*r*.

22.

56 *E sapiate*: cfr. MANDAVILLA, *Qual tratta* cit., c. 63*v*.

57 *La piú santa bestia*: *ibid.*, cc. 63*v*-64*r*.

Teste de cane: *ibid.*, c. 75*r*. La descrizione dei Cenocefali è tratta dallo *Speculum historiale* di VINCENZO DI BEAUVAIS.

57 *E sapiate che tutto quello paese*: cfr. MANDAVILLA, *Quel tratta* cit., cc. 118*v*-119*r*. «*Et metuent*»: *Salmi* 66 8. «*Omnes gentes*»: *Salmi* 71 11.

Et quantunque: cfr. MANDAVILLA, *Qual tratta* cit., cc. 110*r*-*v*. Per le citazioni scritturali, cfr. *Osea* VIII 12; *Sapienza* VIII 14; *Giovanni* X 16.

Mesidarata e Genosaffa: si tratta di due località menzionate dalla tradizione classica, Oxydraces e Gymnosophistae. – A questi passi di Mandeville si possono accostare le figurazioni degli uomini dalle grandi orecchie o dai piedi enormi presenti nella folla dei salvati sul portale della chiesa di Maddalena di Vézelay (cfr. E. MÂLE, *L'art religieux du* XII*e* *siècle en France*, Paris 1947[5], p. 330; e vedi anche l'iconografia di san Cristoforo cinocefalo, in L. RÉAU, *L'iconographie de l'art chrétien*, vol. III, tomo I, Paris 1958, pp. 307-8; entrambe le testimonianze mi sono state gentilmente segnalate da Chiara Settis Frugoni) dove però l'accento batte piuttosto sulla diffusione della parola di Cristo anche tra popolazioni remote e mostruose.

58 *Una corrente popolare... favorevole alla tolleranza*: cfr. per esempio C. VIVANTI, *Lotta politica e pace religiosa in Francia fra Cinque e Seicento*, Torino 1963, p. 42.

Leggenda... dei tre anelli: oltre a M. PENNA, *La parabola dei tre anelli e la tolleranza nel Medio Evo*, Torino 1953 (scadente), cfr. U. FISCHER, *La storia dei tre anelli: dal mito all'utopia*, in «Annali della Scuola Normale Superiore di Pisa – Classe di Lettere e Filosofia», 3ª serie, 3, 1973, pp. 955-98.

23.

58 *Gerolamo Asteo*: cfr. GINZBURG, *I benandanti* cit., indice.

Ascoltatemi: cfr. ACAU, proc. n. 285, costituti del 12 luglio, 19 luglio, 5 agosto 1599.

59 *Era caduta sotto le forbici della censura...*: cfr. sopra, p. 165. La novella (*Melchisedec giudeo con una novella di tre anella cessa un gran pericolo dal Saladino apparecchiatogli*: è la terza della prima giornata) è priva di ogni riferimento ai tre anelli nell'edizione giuntina corretta dal Salviati (Firenze 1573, pp. 28-30; Venezia 1582 ecc.). Nell'edizione «riformata da Luigi Groto cieco d'Adria» (Venezia 1590, pp. 30-32) non solo è scomparso il passo piú scottante («E cosí vi dico, signor mio, delle tre Leggi alli tre popoli date da Dio Padre, delle quali la quistion proponeste: ciascuno la sua eredità, la sua vera Legge e i suoi comandamenti dirittamente si crede avere e fare; ma chi se l'abbia, come degli anelli, ancora ne pende la quistione»: cfr. G. BOCCACCIO, *Il Decameron*, a cura di V. Branca, I, Firenze 1951, p. 78) ma l'intera novella è stata riscritta a cominciare dal titolo (*Polifilo giovane con una novella di tre anella cessa una gran riprensione da tre donne apparecchiatagli*).

60 *Come Castellione*: cfr. D. CANTIMORI, *Castellioniana (et Servetiana)*, in «Rivista storica italiana», LXVII, 1955, p. 82.

24.

61 *Che i rapporti con questo o quel gruppo ereticale*: cfr. in generale le indicazioni metodologiche, a proposito di «contatti» e «influenze», di L. FEBVRE, *Le origini della Riforma in Francia e il problema delle cause della Riforma*, in *Studi su Riforma e Rinascimento e altri*

scritti su problemi di metodo e di geografia storica, trad. it., Torino 1966, pp. 5-70.

25.

61 *Io ho detto*: cfr. ACAU, proc. n. 126, c. 17*r*.
Se questo libro...: cfr. ivi, c. 22*r*.
Sí come è decto: cfr. *Fioretto* cit., c. A IIII*r*.

62 *Et è ditto, nel principio*: cfr. FORESTI, *Supplementum* cit., c. I *v* (cito dall'edizione veneziana del 1553).
Io gli ho inteso...: cfr. ACAU, proc. n. 126, c. 6*r*.

63 *Io ho detto...*: cfr. ivi, c. 17*r*. I corsivi, qui e in seguito, sono miei.
Che cosa era...: cfr. ivi, c. 20*r*.
Quella santissima maestà: cfr. ivi, c. 23*r*.
Io credo che l'eterno Dio: cfr. ivi, cc. 30*r-v*.

64 *Questo Iddio*: cfr. ivi, c. 31*v*.

26.

64 *Vui nelli superiori...*: cfr. ivi, cc. 36*v*-37*v*. La trascrizione è integrale. Mi sono limitato a sostituire i nomi dei due interlocutori alle formule «Interrogatus... respondit».

27.

67 *Angelica, cioè divina*: cfr. *Dante con l'espositioni di Christoforo Landino et d'Alessandro Vellutello*, Venezia 1578, c. 201*r*. Alla tesi della creazione dell'uomo come riparazione alla caduta degli angeli si allude anche in *Paradiso* XXX 134 sgg.: cfr. in proposito B. NARDI, *Dante e la cultura medievale. Nuovi saggi di filosofia dantesca*, Bari 1949, pp. 316-19.
Et questo Dio: cfr. ACAU, proc. n. 126, c. 17*v*.
Lesse Dante: Per un esempio di lettura di Dante in ambiente popolare (urbano, però, e per di piú fiorentino) cfr. V. ROSSI, *Le lettere di un matto*, in *Scritti di critica letteraria*, II: *Studi sul Petrarca e sul Rinascimento*, Firenze 1930, pp. 401 sgg., soprattutto pp. 406 sgg. Piú vicino al caso di Menocchio quello del popolano della Lucchesia che si faceva chiamare Scolio: per gli echi danteschi presenti nel suo poema, cfr. oltre, p. 184.
In realtà, non era dai libri...: non abbiamo prove che Menocchio avesse letto uno dei volgarizzamenti correnti della *Biblioteca storica* di Diodoro Siculo. Nel capitolo che apre quest'opera, comunque, non si parla di formaggio, anche se si accenna alla generazione degli esseri viventi dalla putredine. Sulla fortuna di tale passo ritornerò prossimamente. Sappiamo con certezza, invece, che Menocchio aveva avuto tra le mani il *Supplementum* del Foresti. Qui aveva potuto incontrare, in un rapido riassunto, alcune dottrine cosmologiche risalenti all'antichità o al Medioevo: «... Brevemente adunque tutte queste cose dal libro dil Genesi sono cavate, acciochè per queste ciascuno fidele comprendere possa che la theologia de la gente in tutto è vana: anci con questa comparandola piú presto essere impietà che theologia. Delli quali, alcuni diceano che non era Dio; alcuni altri credevano et dicevano le stelle in cielo fisse essere foco, overamente foco per via et arte girato et intorno portato, et in loco d'Iddio l'adoravano; alcuni diceano ch'el mondo per nessuna providen-

tia d'Iddio, ma per una rationabile natura esser governato; alcuni dicono il mondo non hebbe mai principio ma fu in eterno, et per nessuno modo da Iddio essere stato principiato, ma a caso et a fortuna ordinato; finalmente alcuni de atomi et faville et animati corpicelli essere stato composto...» (*Supplementum* cit., c. 11*r*). Quest'accenno al «mondo fatto a caso» ritorna (se non è, come è poco probabile, un'eco di *Inferno* IV 136) in un dialogo riferito dal pievano di Polcenigo, Giovan Daniele Melchiori, allorché si recò a deporre al Sant'Uffizio di Concordia (16 marzo). Quindici anni prima, un amico – verosimilmente il pievano stesso – aveva esclamato, camminando per la campagna: «Grande è la bontà del signor Iddio in haver creado questi monti, queste pianure, et questa cosí bella machina del mondo». E Menocchio, che era con lui: «Chi credete vui che habbia creato questo mondo?» «Iddio». «Vui ve inganate, perché questo mondo è fatto a caso, et se potesse parlare parlaria, ma non voglio parlar» (ACAU, proc. n. 126, cc. 24*v*-25*r*).

67 *Della piú perfetta...*: ivi, c. 37*r*.

68 *Esperimenti compiuti dal Redi*: nel 1688 il Redi dimostrò che nelle sostanze organiche sottratte al contatto dell'aria non si aveva putrefazione, e quindi nemmeno «generazione spontanea».

Walter Raleigh: cit. in H. HAYDN, *The Counter-Renaissance*, New York 1960, p. 209.

Miti antichissimi: cfr. U. HARVA, *Les représentations religieuses des peuples altaïques*, tr. fr., Paris 1959, pp. 63 sgg.

Nel principio...: cfr. ACAU, proc. n. 126, c. 6*r* (e cfr. pp. 62-63).

Non si può escludere che...: cfr. G. DE SANTILLANA e H. VON DECHEND, *Hamlet's Mill*, London 1970, pp. 382-83, che affermano che lo studio esauriente di questa tradizione cosmogonica richiederebbe un libro a sé. Chissà se, avendone scritto uno, affascinante, sulla ruota del mulino come immagine della volta celeste, essi vedrebbero un fatto non casuale nella riproposizione da parte di un mugnaio di questa antichissima cosmogonia. Purtroppo, mi manca la competenza per giudicare una ricerca come *Hamlet's Mill*. La diffidenza che ispirano i suoi presupposti, nonché l'audacia di certi passaggi, è ovvia. Ma è solo mettendo in discussione le certezze pigramente acquisite che è possibile affrontare lo studio di continuità culturali cosí persistenti.

69 *Il teologo inglese Thomas Burnet*: «Tellurem genitam esse atque ortum olim traxisse ex Chao, ut testatur antiquitas tam sacra quam profana, supponamus: per Chaos autem nihil aliud intelligo quam massam materiae exolutam indiscretam et fluidam... Et cum notissimum sit liquores pingues et macros commixtos, data occasione vel libero aëri expositos, secedere ab invicem et separari, pinguesque innatare tenuibus; uti videmus in mistione aquae et olei, et *in separatione floris lactis a lacte tenui*, aliisque plurimis exemplis: aequum erit credere, hanc massam liquidorum se partitam esse in duas massas, parte ipsius pinguiore supernatante reliquae...» (T. BURNET, *Telluris theoria sacra, originem et mutationes generales orbis nostri, quas aut jam subiit, aut olim subiturus est, complectens*, Amstelaedami 1699, pp. 17, 22; ringrazio vivamente Nicola Badaloni per avermi segnalato questo passo). Per gli accenni alla cosmologia indiana, cfr. ivi, pp. 344-47, 541-44.

Un culto a sfondo sciamanico...: cfr. GINZBURG, *I benandanti* cit., p.

XIII. Su questo tema tornerò piú ampiamente in una prossima ricerca.

28.

69 *La Riforma e la diffusione della stampa*: sul rapporto tra i due fenomeni vedi da ultimo E. L. EISENSTEIN, *L'avènement de l'imprimerie et la Réforme*, in «Annales ESC», XXVI, 1971, pp. 1355-82.

Il salto storico...: cfr. su tutto ciò il fondamentale saggio di J. GOODY e J. WATT, *The Consequences of Literacy*, in «Comparative Studies in Society and History», V, 1962-63, pp. 304-45, che però curiosamente ignora la cesura costituita dall'invenzione della stampa. Sulle possibilità di autodidattismo offerte da quest'ultima insiste giustamente E. L. EISENSTEIN, *The Advent of Printing and the Problem of the Renaissance*, in «Past and Present», n. 45, novembre 1969, pp. 66-68.

70 *Un tradimento...*: cfr. ACAU, proc. n. 126, c. 27*v*. Si noti che nel 1610 il luogotenente veneziano A. Grimani prescrisse che tutti i processi friulani in cui fossero implicati dei contadini dovessero essere scritti in volgare: cfr. *Leggi* cit., p. 166.

Che credi tu: cfr. ivi, proc. n. 285, carte non numerate (6 luglio 1599).

Cercar le cose alte: cfr. ivi, proc. n. 126, c. 26*v*.

29.

71 *Dio non può*: cfr. *Fioretto* cit., cc. A III*v* - A IV*r*.

72 *Hor molti Philosophi...*: cfr. *Fioretto* cit., cc. C*r-v*.

Gli strumenti linguistici e concettuali: mi servo qui (sia pure in una prospettiva diversa, come è detto nella prefazione, p. XXIII) della nozione di «outillage mental» elaborata dal Febvre (cfr. *Le problème de l'incroyance* cit., pp. 328 sgg.).

30.

73 *Le immagini che costellano il «Fioretto»*: cfr. per esempio pp. 81-82.

31.

73 *Tutti semo fioli*: cfr. ACAU, proc. n. 126, c. 17*v*.

Li ha tutti cari: ivi, c. 28*r*.

Chiama tutti: ivi, c. 37*v*.

74 *Fa male a sé*: ivi, c. 21*v*.

Ma, oltre che un padre: le due immagini erano tradizionali: cfr. K. THOMAS, *Religion and the Decline of Magic*, London 1971, p. 152.

Santissima maestà: per esempio ivi, c. 20*r* ecc.

Gran capitano: ivi, c. 6*r*.

Quello che sederà: ivi, c. 35*v*.

Ho detto che Giesu: ivi, c. 16*v*.

Quanto alle indulgenze: ivi, c. 29*r*.

L'è come un fatore: ivi, c. 30*v*.

Dal Spirito santo: ivi, c. 34*r*.

75 *Per mezo delli angeli*: ivi.

75 *Sí come uno*: ivi, c. 37*r*.
Con il volere: ivi.
Marangon: ivi, c. 15*v*.
Io credo: ivi, c. 37*r*.
Questo Dio: ivi, c. 31*v*.

76 *Solo Iddio*: ivi, c. 29*r*.
Gli angeli: si può notare che se Menocchio aveva avuto tra le mani, come abbiamo supposto (cfr. sopra, p. 67) il *Dante con l'espositioni di Christoforo Landino et d'Alessandro Vellutello*, vi aveva potuto leggere, tra le chiose del Landino al canto IX dell'*Inferno*: «Menandriani pigliano il nome da Menandro mago discepolo di Simone. Dicono il mondo non esser fatto da Dio, ma da gli angeli» (c. 58*v*). Un'eco confusa e deformata di questo passo sembra affiorare in queste parole di Menocchio: «In questo libro Mandavilla mi par haver letto che era un Simon mago che si formava in angelo». In realtà Mandeville non nomina nemmeno Simon Mago. Probabilmente la svista rifletteva un momento d'imbarazzo di Menocchio. Dopo aver detto che le proprie idee risalivano alla lettura dei *Viaggi* di Mandeville, avvenuta «cinque o sei anni» prima, si era sentito obiettare dall'inquisitore: «Consta che è forsi anni trenta che sii in queste sue opinioni» (ACAU, proc. n. 126, c. 26*v*). Messo alle strette, Menocchio se l'era cavata attribuendo a Mandeville una frase letta altrove – verosimilmente molto tempo prima – e cambiando subito discorso. Si tratta comunque di semplici congetture.
Della piú perfetta: ivi, c. 37*r*.
La prima creatura: cfr. *Fioretto* cit., c. B VIII*r*.
Et perho vedete: ivi, c. A III*v*.
Io credo che tutto il mondo: cfr. ACAU, proc. n. 126, c. 17*r*.

32.

76 *Che cosa è questo Domenedio?*: ivi, c. 11*v*.

77 *Che vi maginate...*: ivi, c. 8*r*.
Che cosa è questo Spirito santo?: ivi, c. 12*r*.
Non si trovarà...: ivi, c. 24*r*.
Se potesse parlar...: ivi, c. 25*r*.
Ho ditto...: ivi, c. 27*v*.

78 *La... traduzione italiana...*: cfr. STELLA, *Anabattismo e antitrinitarismo* cit., pp. 7, 135-36.
Al centro della prima opera di Serveto: su Serveto cfr. CANTIMORI, *Eretici* cit., pp. 36-49; *Autour de Michel Servet et de Sébastien Castellion*, a cura di B. Becker, Haarlem 1953; R. H. BAINTON, *Michel Servet hérétique et martyr*, Genève 1953.
Io dubitavo...: ACAU, proc. n. 126, c. 16*v*.
Io credo sia homo...: ivi, c. 32*r*.
Nam per Spiritum...: cfr. M. SERVETO, *De Trinitatis erroribus*, Haguenau 1531, rist. anast. Frankfurt am Main 1965, c. 22*r*.
Credo...: ACAU, proc. n. 126, cc. 16*v*, 29*v*, 21*v*. Per l'interpretazione dello «spirito» dell'ultima citazione si veda quanto è detto alle pp. 84 sgg.
Spiritus sanctus: cfr. SERVETO, *De Trinitatis* cit., c. 28*v*.

79 *Dum de spiritu...*: *ibid.*, cc. 60*r-v*.

Che credette: ACAU, proc. n. 126, cc. 2*r*, 5*r*.

Omne quod...: cfr. SERVETO, *De Trinitatis* cit., cc. 66*v*-67*r*, 85*v* (cfr. anche CANTIMORI, *Eretici* cit., p. 43, nota 3).

Che vi maginate...: ACAU, proc. n. 126, cc. 8*r*, 3*r* (e 10*r*, 12*v* ecc.), 2*r*, 16*v*, 12*r*.

Nell'Italia del '500 gli scritti di Serveto...: cfr. la lettera pseudomelantoniana inviata al Senato veneziano nel 1539 su cui vedi K. BENRATH, *Notiz über Melanchtons angeblichen Brief an den venetianischen Senat (1539)*, in «Zeitschrift für Kirchengeschichte», I, 1877, pp. 469-71); il caso dell'orefice mantovano Ettore Donato che, avendo avuto tra le mani il *De Trinitatis erroribus* nel testo latino, affermò: «era in uno stile ch'io non l'intendeva» (STELLA, *Anabattismo e antitrinitarismo* cit., p. 135); sulla diffusione nell'ambiente modenese cfr. J. A. TEDESCHI e J. VON HENNEBERG, *Contra Petrum Antonium a Cervia relapsum et Bononiae concrematum*, in *Italian Reformation Studies in Honor of Laelius Socinus*, a cura di J. A. Tedeschi, Firenze 1965, p. 252, nota 2.

33.

80 *Lè un tradimento*: ACAU, proc. n. 126, c. 11*v*.

Credo che [*gli uomini*]: ivi, c. 34*r*.

81 *Il demonio*: ivi, cc. 38*r-v*.

Una religione contadina: «Nel mondo dei contadini non c'è posto per la ragione, per la religione e per la storia. Non c'è posto per la religione, appunto perché tutto partecipa della divinità, perché tutto è, realmente e non simbolicamente, divino, il cielo come gli animali, Cristo come la capra. Tutto è magia naturale. Anche le cerimonie della chiesa diventano dei riti pagani, celebratori della indifferenziata esistenza delle cose, degli infiniti terrestri dèi del villaggio» (C. LEVI, *Cristo si è fermato a Eboli*, Torino 1946[4]).

34.

81 *Si dice*: ACAU, proc. n. 126, c. 17*r*.

Et perho l'huomo: cfr. *Fioretto* cit., cc. B VIII*r-v*. Il corsivo è mio.

82 *Quando l'huomo more...*: ACAU, proc. n. 126, c. 10*v*.

I versetti dell'«Ecclesiaste»: cfr. *Ecclesiaste* 3 18 sgg.: «Dixi in corde meo de filiis hominum, ut probaret eos Deus et ostenderet similes esse bestiis. Idcirco unus interitus est hominum et iumentorum, et aequa utriusque conditio. Sicut moritur homo, sic et illa moriuntur...» Si può ricordare a questo proposito che tra le accuse rivolte dieci anni prima contro il nobile pordenonese Alessandro Mantica, poi condannato dal Sant'Uffizio come «vehementemente sospetto» di eresia (senza che tuttavia emergessero elementi sostanziali) c'era anche quella di aver sostenuto sulla base di questi versetti la tesi della mortalità dell'anima. «Et attendendo, – si leggeva nella sentenza, in data 29 maggio 1573, – che ad esso Alessandro, essendo persona di lettere, non si conveniva con persone idiote spesse volte allegare "*quod iumentorum et hominum par esse interitus*", dando argomento che l'anima rationale sia mortale...» (ASVen, Sant'Uffizio, b. 34, fasc. *Alessandro Mantica*, cc. 21*v*-22*r*, e sentenza). Che tra quelle «persone idiote» ci fosse anche Menocchio, è una supposizione attraente ma indimostrabile – e comunque non necessaria. In questo periodo i Mantica si erano imparentati con la famiglia Montereale: cfr. A. BENEDETTI, *Documenti inediti riguardanti due matrimoni fra membri dei signori castellani di Spilimbergo e la famiglia Mantica di Pordenone*, s. l., s. d. (ma Pordenone 1973).

82 *Che cosa creda...*: ACAU, proc. n. 126, c. 18*v*.

35.

82 *Voi ditte*: Ivi, cc. 20*r-v*. La trascrizione è fedele; solo nei casi che seguono è stato restaurato il discorso diretto: «Ei dictum, se il spirito de Dio... et se questo spirito de Dio...»; «interrogatus se lui intende che quel spirito de Dio...»; «ei dictum che confessi la verità et rissolva...» Inoltre è stata corretta una svista («alliego» per «allegro»).

36.

83 *Panteistica*: il termine «panteismo» fu coniato da John Toland nel 1705 (cfr. P. O. KRISTELLER, *La tradizione classica nel pensiero del Rinascimento*, trad. it. Firenze 1965, p. 87, nota 5).

84 *Credenza popolare*: cfr. GINZBURG, *I benandanti* cit., p. 92.
Però dite la verità: ACAU, proc. n. 126, c. 21*r*.
Nostro spirito: ivi, c. 20*v*.
Se lui crede: ivi, cc. 21*r-v*.
Io vi dirò: ivi, cc. 32*r-v*.
È separato dal homo: ivi, c. 34*v*.

85 *Due spiriti*: cfr. in generale, a questo proposito, le decisive considerazioni di FEBVRE, *Le problème de l'incroyance* cit., pp. 163-94.

37.

85 *Et è vero*: cfr. *Fioretto* cit., cc. B II*v* - B III*r*.
Questa distinzione: cfr. anche FEBVRE, *Le problème de l'incroyance* cit., p. 178, a proposito della distinzione formulata da Postel tra *animus* (in francese *anime*) immortale e *anima* (in francese *âme*). Va notato però che per Postel è quest'ultima a essere collegata con lo Spirito, mentre l'*anime* è illuminata dalla *mente*.
Bisogna risalire: cfr. su tutto ciò G. H. WILLIAMS, *The Radical Reformation* cit., indice *sub voce* «psychopannychism»; ID., *Camillo Renato (c. 1500? - 1575)*, in *Italian Reformation Studies* cit., pp. 106 sgg., 169-70, *passim*; STELLA, *Dall'anabattismo* cit., pp. 37-44.

86 *Attraverso l'influsso diretto del Renato*: si vedano i costituti di un seguace valtellinese del Renato (dichiarò di avere la «medesima fede» di lui) Giovanbattista Tabacchino, amico dell'anabattista vicentino Jacometto «stringaro»: cfr. STELLA, *Anabattismo e antitrinitarismo* cit., indice, *sub voce* «Tabbachino». Cade quindi la prudente riserva formulata precedentemente a questo proposito dal Rotondò (cfr. C. RENATO, *Opere, documenti e testimonianze*, a cura di A. Rotondò, «Corpus Reformatorum Italicorum», Firenze-Chicago 1968, p. 324). Si noti però che l'opuscolo *La revelatione*, conservato manoscritto nelle carte inquisitoriali veneziane, e finora attribuito a Jacometto «stringaro» (cfr. STELLA, *Dall'anabattismo* cit., pp. 67-71, che ne pubblica ampi brani; C. GINZBURG, *I costituti di don Pietro Manelfi*, «Biblioteca del Corpus Reformatorum Italicorum», Firenze-Chicago 1970, p. 43, n. 22) è in realtà opera del

Tabacchino: cfr. ASVen, Sant'Uffizio, b. 158, «liber quartus», c. 53*v*. L'opuscolo, che era destinato ai compagni di setta riparati in Turchia, merita un'analisi piú approfondita, dati gli stretti rapporti del suo autore con il Renato. A quest'ultimo, non erano finora attribuibili dottrine antitrinitarie (cfr. RENATO, *Opere* cit., p. 328) mentre *La revelatione* del Tabacchino è esplicitamente orientata in senso antitrinitario.

86 *Tenevano che l'«anima»*: cfr. STELLA, *Anabattismo e antitrinitarismo* cit., p. 61. I corsivi sono miei.

Altro inferno: cfr. GINZBURG, *I costituti* cit., p. 35.

Il pievano di Polcenigo: cfr. ASVen, Sant'Uffizio, b. 44 (*De Melchiori don Daniele*).

Si va in paradiso: ivi, c. 39*v*, c. 23*v* ecc.

Io mi ricordo: ivi, cc. 66*r-v*.

87 *«Discorsi predicabili»*: cito dalla stampa veneziana del 1589, cc. 46*r-v*. La prima edizione risale al 1562. Sull'Ammiani, o Amiani, che fu segretario dell'ordine e partecipò al concilio di Trento, cfr. la voce redatta da G. ALBERIGO, in *Dizionario biografico degli italiani*, II, Roma 1960, pp. 776-77. In essa è sottolineato l'atteggiamento dell'Ammiani, ostile alla controversia antiprotestante, e favorevole invece alla riproposta della tradizione soprattutto patristica. Ciò è evidente anche in questi *Discorsi* (a cui seguirono dopo pochi anni altre due parti) dove la polemica esplicita contro i luterani si riduce al 40° discorso («Che cosa habbia fatto il scelerato Luthero con i suoi seguaci», cc. 51*r-v*).

Ad perfidam: cfr. ASVen, Sant'Uffizio, b. 44, c. 80*r*. L'accenno a Wyclif, in una sentenza inquisitoriale di questo periodo, appare del tutto eccezionale.

38.

88 *Io credo*: cfr. sopra, p. 83.

Il Fiolo: ACAU, proc. n. 126, cc. 31*v*-32*r*.

89 *Signori sí*: ivi, c. 32*v*.

Le sedie: ivi, c. 33*v*.

39.

90 *Già affirmate*: cfr. sopra, p. 82.

Signor no: ACAU, proc. n. 126, c. 29*v*.

Il predicar: ivi, c. 28*v*.

Credo che siano boni: ivi, c. 29*r*.

Perché Idio: ivi, c. 35*r*.

Io credo: ivi.

Intelleto...: ivi, cc. 32*r-v*.

Questi ochii: ivi, c. 35*v*.

91 *Paradiso è uno loco...*: cfr. MANDAVILLA, *Qual tratta* cit., c. 51*r*.

Credete...: ACAU, proc. n. 126, c. 38*v*.

40.

91 *L'animo mio*: ivi, c. 30*r*.

Nelle società...: cfr. GOODY-WATT, *The Consequences* cit.; F. GRAUS,

Social Utopias in the Middle Ages, in «Past and Present», n. 38, dicembre 1967, pp. 3-19; E. J. HOBSBAWM, *The Social Function of the Past: Some Questions*, ivi, n. 55, maggio 1972, pp. 3-17. Sempre utile M. HALBWACHS, *Les cadres sociaux de la mémoire*, Paris 1952 (1ª ed. 1925).

91 *Quando Adamo...*: «When Adam delved and Eve span | Who was then a gentleman?» è un famoso proverbio la cui diffusione è testimoniata fin dalla rivolta dei contadini inglesi del 1381 (cfr. R. HILTON, *Bond Men made Free. Medieval Peasant Movements and the English Rising of 1381*, London 1973, pp. 222-23).

Chiesa primitiva: cfr. in generale G. MICCOLI, *Ecclesiae primitivae forma*, in *Chiesa gregoriana*, Firenze 1966, pp. 225 sgg.

Vorei...: ACAU, proc. n. 126, c. 35*r*.

92 *La crisi dell'etnocentrismo...*: cfr. LANDUCCI, *I filosofi* cit.; W. KAEGI, *Voltaire e la disgregazione della concezione cristiana della storia*, in *Meditazioni storiche*, trad. it. Bari 1960, pp. 216-38.

Martino ditto Luther: cfr. FORESTI, *Supplementum* cit., cc. CCCLV*r-v* (ma la numerazione è errata).

41.

94 *Tenuto...*: ACAU, proc. n. 132, dichiarazione del pievano Odorico Vorai, 15 febbraio 1584.

Sopra le hostarie, ivi, proc. n. 126, c. 9*r*.

Sparlato...: ivi; e cfr. cc. 7*v*, 11*r* ecc.

Lui mi dà...: ivi, proc. n. 132, carte non numerate (costituto del 18 febbraio 1584).

95 *Operar...*: ivi, proc. n. 126, c. 13*v*.

Costui...: ivi, c. 10*v*.

Dice tal cose...: ivi, c. 12*v*.

Mentre dicevate...: ivi, proc. n. 132, carte non numerate (costituto del 25 aprile 1584).

Dio guarda...: ivi, proc. n. 126, c. 27*v*.

In quella sera: ivi, cc. 23*v*-24*r*.

Diventar bandito: cfr. E. J. HOBSBAWM, *I banditi*, trad. it. Torino 1971.

Una generazione prima...: cfr. sopra, p. 17.

42.

96 *Comincia...*: ACAU, proc. n. 126, c. 34*v*.

Superioribus...: *Mundus novus*, s. l., s. d. (1500?), carte non numerate. Il corsivo è mio.

In una lettera a Butzer...: cfr. *Opus epistolarum Des. Erasmi...*, a cura di P. S. Allen, VII, Oxonii 1928, pp. 232-33.

97 *«Capitolo...»*: si trova in appendice a *Begola contra la Bizaria*, Modena s. a. (uso l'esemplare conservato presso la Biblioteca Comunale dell'Archiginnasio, Bologna, segnato 8. Lett. it., *Poesie varie*, Caps. XVII, n. 43). Non sono riuscito a identificare lo stampatore. Cfr. comunque R. RONCHETTI BASSI, *Carattere popolare della stampa in Modena nei secoli XV-XVI-XVII*, Modena 1950.

Paese di Cuccagna: cfr. GRAUS, *Social Utopias* cit., pp. 7 sgg., che però sottovaluta eccessivamente la diffusione di questo tema, e le sue risonanze popolari. In generale, cfr. BACHTIN, *L'œuvre de François Rabelais* cit., *passim*. (Incidentalmente, si può notare che nel «nouveau monde» che l'autore immagina di scoprire nella bocca di Pantagruel c'è un'eco del paese di Cuccagna, puntualmente rilevata da E. AUERBACH, *Mimesis. Il realismo nella letteratura occidentale*, trad. it. Torino 1970[3], II, pp. 3 sgg., in particolare p. 9). Per l'Italia, sempre fondamentale V. ROSSI, *Il paese di Cuccagna nella letteratura italiana*, in appendice a *Le lettere di messer Andrea Calmo*, Torino 1888, pp. 398-410. Qualche indicazione utile nel saggio di G. COCCHIARA, compreso nella raccolta omonima *Il paese di Cuccagna*, Torino 1956, p. 159 sgg. Per la Francia, cfr. A. HUON, *«Le Roy Sainct Panigon» dans l'imagerie populaire du XVIe siècle*, in *François Rabelais. Ouvrage publié pour le quatrième centenaire de sa mort (1553-1953)*, Genève-Lille 1953, pp. 210-25. In generale cfr. E. M. ACKERMANN, *«Das Schlaraffenland» in German Literature and Folksong... with an Inquiry into its History in European Literature*, Chicago 1944.

98 *Questi elementi...*: su di essi insiste per esempio il saggio cit. di Cocchiara, senza però ricollegarli alle descrizioni degli indigeni americani (sull'assenza di proprietà privata, cfr. R. ROMEO, *Le scoperte americane nella coscienza italiana del Cinquecento*, Milano-Napoli 1971[2], pp. 12 sgg.). Accenna rapidamente a questo nesso l'Ackermann, *«Das Schlaraffenland»* cit., pp. 82 e soprattutto 102.

Contenuti non solo seri, ma vietati: si può ricordare la categoria freudiana dei motti di spirito rivolti contro «istituzioni..., proposizioni della morale o della religione, concezioni della vita le quali godono di tanto rispetto che un'obiezione ad esse non può venire sollevata se non sotto il travestimento di un motto di spirito, e anzi di un motto di spirito ricoperto da una facciata» (cfr. il commento di F. ORLANDO, *Per una teoria freudiana della letteratura*, Torino 1973, pp. 46 sgg.). Cosí, nel corso del Seicento, l'*Utopia* di Tommaso Moro venne inserita in raccolte di paradossi frivoli o scherzosi.

99 *Anton Francesco Doni*: cfr. P. F. GRENDLER, *Critics of the Italian World (1530-1560). Anton Francesco Doni, Nicolò Franco, and Ortensio Lando*, Madison, Wisconsin 1969. Dei *Mondi* ho usato l'edizione del 1562 (*Mondi celesti, terrestri et infernali de gli academici pellegrini...*): il dialogo sul *Mondo nuovo* si trova alle pp. 172-84.

Utopia non contadina: cfr. GRAUS, *Social Utopias* cit., p. 7, che afferma che lo scenario di Cuccagna non è mai urbano. Un'eccezione sembra essere l'*Historia nuova della città di Cuccagna* stampata a Siena verso la fine del Quattrocento, citata dal Rossi (*Le lettere* cit., p. 399); purtroppo non mi è stato possibile rintracciare questo testo.

Piacemi: cfr. DONI, *Mondi* cit., p. 179.

L'antico mito dell'età dell'oro: cfr. A. O. LOVEJOY e G. BOAS, *Primitivism and Related Ideas in Antiquity*, Baltimore 1935; H. LEVIN, *The Myth of the Golden Age in the Renaissance*, London 1969; e ora H. KAMEN, *Golden Age, Iron Age: a Conflict of Concepts in the Renaissance*, in «The Journal of Medieval and Renaissance Studies», n. 4, 1974, pp. 135-55.

Un mondo nuovo diverso: cfr. DONI, *Mondi* cit., p. 173.

Poteva essere proiettato nel tempo: per questa distinzione, cfr. N.

FRYE, *Varieties of Literary Utopias*, in *Utopias and Utopian Thought*, a cura di F. E. Manuel, Cambridge (Mass.) 1966[2], p. 28.

99 *... e quella dei beni*: cfr. DONI, *Mondi* cit., p. 176: «Tutto era comune, et i contadini vestivano come quei della città, perché ciascuno portava giú il suo frutto della sua fatica, et pigliava ciò che gli faceva bisogno. Guarda che s'havesse a stare a vendere, rivendere, comprare et ricomprare».

Gli... accenni contenuti nel «Supplementum»: cfr. FORESTI, *Supplementum* cit., cc. CCCXXXIX*v*-CCCXL*r*.

Per haver leto...: cfr. ACAU, proc. n. 126, c. 34*r*.

«Mondo nuovo» cittadino: sul significato dell'utopia urbana del Doni vedi ora le pagine, assai superficiali, di G. SIMONCINI, *Città e società nel Rinascimento*, I, Torino 1974, pp. 271-73, e *passim*.

La religione priva di riti...: cfr. GRENDLER, *Critics* cit., pp. 175-76 (piú in generale, pp. 127 sgg.). Le osservazioni del Grendler non sono sempre convincenti: per esempio, parlare di «materialismo» piú o meno esplicito a proposito del Doni, sembra una forzatura (cfr. del resto le significative esitazioni alle pp. 135 e 176). In ogni modo le inquietudini religiose del Doni sono indubbie: non sembra averne tenuto conto A. TENENTI, *L'utopia nel Rinascimento (1450-1550)*, in «Studi storici», VII, 1966, pp. 689-707, che parla a proposito del *Mondo nuovo* di «teocrazia ideale» (p. 697).

Conoscere Dio: cfr. DONI, *Mondi* cit., p. 184. Il Grendler (p. 176) parla di «orthodox religious coda»: in realtà queste parole ribadiscono la religione semplificata cara al Doni. Cfr. anche ACAU, proc. n. 126, c. 28*r*.

100 *Il degiuno*: ivi, c. 35*r*.

«Lamento...»: *Lamento de uno poveretto huomo sopra la carestia, con l'universale allegrezza dell'abondantia, dolcissimo intertenimento de spiriti galanti*, s. l., s. d. (ho consultato l'esemplare conservato presso la Biblioteca Comunale dell'Archiginnasio, Bologna, segnato 8. Lett. it., *Poesie varie*, Caps. XVII, n. 40).

101 *Quaresima e Carnevale*: sulla visione ciclica implicita nelle utopie popolari insiste giustamente il Bachtin (cfr. *L'œuvre de François Rabelais* cit., p. 211, e *passim*). Nello stesso tempo però egli attribuisce contraddittoriamente un valore di rottura irreversibile col «vecchio» mondo feudale alla concezione del mondo carnevalesca rinascimentale: cfr. ivi, pp. 215, 256, 273-74, 392. Questa sovrapposizione di un tempo unilineare e progressivo a un tempo ciclico e statico è la spia di una forzatura delle caratteristiche eversive della cultura popolare – forzatura che costituisce l'aspetto piú discutibile di un libro che resta comunque fondamentale. Cfr. anche P. CAMPORESI, *Carnevale, cuccagna e giuochi di villa (Analisi e documenti)*, in «Studi e problemi di critica testuale», n. 10, aprile 1975, pp. 57 sgg.

Radici popolari delle utopie: cfr. ivi, pp. 17, 20-21, 98-103, e *passim* (ma cfr. la nota precedente). Il problema è posto per Campanella da L. FIRPO, *La cité idéale de Campanella et le culte du Soleil*, in *Le soleil à la Renaissance. Science et mythes*, Bruxelles 1965, p. 331.

Molto di vecchio: cfr. BACHTIN, *L'œuvre de François Rabelais* cit., pp. 89-90.

Rinascita: cfr. ivi, pp. 218, 462, e soprattutto G. B. LADNER, *Vegetation Symbolism and the Concept of Renaissance*, in *De artibus opuscula*

XL. Essays in Honor of Erwin Panofsky, a cura di M. Meiss, I, New York 1961, pp. 303-22. Cfr. anche ID., *The Idea of Reform: Its Impact on Christian Thought and Action in the Age of the Fathers*, Cambridge (Mass.) 1959. Sempre importante, K. BURDACH, *Riforma-Rinascimento-Umanesimo*, trad. it. Firenze 1935, pp. 3-71.

101 *Non il Figlio dell'Uomo...*: cfr. *Daniele* 7, 13 sgg. Si tratta di uno dei testi fondamentali della letteratura millenaristica.

43.

101 *Una lunga lettera*: ACAU, proc. n. 126, cc. non numerate.

Inutilmente chiesta: cfr. sopra, p. 10.

44.

101 Nella trascrizione sono state eliminate sei sviste («govine», «cogosuti», «quelo grase», «divers lege», «lo mio inteto», «Ieso») e tre ripetizioni («et et», «trovar grano per da per danari», «perdono a san a san Piero»).

45.

104 *Gli oltramontani...*: cfr. M. SCALZINI, *Il secretario*, Venezia 1587, c. 39.

Don Curzio Cellina: cfr. il fascicolo di scritture notarili da lui redatte in ASP, Notarile, b. 488, n. 3785.

105 *Allitterazioni*: cfr. P. VALESIO, *Strutture dell'allitterazione. Grammatica, retorica e folklore verbale*, Bologna 1967, in particolare p. 186 (sull'allitterazione nel linguaggio religioso).

106 *Aveva detto nel processo...*: ACAU, proc. n. 126, c. 34*v*.

46.

106 *La sentenza*: ivi, *Sententiarum contra reos S. Officii liber II*, cc. 1*r*-11*v*. L'abiura si trova alle cc. 23*r*-34*r*.

108 *Nel «Supplementum»...*: cfr. cc. CLIII*v*-CLIV*r*, CLVII*r*.

47.

109 *Benché io...*: ACAU, *Sententiarum contra reos S. Officii liber II*, c. 12*r*.

110 *Il carceriere...*: ivi, cc. 15*r-v*.

... fecero comparire Menocchio: ivi, cc. 16*r-v*.

111 *Il vescovo di Concordia...*: ivi, cc. 16*v*-17*r*.

48.

112 *Nel 1590...*: ACVP, *Visitationum Personalium anni 1593 usque ad annum 1597*, pp. 156-57.

113 *Una testimonianza dello stesso periodo...*: ASP, Notarile, b. 488, n. 3785, cc. 1*r*-2*v*.

Nello stesso anno...: ivi, cc. 3*r-v*.

Sempre nel 1595...: ivi, cc. 6*v*, 17*v*.

114 *... in seguito alla morte del figlio*: ACAU, proc. n. 285, carte non numerate.

49.

114 *Nel carnevale...*: ivi. Le carte di questo processo non sono numerate.

115 *Beati qui non viderunt...*: Giovanni 20 29.

Risultò che don Odorico...: cfr. ACAU, proc. n. 285, carte non numerate (11 novembre 1598, deposizione di don Ottavio dei conti di Montereale).

116 *Interrogò il nuovo pievano*: ivi (17 dicembre 1598).

Don Curzio Cellina: ivi.

50.

117 *Un certo Simon*: ivi (3 agosto 1599).

118 *Forse era stato il rifiuto...*: cfr. STELLA, *Anabattismo e antitrinitarismo* cit., p. 29, e ID., *Guido da Fano eretico del secolo* XVI *al servizio dei re d'Inghilterra*, in «Rivista di storia della Chiesa in Italia», XIII, 1959, p. 226.

51.

119 *Fu interrogato un oste...*: cfr. ACAU, proc. n. 285, carte non numerate (6 maggio 1599).

Se Christo fosse stato Iddio...: si tratta di una frase blasfema corrente, come risulta per esempio da una testimonianza del 1599 contro Antonio Scudellario detto Fornasier, abitante vicino a Valvasone (ACAU, «anno integro 1599, a n. 341 usque ad 404 incl.», proc. n. 361).

La stessa battuta: cfr. A. BOCCHI, *Symbolicarum quaestionum... libri quinque*, Bononiae 1555, cc. LXXX-LXXXI. Su questo emblema tornerò in un altro contesto.

Credo havesse...: ACAU, proc. n. 285, carte non numerate (6 luglio 1599).

52.

120 *Eductus...*: ivi (12 luglio 1599).

Ho tenuto scolla di abacho: corrispondeva al primo gradino dell'insegnamento. Su quest'episodio della vita di Menocchio non abbiamo purtroppo altre notizie.

121 *Nel «Supplementum»...*: non riesco a ritrovare la pagina esatta; cfr. comunque FORESTI, *Supplementum* cit., cc. 180*r-v*.

53.

124 *Meglio simulare...*: cfr. C. GINZBURG, *Il nicodemismo. Simulazione e dissimulazione religiosa nell'Europa del '500*, Torino 1970.

Nous sommes Chrestiens...: cfr. M. DE MONTAIGNE, *Essais*, a cura di A. Thibaudet, Paris 1950, p. 489 (libro II, cap. XII, *Apologie de Raimond Sebond*).

All'inquisitore dichiarò...: cfr. ACAU, proc. n. 285, carte non numerate (19 luglio 1599).

Disse, procedi piú oltre...: cfr. *L'Alcorano di Maometto, nel qual si contiene la dottrina, la vita, i costumi et le leggi sue, tradotto nuovamente dall'arabo in lingua italiana*, Venezia 1547, c. 19*r*.

125 *Aliquantulum cogitabundus*: cfr. ACAU, proc. n. 285 (12 luglio 1599).
Successivamente: ivi (19 luglio 1599).
È vero che li inquisitori: ivi (12 luglio 1599).

54.

126 *Al nome...*: ivi, carte non numerate. Ho corretto due sviste («disgrazito», «Iesun»).

127 *Me trano ne li chochi...*: mi considerano uno stravagante (cfr. G. BOERIO, *Dizionario del dialetto veneziano*, Venezia 1856, *ad vocem* «cochi»).

55.

127 *Lei a fato...*: questa personalizzazione apre uno spiraglio sugli atteggiamenti delle classi popolari di questo periodo nei confronti della morte – atteggiamenti di cui sappiamo ancora pochissimo. Le rare testimonianze in proposito, infatti, appaiono quasi sempre filtrate attraverso uno stereotipo deformante: cfr. per esempio quella citata in *Mourir autrefois*, a cura di M. Vovelle, Paris 1974, pp. 100-2.

56.

128 *Io non voglio...*: ACAU, proc. n. 285, carte non numerate (19 luglio 1599).

57.

128 *... andare incontro alla tortura*: in generale cfr. P. FIORELLI, *La tortura giudiziaria nel diritto comune*, Milano 1953-54, 2 voll.

129 *Il fastidio...*: cfr. STELLA, *Chiesa e Stato* cit., pp. 290-91. La relazione del Bolognetti è del 1581.

58.

130 *Huomini...*: cfr. GINZBURG, *Folklore* cit., p. 658. Per casi analoghi in Inghilterra, cfr. THOMAS, *Religion* cit., pp. 159 sgg.
Il vecchio contadino inglese...: *ivi*, p. 163, e il commento di THOMPSON, *Anthropology* cit., p. 43, qui ripreso quasi alla lettera. Sull'atteggiamento attivo, o addirittura innovatore delle classi popolari in materia di religione ha insistito N. Z. Davis, in polemica con coloro che studiano la religione popolare assumendo il punto di vista delle classi superiori (o addirittura del clero) e vedendola quindi unicamente come semplificazione o distorsione in senso magico della religione ufficiale: cfr. N. Z. DAVIS, *Some Tasks and Themes in the Study of Popular Religion*, in *The Pursuit of Holiness in Late Medieval and Renaissance Religion*, a cura di Ch. Trinkaus e H. A. Oberman, Leiden 1974, pp. 307 sgg. Su un piano piú generale, si veda quanto è detto nella prefazione a proposito delle discussioni sul concetto di «cultura popolare».

131 *Scolio*: cfr. il bel saggio di E. DONADONI, *Di uno sconosciuto poema eretico della seconda metà del Cinquecento di autore lucchese*, in «Studi di letteratura italiana», II, 1900, pp. 1-142, viziato però dal tentativo di stabilire nessi puntuali – visibilmente forzati – tra il poema di Scolio e le dottrine degli anabattisti. Il Berengo, nel riprendere questo saggio (cfr. *Nobili e mercanti* cit., pp. 450 sgg.) ne

ha attenuato le conclusioni, pur senza respingerle del tutto: da un lato, quindi, ha affermato che «sarebbe sterile sforzarsi di situare questo testo nell'ambito di una corrente religiosa ben definita», dall'altro ha collegato Scolio al filone del «razionalismo popolare». A parte le riserve su quest'espressione (cfr. sopra, p. 160) il collegamento appare ineccepibile. – Sull'autore, si veda la suggestiva ipotesi del Donadoni, che propone di identificare «Scolio» con il caciaiolo Giovan Piero di Dezza, costretto a abiurare nel 1559 (*Di uno sconosciuto* cit., pp. 13-14). La redazione del poema, come avverte l'autore nell'ultima carta, durò sette anni (donde *Settennario*) a partire dal 1563, e la rifinitura altri tre anni.

131 *Echi danteschi*: a parte il rinvio esplicito a Dante (BGL, ms. 1271, c. 9*r*) si vedano versi come «Sta su la scala l'alma Beatrice» (ivi) o «ch'eran ancora in terra al cald'e al gelo» (cfr. *Paradiso* XXI 116). E vedi DONADONI, *Di uno sconosciuto* cit., p. 4.

Piú profeti: BGL, ms. 1271, c. 10*r*.

Maometto: ivi, c. 4*v* (e DONADONI, *Di uno sconosciuto* cit., p. 21). Nell'ultima carta del poema Scolio inserí un'ambigua ritrattazione: «perché quando lo scriveo ero cavato fuor di me, e sforzato a scrivere, e ero cieco muto e sordo, e come fusse bene, certo non ricordo...» (ivi, p. 2). Frutto di questa ritrattazione sono le correzioni e le glosse marginali alla maggior parte dei passi citati qui.

Tu Turco...: BGL, ms. 1271, c. 14*r* (e DONADONI, *Di uno sconosciuto* cit., p. 93).

Che a giorni nostri...: BGL, ms. 1271, c. 10*r* (e DONADONI, *Di uno sconosciuto* cit., p. 28).

132 *Gran precetti*: BGL, ms. 1271, c. 10*r*.

Non si adori...: ivi, c. 19*r* (e DONADONI, *Di uno sconosciuto* cit., pp. 130 sgg.).

Si circoncidi: BGL, ms. 1271, c. 15*r* (e DONADONI, *Di uno sconosciuto* cit., p. 90).

E s'io vi dissi: BGL, ms. 1271, c. 2*r* (e DONADONI, *Di uno sconosciuto* cit., p. 120).

Il battesimo mio...: BGL, ms. 1271, c. 2*r*.

Glosa...: BGL, ms. 1271, c. 10*r*.

Non vi sia né colonne...: ivi, c. 15*r* (nel testo, *ma organi... ma campanil*: seguo l'emendamento del DONADONI, *Di uno sconosciuto* cit., pp. 94-95).

133 *Gonfia...*: BGL, ms. 1271, c. 1*r*.

S'el Signor mio...: ivi, c. 16*r*.

Non sian botteghe: ivi, c. 13*r* (e DONADONI, *Di uno sconosciuto* cit., p. 99).

Ch'el gioco...: BGL, ms. 1271, c. 13*r* (e, in parte, DONADONI, *Di uno sconosciuto* cit., p. 97).

134 *Età dell'oro*: cfr. DONADONI, *Di uno sconosciuto* cit., p. 34.

In man...: BGL, ms. 1271, c. 14*r*.

Sia homo...: cfr. DONADONI, *Di uno sconosciuto* cit., pp. 102, 97.

Sol è licito...: BGL, ms. 1271, c. 19*r*.

Dio m'indusse: ivi, c. 4*r*.

135 *Il primo fiume...*: ivi (e, in parte, DONADONI, *Di uno sconosciuto* cit., p. 125).

135 *Questo paradiso...*: cfr. DONADONI, *Di uno sconosciuto* cit., pp. 128-30. La consapevolezza di Scolio traspare da una postilla aggiunta in un secondo tempo in margine a una di queste descrizioni del paradiso: «Io sendo il profeta e 'l re de matti fui menato nel grandissimo paradiso de matti, stolti, goffi e balordi in el paradiso delle delitie o ver delli axini, e mi parve di vederci tutte queste cose: ma di tutto me ne rimetto». Si tratta ancora una volta di una ritrattazione ambigua e poco convinta, che in realtà conferma quanta presa avesse sull'immaginazione contadina il mito di Cuccagna. Il «paradiso delle delitie» o «delitiano» era sinonimo del paradiso terrestre. Per i possibili nessi fra paradiso maomettano e paese di Cuccagna, cfr. anche ACKERMANN, *«Das Schlaraffenland»* cit., p. 106. (Si tratta comunque di asini e non di «Urini», come legge erroneamente il DONADONI, *Di uno sconosciuto* cit., p. 128).

59.

135 *Io fui fatto...*: Cfr. DONADONI, *Di uno sconosciuto* cit., p. 8.

136 *Fillosopho...*: cfr. sopra, p. 124; BGL, ms. 1271, c. 30*r* (e DONADONI, *Di uno sconosciuto* cit., p. 40).

Con l'obbedir...: BGL, ms. 1271, c. 12*r*.

Una posizione piú chiusa...: trascuro qui elementi di difficile interpretazione, come la ripetuta e sorprendente legittimazione dell'antropofagia, sia in terra che in cielo: «Al re per voglia, altrui per necistà | carn'humana mangiar non è impietà | la mangia il verme e la devora il fuoco | terren è l'un, l'altr'è del ciel non poco» (ivi, c. 13*r*); «S'altrui venisse voglia di gustare | humana carne come n'hebb'in terra | o qualch'altra vivanda d'assaggiare | che spesso qui sua voglia uno in sé serra | subbito se la vede apresentare | e può mangiar senza contes'o guerra: | tutto è licito in ciel, tutto è ben fatto | che è finita la Legge e rotto 'l Patto» (c. 17*r*). Il Donadoni, poco convincentemente, interpreta quest'ultimo passo come un'allusione gergale alla sodomia (*Di uno sconosciuto* cit., p. 127).

Pellegrino Baroni...: per ulteriori notizie su questo personaggio, rinvio a un saggio d'imminente pubblicazione promesso da A. Rotondò.

Nel 1570...: cfr. ASM, Inquisizione, b. 5*b*, fasc. *Pighino Baroni*, carte solo parzialmente numerate. Nel fascicolo sono le copie di due testimonianze relative al processo ferrarese (1561).

137 *La presenza massiccia dei mugnai...*: cfr. *Hérésies et sociétés dans l'Europe préindustrielle (11e-18e siècles)*, Paris - La Haye 1968, pp. 185-86, 278-80; C.-P. CLASEN, *Anabaptism* cit., pp. 319-20, 432-35.

138 *Un poeta satirico...*: cfr. ANDREA DA BERGAMO [PIERO NELLI], *Delle satire alla carlona libro secondo*, in Venetia 1566, c. 36*v*.

La secolare ostilità...: cfr. soprattutto R. BENNETT e J. ELTON, *History of Corn Milling*, III: *Feudal Laws and Customs*, London 1900 (rist. anast. New York s. a.), pp. 107 sgg., e *passim*; ma si vedano anche i testi raccolti da G. FENWICK JONES, *Chaucer and the Medieval Miller*, in «Modern Language Quarterly», XVI, 1955, pp. 3-15.

Andai all'inferno...: cfr. A. D'ANCONA, *La poesia popolare italiana*, Livorno 1878, p. 264.

Terren molle...: cfr. ANDREA DA BERGAMO [PIERO NELLI], *Delle satire* cit., c. 35*v*.

138 *De preti e di frati*: cfr. ASM, Inquisizione, b. *5b*, fasc. *Pighino Baroni*, carte non numerate (1° febbraio 1571). Già nel processo del 1561 un testimone aveva affermato di aver sentito Pighino nel suo mulino «dire molto male della messa».

Le stesse condizioni di lavoro...: insiste su questo punto R. MANDROU, in *Hérésies et sociétés* cit., pp. 279-80.

139 *Il caso di Modena...*: cfr. C. VIOLANTE, ivi, p. 186.

Il vincolo di dipendenza diretta...: cfr. M. BLOCH, *Avènement et conquête du moulin à eau*, in *Mélanges historiques*, II, Paris 1963, pp. 800-21.

60.

140 *Nel 1565...*: cfr. ASVat, Concilio Tridentino, b. 94, fasc. *Visita della diocesi di Modona, 1565*, c. 90*r* (e cfr. anche c. 162*v*, a proposito di una visita di quattro anni dopo, e c. 260*v*).

Natale Cavazzoni...: cfr. ASM, Inquisizione, b. *5b*, fasc. *Pighino Baroni*, cc. 18*v*-19*r*.

Padre...: ivi, c. 24*r*.

Egli ripeté l'elenco...: ivi, c. 25*r*.

141 *Arrivato a Bologna...*: cfr. A. ROTONDÒ, *Per la storia dell'eresia a Bologna nel secolo* XVI, in «Rinascimento», XIII, 1962, pp. 109 sgg.

In un passo dell'«Apologia»...: cfr. RENATO, *Opere* cit., p. 53.

In domo equitis Bolognetti: in un primo tempo il Rotondò ha identificato questo personaggio con Francesco Bolognetti (cfr. *Per la storia* cit., p. 109, nota 3): ma costui diventò senatore solo molti anni dopo, nel 1555 (cfr. G. FANTUZZI, *Notizie degli scrittori bolognesi*, II, Bologna 1782, p. 244). Giustamente, quindi, nell'edizione delle *Opere* del Renato il Rotondò ha di fatto lasciato cadere quest'identificazione (cfr. indice dei nomi). L'ipotesi che si trattasse invece di Vincenzo Bolognetti non pone difficoltà, giacché egli compare fin dal 1534 tra gli anziani e gonfalonieri: cfr. G. N. PASQUALI ALIDOSI, *I signori anziani, consoli e gonfalonieri di giustizia della città di Bologna*, Bologna 1670, p. 79.

Prima undici...: cfr. ASM, Inquisizione, b. *5b*, fasc. *Pighino Baroni*, cc. 12*v*, 30*r*.

Certo è che nell'ottobre 1540...: cfr. RENATO, *Opere* cit., p. 170.

142 *El nome era el Turchetto...*: *ibid.*, p. 172. L'identificazione di costui con fra Tommaso Paluio d'Apri detto il Grechetto, proposta dal Rotondò, appare poco convincente. Che si tratti invece di Giorgio Filaletto, detto Turca o Turchetto, mi viene suggerito da Silvana Seidel Menchi, che ringrazio vivamente.

Io credeva...: cfr. ASM, Inquisizione, b. *5b*, fasc. *Pighino Baroni*, c. 33*v*.

La tesi del sonno delle anime...: cfr. RENATO, *Opere* cit., pp. 64-65, e ROTONDÒ, *Per la storia* cit., pp. 129 sgg.

143 *Gli anabattisti veneti...*: cfr. sopra, p. 86.

Un passo come quello in cui san Paolo...: *I Thessalonicenses* 4, 13 sgg.: «Nolumus autem vos ignorare, fratres, de dormientibus, ut non contristemini sicut et ceteri qui spem non habent. Si enim credimus quod Iesus mortuus est et resurrexit, ita et Deus eos qui dormierunt per Iesum adducet cum eo etc.». Cfr. WILLIAMS, *Camillo Renato* cit., p. 107.

143 *No'l legeva*: cfr. ASM, Inquisizione, b. 5*b*, fasc. *Pighino Baroni*, c. 2*v*; ma cfr. c. 29*v*. Il *Fioretto* era stato messo all'Indice: cfr. sopra, p. 164.

Et tutte le cose...: cfr. *Fioretto* cit., c. A VI*v*.

Alcuna cosa...: ivi, c. B II*r*.

Che tutte l'anime...: ivi, cc. C*r-v*.

144 *Io non ho letto...*: cfr. ASM, Inquisizione, b. 5*b*, fasc. *Pighino Baroni*, c. 30*r*.

Non ho mai praticato...: cfr. sopra, pp. 16, 8 ecc.

145 *Io voleva inferrire...*: cfr. ASM, Inquisizione, b. 5*b*, fasc. *Pighino Baroni*, c. 20*v*.

Sí come se combatessero...: cfr. ACAU, proc. n. 285, carte non numerate (19 luglio 1599).

Pighino aveva sostenuto...: cfr. ASM, Inquisizione, b. 5*b*, fasc. *Pighino Baroni*, carte non numerate (1° febbraio 1571) e c. 27*r*.

Il predicar...: cfr. sopra, pp. 90, 126.

61.

146 *Quello delle radici popolari...*: cfr. BACHTIN, *L'œuvre de François Rabelais* cit.

Il periodo successivo...: per un quadro generale cfr. J. DELUMEAU, *Le catholicisme entre Luther et Voltaire*, Paris 1971, soprattutto pp. 256 sgg. Interessanti prospettive di ricerca propone J. BOSSY, *The Counter-Reformation and the People of Catholic Europe*, in «Past and Present», n. 47, maggio 1970, pp. 51-70. Vedo ora che una periodizzazione analoga è stata proposta da G. HENNIGSEN, *The European Witch-Persecution*, Copenaghen 1973, p. 19, che si ripropone di tornare sull'argomento.

Con la guerra dei contadini...: una ricerca complessiva sulle sue ripercussioni, comprese quelle indirette e remote, sarebbe quanto mai auspicabile.

Ma l'evangelizzazione delle campagne...: per quest'accostamento, cfr. BOSSY, *The Counter-Reformation* cit.

Il rigido controllo...: per i vagabondi, cfr. la bibliografia citata sopra, p. XXXI; per gli zingari, cfr. H. ASSÉO, *Marginalité et exclusion: le traitement administratif des Bohémiens dans la société française du* XVII*e* *siècle*, in *Problèmes socio-culturels en France au* XVII*e* *siècle*, Paris 1974, pp. 11-87.

62.

147 *Il 5 giugno 1599...*: cfr. ACAU, «Epistolę Sac. Cong. S. Officii ab anno 1588 usque ad 1613 incl.», carte non numerate. Il Santoro, cardinale di Santa Severina, aveva sfiorato il pontificato nel conclave che si era poi concluso con l'elezione di Clemente VIII. A danneggiarlo era stata soprattutto la fama di severità che lo circondava.

Si scuopre atheista: non quindi un negatore della divinità di Cristo, come era parso in un primo tempo, ma qualcosa di ancora peggiore. Su questa terminologia si veda, in generale, H. BUSSON, *Les noms des incrédules au* XVI*e* *siècle*, in «Bibliothèque d'Humanisme et Renaissance», XVI, 1954, pp. 273-83.

148 *Di lí a poco*: allorché, il 26 gennaio 1600, fu registrata dinanzi al no-

taio la dote di Giovanna Scandella (cfr. sopra, pp. 152-53) l'atto avvenne «domi heredum quondam ser Dominici Scandelle» (ASP, Notarile, b. 488, n. 3786, c. 27*v*).

148 *Lo sappiamo con certezza...*: cfr. ACAU, «Ab anno 1601 usque ad annum 1603 incl. a n. 449 usque ad 546 incl.», proc. n. 497. Va in ogni caso corretto PASCHINI, *Eresia* cit., p. 82, che afferma, sulla base dei documenti a lui noti, che l'unico individuo fatto giustiziare dal Sant'Uffizio friulano fu un fabbro tedesco, nel 1568.

Indice dei nomi

Stampato per conto della Casa editrice Einaudi
presso la Tip.le.co. s.n.c., Piacenza

C.L. 15377

Ristampa						Anno			
8	9	10	11	12		2007	2008	2009	2010

BIBLIOTECA EINAUDI

1. Maria Pia Alberzoni, Attilio Bartoli Langeli, Giovanna Casagrande, Klaus Krüger, Enrico Menestò, Grado Giovanni Merlo, Giovanni Miccoli, Luigi Pellegrini, Gian Luca Potestà, Emanuela Prinzivalli, Antonio Rigon, Roberto Rusconi, *Francesco d'Assisi e il primo secolo di storia francescana*.
2. Jan Assmann, *La memoria culturale*.
3. Gherardo Ortalli, *Lupi genti culture*.
4. Torquato Accetto, *Della dissimulazione onesta*, a cura di S. S. Nigro.
5. Max Horkheimer e Theodor W. Adorno, *Dialettica dell'illuminismo*.
6. Hans Jonas, *Tecnica, medicina ed etica*.
7. David Deutsch, *La trama della realtà*.
8. Jacques Derrida, *Margini*, a cura di Manlio Iofrida.
9. Antonio Gramsci, *Pensare la democrazia*, a cura di Marcello Montanari.
10. Georg Wilhelm Friedrich Hegel, *Estetica*, edizione italiana a cura di Nicolao Merker.
11. Carmine Ampolo, *Storie greche*.
12. Umberto Eco, *Semiotica e filosofia del linguaggio*.
13. Pierre Toubert, *Dalla terra ai castelli*, a cura di Giuseppe Sergi.
14. Alberto Asor Rosa, *Genus italicum*.
15. Walter Benjamin, *Sul concetto di storia*, a cura di Gianfranco Bonola e Michele Ranchetti.
16. Gérard Genette, *Palinsesti*.
17. Giovanni Macchia, *Tutti gli scritti su Proust*.
18. Jean-Jacques Nattiez, *Wagner androgino*.
19. Marc Bloch, *Storici e storia*, a cura di Étienne Bloch.
20. Luciana Stegagno Picchio, *Storia della letteratura brasiliana*.
21. Robert Alexy, *Concetto e validità del diritto*.
22. Pieter de Meijer, Achille Tartaro, Alberto Asor Rosa, *La narrativa italiana dalle Origini ai giorni nostri*, a cura di Alberto Asor Rosa.
23. Jacques Bouveresse, *Filosofia, mitologia e pseudo-scienza*.
24. Paul de Man, *Allegorie della lettura*.
25. Jules-Henri Poincaré, *Scienza e metodo*.
26. *Geografia politica delle regioni italiane*, a cura di Pasquale Coppola.

27. Amotz e Avishag Zahavi, *Il principio dell'handicap*.
28. John Bossy, *Dalla comunità all'individuo*.
29. Leo Strauss, *Gerusalemme e Atene*.
30. Jacob Burckhardt, *Sullo studio della Storia*, a cura di Maurizio Ghelardi.
31. Carlo Ginzburg, *Storia notturna*.
32. Ludwig Wittgenstein, *Tractatus logico-philosophicus e Quaderni 1914-1916*, a cura di Amedeo G. Conte.
33. Marc Bloch, *Apologia della storia*, a cura di Étienne Bloch.
34. Corrado Bologna, *La macchina del «Furioso»*.
35. Georges Canguilhem, *Il normale e il patologico*.
36. Friedrich Schlegel, *Frammenti critici e poetici*, a cura di Michele Cometa.
37. Franco Venturi, *Settecento riformatore*, I. *Da Muratori a Beccaria*.
38. Pierre Hadot, *Che cos'è la filosofia antica?*
39. Michel Foucault, *Nascita della clinica*.
40. Baldesar Castiglione, *Il libro del Cortegiano*, a cura di Walter Barberis.
41. Francesco Orlando, *L'intimità e la storia*.
42. Marina Zancan, *Il doppio itinerario della scrittura*.
43. Lee Smolin, *La vita del cosmo*.
44. Béla Grunberger, *Il narcisismo*, a cura di Fausto Petrella.
45. Roland Barthes, *Scritti*, a cura di Gianfranco Marrone.
46. Marcel Mauss, *I fondamenti di un'antropologia storica*, a cura di Riccardo Di Donato.
47. Eugène Minkowski, *La schizofrenia*.
48. Karl R. Popper, *Logica della scoperta scientifica*.
49. Paul Roazen, *Freud e i suoi seguaci*.
50. François Jullien, *Trattato dell'efficacia*.
51. Ludwig Wittgenstein, *Osservazioni filosofiche*, a cura di Marino Rosso.
52. Franco Moretti, *Il romanzo di formazione*.
53. Niles Eldredge, *Ripensare Darwin*.
54. Marino Berengo, *Nobili e mercanti nella Lucca del Cinquecento*.
55. Ludwig Wittgenstein, *Ricerche filosofiche*, a cura di Mario Trinchero.
56. Giovanni Ragone, *Un secolo di libri*.
57. Roland Barthes, *«Variazioni sulla scrittura» seguite da «Il piacere del testo»*, a cura di Carlo Ossola.
58. Immanuel Kant, *Critica della facoltà di giudizio*, a cura di Emilio Garroni e Hansmichael Hohenegger.
59. Thomas S. Kuhn, *La struttura delle rivoluzioni scientifiche*.
60. Erwin Panofsky, *Il significato nelle arti visive*.
61. Ludwig Wittgenstein, *Della Certezza*.
62. John McDowell, *Mente e mondo*.
63. *Storia di Roma*, a cura di Andrea Giardina e Aldo Schiavone.
64. Piero Sraffa, *Produzione di merci a mezzo di merci*.
65. Patrick J. Mahony, *Freud e Dora*.

66. Walter Benjamin, *Il dramma barocco tedesco.*
67. Gian Enrico Rusconi, *Clausewitz, il prussiano.*
68. Cesare Segre, *Avviamento all'analisi del testo letterario.*
69. Paolo Vineis, *Nel crepuscolo della probabilità.*
70. Stanley Cavell, *Alla ricerca della felicità.*
71. Carlo Ginzburg, *Il formaggio e i vermi.*
72. Alain Prochiantz, *A cosa pensano i calamari?*
73. Norberto Bobbio, *Teoria generale della politica*, a cura di Michelangelo Bovero.

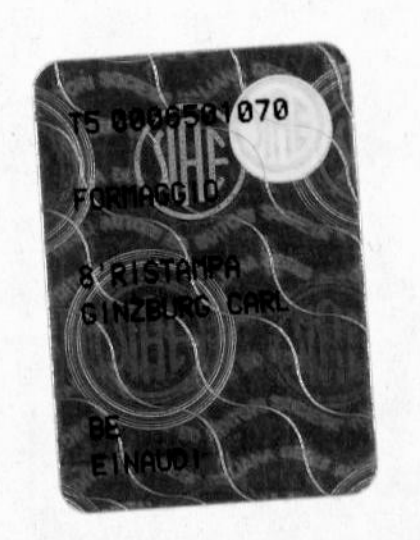
T5 0000501070
FORMAGGIO
8 RISTAMPA
GINZBURG CARL
BE
EINAUDI